21 世纪高职高专物流管理专业实用规划教材

物流运输地理

主 编 李 虹

副主编 李 强

清华大学出版社
北 京

内容简介

本教材针对当前物流人才培养形势的变化,以适应高职高专院校学生的知识结构,提高学生的岗位技能和岗位素质为目标,将内容分为三大部分。第一部分,介绍了地理常识,弥补高职学生知识盲点,为后续专业知识的引入打下基础。第二部分,该部分从物流运输概述入手,介绍物流运输的基本概念、运输系统及运输的分类,然后分章节重点介绍主要运输方式的起源、特征、构成要素、发展概况及未来规划,物流节点与物流线路的基础知识及现实应用。每一种运输方式以案例和任务切入,将教学目标和教学内容列到具体的活动任务中,使学生在完成任务的同时,获得一定的知识和能力。第三部分介绍我国区域物流地理的相关理论及其应用,拓宽高职学生视野,提高实际操作水平。

本书适合作为高职高专物流管理专业教学用书,也可作为相关物流从业人员的参考用书。

本书封面贴有清华大学出版社防伪标签,无标签者不得销售。
版权所有,侵权必究。举报:010-62782989,beiqinquan@tup.tsinghua.edu.cn。

图书在版编目(CIP)数据

物流运输地理/李虹主编;李强副主编. —北京:清华大学出版社,2012(2024.7重印)
(21世纪高职高专物流管理专业实用规划教材)
ISBN 978-7-302-29798-7

Ⅰ. ①物… Ⅱ. ①李… ②李… Ⅲ. ①物流—货物运输—运输地理—高等职业教育—教材 Ⅳ. ①F252

中国版本图书馆 CIP 数据核字(2012)第 190287 号

责任编辑:李春明
封面设计:杨玉兰
责任校对:周剑云
责任印制:沈 露

出版发行:清华大学出版社
  网　　址:https://www.tup.com.cn, https://www.wqxuetang.com
  地　　址:北京清华大学学研大厦A座　　邮　编:100084
  社 总 机:010-83470000　　邮　购:010-62786544
  投稿与读者服务:010-62776969, c-service@tup.tsinghua.edu.cn
  质量反馈:010-62772015, zhiliang@tup.tsinghua.edu.cn
  课件下载:https://www.tup.com.cn, 010-62791865

印 装 者:三河市人民印务有限公司
经　　销:全国新华书店
开　　本:185mm×230mm　　印　张:15.75　　字　数:343千字
版　　次:2012年9月第1版　　印　次:2024年7月第7次印刷
定　　价:48.00元

产品编号:046836-02

前　　言

近年来，国家陆续颁布了《综合交通网中长期发展规划》、《中长期铁路网规划》、《国家高速公路网规划》、《全国沿海港口布局规划》、《全国内河航道与港口布局规划》及《全国民用机场布局规划》，特别是 2009 年颁布的《物流业调整和振兴规划》，对全国物流业发展空间的布局进行了科学定位。"十二五"以来，交通基础设施建设出现了全新的发展格局，"物流运输地理"这门课程的教学面临新的课题与任务，物流专业高职高专教育的模式和培养目标是"面向企业，立足岗位；优化基础，注重素质；强化应用，突出能力，培养一线'技术岗位型'人才"。本教材针对形势变化，及时总结国家物流业发展规划，汇总各地交通基础设施建设情况，将运输方式和运输实务相结合，将空间物流布局和区域经济发展相结合，将物流区域建设和物流通道相结合，将物流节点与物流运输线路相结合，从而适应高职高专院校学生的知识结构，提高学生的岗位技能和岗位素质。

本教材共由三大部分组成。

第一部分为第一章地理常识。本章分为世界部分和中国部分。世界部分涵盖了各大洲的常识性划分，主要国家的政治、经济情况简介。中国部分以国家区域发展战略为依据，按照东北、东部、中部、西部的顺序，阐述了各区域经济发展所处的阶段和特点以及所面临的形势和任务，重点说明了国家针对各地实际情况所实施的区域发展战略。

第二部分包括第二章至第七章内容。该部分从物流运输概述入手，阐述了物流运输的基本概念、运输系统及运输的分类；然后分章节重点介绍了铁路运输、公路运输、海洋运输、航空运输和管道运输等主要运输方式的起源、特征、构成要素、发展概况及未来规划，物流节点与物流线路的基础理论；现实已建成的物流节点与物流线路的基本信息；规则中的物流节点与物流线路的基本信息；规划物流节点与物流线路的理论依据与现实考虑。每一种运输方式以案例和任务切入，将教学目标和教学内容列到具体的活动任务中，使学生在完成任务的同时，获得一定的知识和能力，将理论应用到实践当中。

第三部分为第八章区域物流地理。本章介绍我国区域物流地理的相关理论及其应用。根据 2009 年国务院颁布的物流业调整和振兴规划，将全国划分为华北、东北、山东半岛、长江三角洲、东南沿海、珠江三角洲、中部、西北和西南九大物流区域，本章分别对每个物流区域的基本概况、目标定位、规划前景和物流基础设施建设情况加以介绍。

本教材适用于高职高专物流管理专业的教学使用，特色主要体现在以下几方面。

(1) 针对高职学生地理基础知识较为薄弱的现状，本教材第一部分第一章以地理基础知识为导入点，弥补高职学生的知识盲点，激发其学习兴趣，为后续专业知识的引入打下基础。

(2) 全方位、多角度地讲述了铁路、公路、海洋、航空及管道运输的特征、构成要素、发展概况、运输线路及运输节点，还着重对"十二五"期间各种运输方式的发展规划进行了梳理。

(3) 尝试引入区域物流地理理论，体现物流运输地理知识在实际应用中的成果，拓宽高职学生的视野，提高实际操作水平。

本教材由天津滨海职业学院李虹任主编，负责编写第三章、第四章、第五章、第六章；天津出入境边检总站(天津滨海职业学院兼职教师)李强任副主编，负责编写第一章、第八章；天津滨海职业学院侯慧敏参编，负责编写第二章；天津滨海职业学院刘秋红参编，负责编写第七章。最后全书由李虹、李强进行统稿、定稿。

本教材吸收了物流运输地理学科最新研究成果，参考了大量专家和学者的宝贵资料(书籍、学术论文等)和政府规划，融入了鲜活的地理信息。但由于作者水平与行业视野的局限，书中不免有诸多纰漏和不足之处，敬请各位读者予以批评指正。

编　者

目　录

第一章　地理常识 1

　第一节　世界地理常识 1

　　一、亚洲 1

　　二、欧洲 3

　　三、美洲 4

　　四、大洋洲 5

　　五、非洲 6

　第二节　中国区域经济地理常识 6

　　一、东北地区 8

　　二、东部地区 9

　　三、中部地区 12

　　四、西部地区 14

　本章小结 15

　复习思考题 16

第二章　物流运输概述 17

　第一节　物流运输的概念 17

　　一、运输 17

　　二、物流运输 18

　　三、运输与物流运输的区别 19

　　四、运输系统 19

　第二节　物流运输的方式 21

　　一、运输的种类 21

　　二、运输方式的特点 23

　本章小结 30

　复习思考题 30

第三章　铁路运输地理 32

　第一节　铁路运输概述 33

　　一、铁路运输的发展历程 33

　　二、铁路运输的构成要素 34

　　三、铁路货物运输的种类 41

　第二节　世界铁路干线 42

　　一、北美横贯大陆铁路干线 42

　　二、拉丁美洲铁路干线 43

　　三、欧洲铁路干线 44

　　四、西伯利亚大铁路干线 44

　　五、亚洲铁路干线 46

　　六、非洲铁路干线 46

　第三节　中国铁路运输线路 47

　　一、中国铁路"八纵八横"

　　　　大通道 47

　　二、中国铁路十大枢纽 52

　　三、中国与周边邻国相连接的

　　　　口岸和国际铁路通道 54

　　四、我国中长期铁路网规划 59

　第四节　大陆桥运输 64

　　一、大陆桥运输的概念 64

　　二、大陆桥运输的特点 64

　　三、大陆桥运输线路 65

　本章小结 71

　复习思考题 72

第四章　公路运输地理 73

　第一节　公路运输概述 75

　　一、公路运输的概念 75

　　二、公路运输的发展 75

　　三、公路运输的功能 77

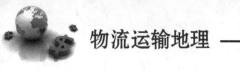

　　四、公路运输业务的分类 78
　　五、公路运输车辆的分类 81
第二节　中国公路运输干线 83
　　一、我国公路的分类 83
　　二、我国道路编号规则 85
　　三、我国国道运输线 86
　　四、我国主要的国际公路
　　　　运输线路 92
第三节　中国高速公路 95
　　一、高速公路的概念 95
　　二、高速公路的特点 96
　　三、中国高速公路的发展 97
　　四、中国高速公路的编号原则 98
　　五、中国高速公路"7918网" 99
本章小结 102
复习思考题 102

第五章　海洋运输地理 104

第一节　海洋运输概述 106
　　一、海洋运输的概念 106
　　二、世界和我国海运业的发展 106
　　三、海洋运输的经营方式 107
第二节　船舶和货物 108
　　一、船舶 108
　　二、货物 114
第三节　世界主要运河和海峡 116
　　一、运河 116
　　二、海峡 121
第四节　海洋运输航线 124
　　一、海洋运输航线的分类 124
　　二、人类历史上三次伟大的航行 125
　　三、世界海运航线 126
　　四、世界集装箱海运干线 129

第五节　港口 130
　　一、港口的概念 130
　　二、港口的发展 131
　　三、港口的组成 132
　　四、港口的分类 133
　　五、世界主要港口 135
　　六、中国主要港口 141
本章小结 147
复习思考题 147

第六章　航空运输地理 149

第一节　航空运输概述 150
　　一、航空运输 150
　　二、世界和中国航空运输业的
　　　　发展 150
　　三、航空运输管理体系 152
　　四、航空运输方式 152
第二节　航空器与飞机制造 154
　　一、飞机的分类 154
　　二、飞机制造公司 156
第三节　机场 159
　　一、机场的分类 159
　　二、临空经济 160
　　三、世界著名机场 162
　　四、我国主要机场 164
　　五、机场三字代码 167
第四节　航线 168
　　一、航线的种类 169
　　二、航线的结构形式 169
　　三、世界主要航线 170
　　四、中国航线 171
本章小结 172
复习思考题 173

第七章 管道运输地理 175

第一节 管道运输概述 176
一、管道运输 176
二、管道工程 176
三、管道运输的种类 177

第二节 世界管道运输线路 180
一、世界管道运输的发展历程 180
二、世界主要管道运输线路 181

第三节 中国管道运输线路 186
一、我国管道运输的发展历程 186
二、中国管道布局 187
三、管道物流运输的发展趋势 194

本章小结 197
复习思考题 197

第八章 区域物流地理 199

第一节 华北物流区域 200
一、北京市 200
二、天津市 201
三、河北省 202
四、物流基础设施 204

第二节 东北物流区域 205
一、辽宁沿海经济带 206
二、沈阳经济区 207
三、长吉图经济区 207
四、哈大齐工业走廊 208
五、通辽市 208
六、物流基础设施 208

第三节 山东半岛物流区域 209
一、青岛市 210
二、烟台市 210
三、潍坊市 211
四、威海市 211

五、日照市 211
六、东营市 211
七、滨州市 211
八、物流基础设施 212

第四节 长江三角洲物流区域 213
一、上海市 213
二、沿沪宁线物流带 214
三、沿长江物流带 215
四、江苏沿海物流带 215
五、沿运河物流带 216
六、沿东陇海线物流带 217
七、杭州市 217
八、宁波市 217
九、金华——义乌 218
十、物流基础设施 218

第五节 东南沿海物流区域 221
一、环三都澳 221
二、闽江口 221
三、平潭综合实验区 222
四、湄洲湾 222
五、泉州湾 222
六、厦门湾 222
七、古雷——南太武新区 223
八、武夷新区 223
九、三明生态工贸区 223
十、龙岩产业集中区 223
十一、温州物流区域 224
十二、汕头物流区域 224
十三、物流基础设施 224

第六节 珠江三角洲物流区域 225
一、广州市 226
二、深圳市 226
三、物流基础设施 227

第七节 中部物流区域 228
 一、湖北省 228
 二、河南省 229
 三、安徽省 230
 四、江西省 230
 五、湖南省 231
 六、山西省 231
 七、物流基础设施 231
第八节 西北物流区域 232
 一、陕西省 233
 二、甘肃省 233
 三、宁夏回族自治区 234
 四、青海省 235
 五、新疆维吾尔自治区 235
 六、内蒙古自治区西部地区 236
第九节 西南物流区域 236
 一、重庆市 236
 二、广西壮族自治区 237
 三、四川省 237
 四、云南省 239
 五、贵州省 239
 六、西藏自治区 239
 七、西部地区物流基础设施 240
本章小结 242
复习思考题 243

参考文献 244

第一章 地理常识

【导读案例】

本章为本教材的知识准备部分,介绍了初级地理常识。本章分为两节,第一节为世界地理常识,介绍了世界各大洲及各大洲的主要国家;第二节为中国区域经济地理常识,介绍了改革开放以来,在国家区域发展战略背景下,中国经济地理分区以及各区域的主要特点。

【学习目标】

通过本章的学习,了解最基础的世界地理常识,包括世界各大洲及各大洲的主要国家,了解中国经济版图的构成,特别是各类经济区、经济带和城市圈的基本情况,为今后物流运输地理课程的学习储备知识。

第一节 世界地理常识

地球是人类居住的星球,地球表面积的 70%被海水覆盖,形成四大洋,分别为太平洋、大西洋、印度洋和北冰洋。太平洋是世界海洋中面积最宽阔、深度最大、边缘海和岛屿最多的大洋,总面积占地球表面积的三分之一,占世界海洋面积的二分之一;大西洋是地球上第二大洋,位于欧洲、非洲与南北美洲和南极洲之间,是世界上最繁忙的海域;印度洋是世界第三大洋,海洋资源以石油最为丰富,波斯湾是世界海底石油最大的产区;北冰洋位于地球的最北面,是四大洋中面积和体积最小、深度最浅的大洋。

陆地被分为七大洲,分别为亚洲、欧洲、非洲、北美洲、南美洲、大洋洲和南极洲,南极洲目前没有固定居住人口。

一、亚洲

亚洲是世界第一大洲,居亚欧大陆东部,面临世界最大的海洋——太平洋。亚洲分为东亚、东南亚、南亚、中亚和西亚,各地区的主要国家如表 1-1 所示。

表 1-1 亚洲主要国家

地 区	主要国家
东亚	中国、日本、朝鲜、韩国、蒙古
东南亚	缅甸、文莱、柬埔寨、印度尼西亚、老挝、马来西亚、菲律宾、新加坡、泰国、越南
南亚	孟加拉国、不丹、印度、马尔代夫、尼泊尔、巴基斯坦、斯里兰卡
中亚	哈萨克斯坦、吉尔吉斯斯坦、塔吉克斯坦、土库曼斯坦、乌兹别克斯坦
西亚	阿富汗、亚美尼亚、阿塞拜疆、巴林、塞浦路斯、格鲁吉亚、伊朗、伊拉克、以色列、约旦、科威特、黎巴嫩、阿曼、巴勒斯坦、卡塔尔、沙特阿拉伯、叙利亚、土耳其、阿拉伯联合酋长国、也门

(一)东亚

东亚地区位于亚洲东部，太平洋西侧，包括中国、蒙古、朝鲜、韩国和日本5个国家。东亚是亚洲经济较为发达的地区，中国和日本分别是世界第二和第三大经济体。日本、韩国的现代化程度较高，中国也正在快速发展。

(二)东南亚

东南亚地区是当今世界经济发展最有活力和潜力的地区之一，在亚洲金融危机后发展速度有所减缓。该地区的国家综合国力普遍较弱，但在世界政治、经济格局中的战略地位十分重要。东南亚国家联盟(简称东盟)是该地区最主要的国家组织。

(三)南亚

南亚地区既是世界四大文明发源地之一，又是佛教、印度教等宗教的发源地。南亚地区人口密集，经济欠发达。印度是其中正在崛起的大国，近年来经济增长速度仅次于中国，该国的软件业居世界领先水平。

(四)中亚

中亚地区主要包括哈萨克斯坦、乌兹别克斯坦、塔吉克斯坦、吉尔吉斯斯坦和土库曼斯坦。中亚五国是以伊斯兰教为主的多宗教地区。中亚地区是重要的石油、天然气产地，另外，塔吉克斯坦和吉尔吉斯斯坦的水电资源较丰富。

(五)西亚

西亚地区的国家基本上是伊斯兰教国家，包括伊朗、伊拉克、格鲁吉亚在亚洲的地区、亚美尼亚、阿塞拜疆在亚洲的地区、土耳其在亚洲的地区、叙利亚、约旦、以色列、埃及在亚洲的地区、沙特阿拉伯、巴林、卡塔尔、也门、阿曼、阿拉伯联合酋长国、科威特、阿富汗、黎巴嫩、塞浦路斯等国。西亚居民大部分信奉伊斯兰教，该地区经济以石油为主，石油的储量和产量在世界上占重要的地位，是世界重要的石油输出地。该地区地处战略要冲，地区矛盾冲突不断。

二、欧洲

欧洲位于亚欧大陆的西部，西临大西洋，北靠北冰洋，南隔地中海和直布罗陀海峡与非洲大陆相望，东与亚洲大陆相连。欧洲面积达 1016 万平方千米，共有 45 个国家和地区，人口超过 7 亿，约占世界总人口的 12.5%，是人口密度最大的一个洲。另外，欧洲多半岛、岛屿和海湾，海岸线长达 3.8 万千米，是世界海岸线最曲折的一个洲。欧洲分为北欧、西欧、东欧和南欧，各地区的主要国家如表 1-2 所示。

表 1-2 欧洲主要国家

地 区	主要国家
北欧	丹麦、芬兰、冰岛、挪威、瑞典
西欧	荷兰、英国、爱尔兰、比利时、法国、卢森堡、摩纳哥、奥地利、德国、瑞士
东欧	白俄罗斯、爱沙尼亚、拉脱维亚、立陶宛、摩尔多瓦、俄罗斯、乌克兰、波兰、斯洛伐克、匈牙利、捷克
南欧	保加利亚、希腊、意大利、葡萄牙、罗马尼亚、西班牙、梵蒂冈、阿尔巴尼亚、安道尔、克罗地亚、马其顿、塞尔维亚、斯洛文尼亚、

(一)北欧

北欧指日德兰半岛、斯堪的纳维亚半岛一带，主要包括冰岛、丹麦、挪威、瑞典和芬兰。北欧地区的主要矿物有铁、铅、锌、铜等；森林广布；农作物以小麦、黑麦、燕麦、马铃薯、甜菜为主；养畜业较发达；渔产丰富，西面沿海是世界四大渔场之一。北欧国家社会福利体系完备。

(二)西欧

西欧指欧洲西部濒临大西洋地区和附近岛屿，包括英国、爱尔兰、荷兰、比利时、卢森堡、法国、德国、瑞士、奥地利和摩纳哥。西欧是欧洲经济社会发展程度最高的地区，英、法、德等国是传统的经济强国，法国和德国是欧洲政治和经济的主导国家。

(三)东欧

东欧国家中的俄罗斯和乌克兰是重要的石油、天然气输出地。俄罗斯已经扭转了经济衰退的局面，经济总量增长很快。俄罗斯工业发达，核工业和航空航天业占世界重要地位。

(四)南欧

南欧国家经济没有西欧国家发达，近年来受到欧洲债务危机的困扰，以希腊、意大利、西班牙和葡萄牙为代表，经济陷入衰退状态。

三、美洲

美洲包括北美洲和南美洲。巴拿马运河一般作为南北美洲的分界线，南北美洲的主要国家如表 1-3 所示。在政治地理上则把墨西哥、中美洲、西印度群岛和南美洲统称为拉丁美洲。北美洲的主要国家有加拿大、美国；南美洲的主要国家有委内瑞拉、哥伦比亚、秘鲁、阿根廷、智利、巴西和巴拉圭。

表 1-3　美洲主要国家

地　区	主要国家
北美洲	加拿大、美国、哥斯达黎加、古巴、萨尔瓦多、危地马拉、洪都拉斯、海地、牙买加、墨西哥、尼加拉瓜、巴拿马
南美洲	哥伦比亚、委内瑞拉、圭亚那、苏里南、厄瓜多尔、秘鲁、巴西、玻利维亚、智利、巴拉圭、乌拉圭、阿根廷、法属圭亚那

(一)北美洲

北美洲的经济发展很不平衡，除美国和加拿大是经济发达的国家外，其他国家都是发展中国家。美国和加拿大工业基础雄厚、生产能力巨大、科学技术先进，农、林、牧、渔业也极为发达。北美洲农业生产专门化、商品化和机械化程度都很高。中部平原是世界著名的农业区之一，农作物以玉米、小麦、水稻、棉花、大豆和烟草为主，其大豆、玉米和小麦的产量在世界农业中占重要地位。中美洲、西印度群岛诸国和地区主要生产甘蔗、香蕉、咖啡和可可等热带作物。

北美洲交通运输业发达。美国航空运输业发展较快，铁路和管道总里程居世界前列。美国是世界公路运输业最发达的国家之一，高速公路网四通八达。加拿大东南部、墨西哥东部以公路和铁路运输为主。古巴的糖厂铁路专用线较发达。加拿大中部地区的夏季河运、冬季雪橇运输也很重要。

(二)南美洲

第二次世界大战后,南美洲经济发展很快,经济结构发生显著变化,但各国经济水平和经济实力相距甚远。巴西是世界铁矿石出口大国,巴西与阿根廷已建立了比较完备的国民经济体系。巴西与中国、俄罗斯、印度和南非并称"金砖国家"。

【知识拓展】

金 砖 国 家

传统"金砖四国"(BRIC)引用了巴西、俄罗斯、印度和中国的英文首字母。由于该词与英语单词的砖(brick)类似,因此被称为"金砖四国"。南非加入后,其英文单词将变为"BRICS",并改称为"金砖国家"。2011年4月14日,金砖国家领导人第三次会晤在中国三亚举行,五国领导人商讨了如何协调应对重大国际问题、如何深化和扩大彼此间的合作、如何加强金砖国家合作机制等问题。

四、大洋洲

大洋洲位于亚洲和南极洲之间,西邻印度洋,东临太平洋,并与南北美洲遥遥相对。大洋洲是世界上面积最小、人口最少的一个洲。大洋洲共有14个独立国家,其余十几个地区为美、英、法等国的属地,如表1-4所示。澳大利亚矿产资源丰富,以矿产资源输出为国民经济主要支柱产业,铁矿和煤炭品质好、储量多,拥有世界两大铁矿石公司——澳大利亚的必和必拓公司和力拓矿业公司。

表1-4 大洋洲主要国家及海外属地与其他特殊政区

地 区	主要国家
独立国家	澳大利亚、斐济、基里巴斯、马绍尔群岛、密克罗尼西亚、瑙鲁、新西兰、帕劳群岛、巴布亚新几内亚、所罗门群岛、汤加、图瓦卢、瓦努阿图
海外属地与其他特殊政区	阿什莫尔和卡捷岛(澳大利亚)、豪兰和贝克群岛(美国)、圣诞岛(澳大利亚)、科科斯(基林)群岛(澳大利亚)、库克群岛(新西兰)、珊瑚海群岛(澳大利亚)、法属波利尼西亚(法国)、关岛(美国)、贾维斯岛(美国)、约翰斯顿环礁(美国)、金曼礁(美国)、中途岛(美国)、新喀里多尼亚(法国)、纽埃(新西兰)、诺福克岛(澳大利亚)、北马里亚纳群岛(美国)、巴尔米拉环礁(美国)、皮特凯恩群岛(英国)、托克劳(新西兰)、威克岛(美国)、瓦利斯和富图纳群岛(法国)

五、非洲

非洲的全称是阿非利加洲,意思是阳光灼热的地方。非洲大部分在热带纬度,是世界上唯一的赤道横贯大陆中部的大陆。非洲面积次于亚洲,是世界第二大洲,位于亚洲的西南和欧洲以南,大陆北宽南窄,海岸平直,缺少半岛、岛屿和海湾。非洲的沙漠面积约占全洲面积的三分之一,为沙漠面积最大的洲,其中,撒哈拉沙漠是世界上最大的沙漠。非洲东部还有世界上最大的裂谷带。当然,除了沙漠,非洲也有郁郁葱葱的森林和一望无际的大草原。

非洲是一个尚在开发中的大洲,中部许多国家还处于相对贫困的状态。近年来,苏丹、尼日利亚和安哥拉等国的石油资源陆续得以开发和利用。

自2001年以来,非洲与中国的贸易额增加了10倍,2008年更达到了1000亿美元。有数据显示,部分非洲大陆的经济正在快速地增长。世界银行的报告指出,撒哈拉以南非洲国家的经济增长速度已能追得上全球经济增长速度,在经济发展最快的非洲国家甚至出现了增长速度大大高于全球平均增长水平的情况。许多国际机构对新兴非洲国家的经济现代化越来越有兴趣,尤其是在全球经济衰退的时候,非洲的经济却继续保持高速增长。非洲主要国家如表1-5所示。

表1-5 非洲主要国家

地 区	主要国家
北非	阿尔及利亚、埃及、利比亚、摩洛哥、苏丹、突尼斯
西非	贝宁、布基纳法索、乍得、科特迪瓦、冈比亚、加纳、几内亚、几内亚比绍、利比里亚、马里、尼日尔、毛里塔尼亚、尼日利亚、塞内加尔、塞拉利昂、多哥、佛得角
中非	喀麦隆、中非、赤道几内亚、加蓬、刚果共和国、刚果民主共和国、圣多美普林西比
南非	安哥拉、博茨瓦纳、科摩罗、莱索托、马达加斯加、马拉维、毛里求斯、莫桑比克、纳米比亚、斯威士兰、南非、赞比亚、津巴布韦
东非	布隆迪、吉布提、厄立特里亚、埃塞俄比亚、肯尼亚、卢旺达、塞舌尔、索马里、坦桑尼亚、乌干达

第二节 中国区域经济地理常识

巍峨的群山、纵横的河流、广袤的草原、肥沃的农田、辽阔的海洋是中华民族的美好家园。我国地势西高东低,自西向东呈现海拔差异明显的三大阶梯。地形种类多样,山地、高原、盆地、平原和丘陵均有分布。西部高山广布，以山地、高原和盆地为主；东部平坦低缓，以丘陵和平原为主。中华人民共和国成立至今，全国共有34个省级行政区(5个自治区、4个直辖市、2个特别行政区、23个省)，它们构成了我国的行政版图，如表1-6所示。

改革开放以来，我国现代化建设全面展开，工业化、城镇化快速推进，一条条公路纵横南北，一幢幢高楼拔地而起，一座座村庄焕然一新，我们的家园发生了深刻变化。国家根据不同地区的发展情况，分别实施了鼓励东部地区率先发展、西部大开发、振兴东北老工业基地、促进中部崛起四大区域发展战略，从而将中国经济版图分为东北、东部、中部和西部四大板块，在每个板块内部，又规划出各类经济区、经济带、城市群等，制定了相应的区域经济政策。

表1-6　中国各省简称和各省省会

行政区划	序号	省份	简称	省会	行政区划	序号	省份	简称	省会
5个自治区	1	新疆维吾尔自治区	新	乌鲁木齐	23个省	18	陕西省	陕	西安
	2	内蒙古自治区	蒙	呼和浩特		19	河南省	豫	郑州
	3	宁夏回族自治区	宁	银川		20	山东省	鲁	济南
	4	广西壮族自治区	桂	南宁		21	山西省	晋	太原
	5	西藏自治区	藏	拉萨		22	安徽省	皖	合肥
4个直辖市	6	北京市	京	北京		23	湖北省	鄂	武汉
	7	上海市	沪	上海		24	湖南省	湘	长沙
	8	天津市	津	天津		25	江苏省	苏	南京
	9	重庆市	渝	重庆		26	四川省	川	成都
2个特别行政区	10	香港	港	香港		27	贵州省	黔	贵阳
	11	澳门	澳	澳门		28	云南省	滇	昆明
23个省	12	黑龙江省	黑	哈尔滨		29	浙江省	浙	杭州
	13	吉林省	吉	长春		30	江西省	赣	南昌
	14	辽宁省	辽	沈阳		31	广东省	粤	广州
	15	河北省	冀	石家庄		32	福建省	闽	福州
	16	甘肃省	甘	兰州		33	台湾省	台	台北
	17	青海省	青	西宁		34	海南省	琼	海口

一、东北地区

东北地区的范围是辽宁省、吉林省、黑龙江省和内蒙古自治区东部地区，国家在该地区实施了"振兴东北老工业基地"战略。东北老工业基地曾是新中国工业的摇篮，为建成独立、完整的工业体系和国民经济体系，为国家的改革开放和现代化建设作出了历史性的重大贡献。20 世纪 90 年代以来，由于体制性和结构性矛盾日趋显现，东北老工业基地企业设备和技术老化，负担过重，竞争力下降，就业矛盾突出，资源性城市主导产业衰退，经济发展步伐相对较缓慢，与沿海发达地区的差距逐渐扩大：改革开放初期，辽宁省 GDP 是广东省的 2 倍，而 2006 年广东省 GDP 是辽宁省的 2 倍；1980 年黑龙江省的 GDP 与东部 6 省市的平均值相当，2006 年为其一半。

2003 年 10 月，中共中央、国务院发布《关于实施东北地区等老工业基地振兴战略的若干意见》，明确了实施振兴东北老工业基地战略的指导思想、方针任务和政策措施。随着振兴战略的实施，东北地区加快了发展步伐。

实施东北地区等老工业基地振兴战略以来，东北地区经济社会发展速度加快，作为全国商品粮和肉食供应基地的地位日益突出，以国有企业改组改制为重点的体制机制创新取得了重大进展，绝大多数国有企业已扭亏为盈，摆脱了困境，利润大幅度增长。采煤沉陷区治理和棚户区改造等"民心工程"进展顺利，获得广泛赞誉。2012 年年初，国家又颁布了《东北振兴"十二五"规划》，提出了巩固发展现代农业，优化提升传统工业，大力发展接续替代产业，促进资源型城市可持续发展等一系列重大任务。

东北地区发展的重点区域有以下 4 个。

(一)辽宁沿海经济带

辽宁沿海经济带包括大连、丹东、锦州、营口、盘锦和葫芦岛 6 个沿海城市所辖行政区域，位于环渤海地区重要位置，地处东北亚经济圈的关键地带，与日本、韩国、朝鲜隔海邻江相望，邻近俄罗斯、蒙古，是东北地区对外开放的重要门户。该地区立足辽宁、依托环渤海、服务东北、面向东北亚，将建设成为东北地区对外开放的重要平台、东北亚重要的国际航运中心、具有国际竞争力的临港产业带、生态环境优美和人民生活富足的宜居区，形成我国沿海地区新的经济增长极。

(二)沈阳经济区

沈阳经济区以沈阳为中心，由沈阳、鞍山、抚顺、本溪、营口、阜新、辽阳和铁岭 8 个城市构成，是国家重要装备制造业基地和优化开发区域，是东北地区重要的工业城市群和辽宁省经济发展的核心区域。国务院批准在沈阳经济区开展国家新型工业化综合配套改革试验，切实加强体制机制创新，推进重点领域和关键环节的改革试验，着力解决老工业基地存在的突出矛盾和问题，着力构建结构优化、技术先进、清洁安全、附加值高、吸纳就业能力强的现代产业体系，率先走出一条具有中国特色的新型工业化、城镇化道路，使沈阳经济区成为全国新型工业化典型示范区和东北亚地区重要的经济中心。

(三)长吉图经济区

长吉图经济区包括长春、吉林、延边以及松原的部分地区，是中国唯一的沿边近海地区，地处东北亚地理中心，是我国参与图们江区域国际合作开发的先导区，也是我国面向东北亚开放的重要门户，以及东北亚经济技术合作的重要平台，形成东北地区新的重要增长极。

(四)哈大齐工业走廊

哈大齐工业走廊包括哈尔滨、大庆、齐齐哈尔，该地区工业基础雄厚，是全国重要的能源、石化、医药和重型装备制造基地，东北地区陆路对外开放的重要门户。

二、东部地区

东部地区得改革开放风气之先，经济社会发展居于全国领先水平，包括北京、天津、河北、山东、江苏、上海、浙江、福建、广东、海南7省3市。发挥东部地区对全国经济发展的重要引领和支撑作用，在更高层次上参与国际合作与竞争，在改革开放中先行先试，在转变经济发展方式、调整经济结构和自主创新中走在全国前列。该区域着力提高科技创新能力，加快国家创新型城市和区域创新平台建设；着力培育产业竞争新优势，加快发展战略性新兴产业、现代服务业和先进制造业；着力推进体制机制创新，率先完善社会主义市场经济体制；着力增强可持续发展能力，进一步提高能源、土地、海域等资源的利用效率，加大环境污染治理力度，化解资源环境瓶颈制约。

(一)京津冀地区

京津冀地区包括北京市、天津市和河北省的部分地区。

强化北京的首都功能和全国中心城市地位，着眼建设世界城市，发展首都经济，增强文化软实力，提升国际化程度和国际影响力；加快建设人文北京、科技北京、绿色北京；强化创新功能，加快中关村国家自主创新示范园区的建设，建设国家创新型城市；不断改善人居环境，建设宜居城市。

提升天津的国际港口城市、生态城市和北方经济中心的功能，重点开发天津滨海新区，构筑高水平的产业结构，建设成为对外开放的重要门户、先进制造业和技术研发转化基地、北方国际航运中心和国际物流中心，增强辐射带动区域发展的能力。

优化提升京津主轴的发展水平，增强廊坊、武清等京津周边地区承接京津主城区部分功能转移的能力，建设高新技术产业和先进制造业基地。

培育形成河北沿海发展带，增强唐山、黄骅和秦皇岛的港口功能，带动临港产业和临港城区发展，使其发展成为环渤海地区新兴增长区域、京津城市功能拓展和产业转移的重要承接地、全国重要的新型工业化基地、我国开放合作的新高地、我国北方沿海生态良好的宜居区，以及科学发展的示范区。

(二)山东半岛地区

山东半岛地区包括山东半岛蓝色经济区和黄河三角洲全国重要的高效生态经济示范区。

山东半岛蓝色经济区包括山东全部海域和青岛、东营、烟台、潍坊、威海、日照6座城市及滨州市的无棣、沾化2个沿海县所属陆域，山东省其他地区作为规划联动区。山东半岛是黄河流域地区最便捷的出海通道、东北亚经济圈的重要组成部分，其海洋经济发展基础良好，在促进黄海和渤海科学开发、提升我国海洋经济综合竞争力中具有重要的战略地位。山东半岛蓝色经济区将建设成为具有国际先进水平的海洋经济改革发展示范区和我国东部沿海地区重要的经济增长极，我国参与经济全球化发展的重点地区。

黄河三角洲是全国重要的高效生态经济示范区，包括山东省的东营市、滨州市，潍坊市的寒亭区、寿光市、昌邑市、德州市的乐陵市(县级市)和庆云县，淄博市的高青县和烟台市的莱州市，是全国重要的后备土地资源开发区。该区域积极发展生态农业，高效利用区域优势资源，推进资源型城市可持续发展，实现经济社会发展和生态环境保护的有机统一，为全国高效生态经济发展探索新路径、积累新经验。大力发展循环经济，建设全国重要的循环经济示范区，打造环渤海地区具有高效生态经济特色的重要增长区域，在促进区域经济可持续发展和参与东北亚经济合作中发挥更大作用，率先建成经济繁荣、环境优美、生活富裕的国家级高效生态经济区。

京津冀地区、山东半岛地区以及由沈阳经济区和辽宁沿海经济带组成的辽中南地区共同构成的环渤海地区，是我国人口集聚最多、创新能力最强、综合实力最强的三大区域之一。

(三)长江三角洲地区

长江三角洲地区包括上海市、江苏省和浙江省的大部分区域，区位条件优越，自然禀赋优良，经济基础雄厚，体制比较完善，城镇体系完整，科教文化发达，一体化发展基础较好，是我国综合实力最强的区域，具有在高起点上加快发展的优势和机遇。当前，长三角地区处于转型升级的关键时期，面临土地、资源、劳动力和外部需求等一系列瓶颈问题，必须进一步增强综合竞争力和可持续发展能力在科学发展、和谐发展、率先发展和一体化发展方面走在全国前列，成为长江流域对外开放的门户，我国参与经济全球化的主体区域，全国科技创新与技术研发基地，全国经济发展的重要引擎，辐射带动长江流域发展的龙头，我国人口集聚最多、创新能力最强、综合实力最强的三大区域之一。

长江三角洲地区努力建设成为实践科学发展观的示范区、改革创新的引领区、现代化建设的先行区、国际化发展的先导区，建成亚太地区重要的国际门户，全球重要的现代服务业和先进制造业中心，具有较强国际竞争力的世界级城市群。

优化提升上海核心城市的功能，建设国际经济、金融、贸易、航运中心和国际大都市，加快发展现代服务业和先进制造业，强化创新能力和现代服务功能，率先形成服务经济为主的产业结构，增强辐射带动长江三角洲其他地区、长江流域和全国发展的能力。

发挥南京沿江港口、历史文化和科教人才资源优势，建设先进制造业基地、现代服务业基地和长江航运物流中心、科技创新中心。加快南京都市圈建设，促进皖江城市带发展，使南京成为长三角地区辐射带动中西部地区发展的重要门户。

发挥杭州科技优势和历史文化、山水旅游资源，建设高技术产业基地和国际重要的旅游休闲中心、全国文化创意中心、电子商务中心、区域性金融服务中心，建设杭州都市圈。

(四)海峡西岸经济区

海峡西岸经济区包括福建省、浙江省南部和广东省东部的沿海部分地区，它们与中国台湾地区一水相隔，北承长江三角洲，南接珠江三角洲，具有对台交往的独特优势。福建省在海峡西岸经济区中居主体地位。海峡西岸经济区处在两岸交流合作的前沿，与中国台湾地区经济文化交流源远流长。海峡西岸经济区是大陆距离中国台湾本岛最近的区域，80%以上的中国台湾民众祖籍地在福建。中国台湾的民间信仰和民俗文化大部分传自海峡西岸经济区，闽南文化、客家文化、潮汕文化、妈祖文化和祖地文化等在中国台湾地区有广泛影响。海峡西岸经济区与中国台湾地区商贸往来历来都十分密切。近年来，两岸实现直接"三通"，两岸经济合作框架协议的签署使两岸关系的发展迎来了难得的历史机遇。海峡西岸经济区与中国台湾经济联系更加密切，以闽南文化、客家文化、潮汕文化、妈祖文化和祖地文化为纽带的交流交往更加活跃，台商投资区等载体平台已成为中国台湾产业转移的集聚区。随着两岸关系的不断改善，海峡西岸经济区在加强两岸交流合作、推动两岸关系和平发展中的地位与作用将进一步凸显，成为两岸人民交流合作的先行先试区域，服务周边地区、发展新的对外开放的综合通道，东部沿海地区先进制造业的重要基地，我国重要的自然和文化旅游中心。

在今后的发展中要凸显福建在海峡西岸经济区中的主体地位，发挥对台交往的独特优势，加大对台交流合作先行先试的力度，构筑两岸交流合作的前沿平台，建设两岸经贸合作的紧密区域、两岸文化交流的重要基地和两岸直接往来的综合枢纽，加快平潭综合试验区的开放开发。

(五)珠江三角洲地区

珠江三角洲地区包括广东省中部和南部的部分地区，珠江三角洲地区是我国改革开放的先行地区。改革开放以来，珠江三角洲地区锐意改革，率先开放，开拓进取，实现了经济社会发展的历史性跨越，为全国改革开放和社会主义现代化建设作出了重大贡献。当前，珠江三角洲地区正处在经济结构转型和发展方式转变的关键时期，进一步的发展既面临严峻挑战，也孕育着重大机遇。

珠江三角洲地区通过粤、港、澳的经济融合和经济一体化发展，共同构建有全球影响力的先进制造业基地和现代服务业基地，南方地区对外开放的门户，我国参与经济全球化的主体区域，全国科技创新与技术研发基地，全国经济发展的重要引擎，辐射带动华南、中南和西南地区发展的龙头，是我国人口集聚最多、创新能力最强、综合实力最强的三大区域之一。

探索科学发展模式试验区，赋予珠江三角洲地区发展更大的自主权，支持率先探索经济发展方式转变、城乡区域协调发展、和谐社会建设的新途径和新举措，走出一条生产发展、生活富裕、生态良好的文明发展道路，为全国科学发展提供示范。珠江三角洲地区成为深化改革的先行区，继续承担全国改革"试验田"的历史使命，大胆探索，先行先试，全面推进经济体制、政治体制、文化体制、社会体制改革，在重要领域和关键环节率先取得突破，为实现科学发展提供强大动力，为发展中国特色社会主义创造新经验。

三、中部地区

中部地区包括山西、安徽、江西、河南、湖北和湖南 6 省，位于我国内陆腹地，具有承东启西、连南通北的区位优势。改革开放以后，东部沿海地区经济社会快速发展，西部地区受益于西部大开发战略，经济发展速度显著提升。这样，中部地区在经济发展水平上不如东部，发展速度也比不上西部，形成了所谓的"中部塌陷"。促进中部地区崛起，是继鼓励东部地区率先发展、实施西部大开发、振兴东北地区老工业基地战略后，党中央、国务院从我国现代化建设全局出发作出的又一重大决策，是我国新阶段总体发展战略布局的重要组成部分。2006 年中共中央、国务院发布《关于促进中部地区崛起的若干意见》，2009

年又颁布了《促进中部地区崛起规划》，明确了中部地区国家粮食生产基地、能源原材料基地、现代装备制造及高技术产业基地和综合交通运输枢纽的定位。

中部地区发展的重点区域有以下6个。

(一)武汉城市圈

武汉城市圈率先在优化结构、节能减排、自主创新等重要领域和关键环节实现新突破，在科学发展、和谐发展上取得新进展。把武汉城市圈建设成为宜居的生态城市圈，重要的先进制造业基地、高技术产业基地、优质农产品生产加工基地、现代服务业中心和综合交通运输枢纽，使其成为充满活力的区域性经济中心和全国资源节约型、环境友好型"两型社会"建设的典型示范区。

(二)中原城市群

中原城市群以客运专线和城际快速轨道交通等重要交通干线为纽带，重点以郑东新区、汴西新区、洛阳新区及郑汴一体化建设为载体，整合区域资源，加强分工合作，推进区域内城市空间和功能对接，率先在统筹城乡、统筹区域协调发展的体制机制创新方面实现新突破，提升区域整体竞争力和辐射带动力，把中原城市群建设成为沿陇海经济带的核心区域和重要的城镇密集区、先进制造业基地、农产品生产加工基地及综合交通运输枢纽。

(三)长株潭城市群

长株潭城市群积极探索形成有利于资源节约、环境保护的新机制和城市群发展的新模式，充分发挥既有产业优势，推进城市空间合理布局、基础设施共建共享、生态环境共建共保、要素市场一体化、产业发展集群化。把长株潭城市群建设成为先进装备制造业基地、电子信息产业基地、文化创意产业基地和高效率、高品质的组合型城市地区，为全国资源节约型、环境友好型"两型社会"建设提供示范。

(四)皖江城市带

皖江城市带进一步提升合肥、芜湖、安庆区域中心城市的综合功能，推动沿江城市跨江合作和联动发展，加快形成产业密集区，加强沿江地区交通基础设施建设，优化整合岸线资源，促进形成对接长三角、连通中西部的快速便捷的立体交通网络，积极参与泛长三角区域发展分工，加强与长三角地区在基础设施建设、产业布局、市场体系建设、生态环境保护、体制机制创新等领域的对接和合作，将皖江城市带建设成为重要的现代制造业基地和承接产业转移示范区。

(五)环鄱阳湖城市群

环鄱阳湖城市群以建设鄱阳湖生态经济区为目标，明确功能分区，优化空间布局，建设环鄱阳湖高效便捷的综合运输通道，实现与国家综合运输大通道和周边省交通主通道相连通。加强分工协作，创建生态工业园区，加快发展资源节约、环境友好的特色生态产业，保护好"一湖清水"，建设生态城镇、绿色家园，努力把鄱阳湖地区建设成为全国大湖流域综合开发示范区、长江中下游水生态安全保障区和国际生态经济合作重要平台。

(六)太原城市圈

太原城市圈立足于加快太原市城市空间扩张和功能提升，稳步推进以太(原)榆(次)为中心，公交、电信、金融、市政设施等领域"同城化"发展，建立城市间协商协作机制，强化城市间的经济联系和功能分工。将太原城市圈建设成为全国重要的清洁能源生产与技术创新基地，资源型经济转型示范区，全国重要的能源、原材料、煤化工、装备制造业和文化旅游业基地，山西省对外开放的主要平台，具有浓郁地方文化特色和较强辐射作用的现代化城市圈。

四、西部地区

西部地区包括重庆、四川、贵州、云南、西藏自治区、陕西、甘肃、青海、宁夏回族自治区、新疆维吾尔自治区、内蒙古自治区和广西壮族自治区12个省、自治区、直辖市。实施西部大开发战略对于扩大内需，推动国民经济持续增长，对于促进各地区经济协调发展，最终实现共同富裕，对于加强民族团结，维护社会稳定和巩固边防，具有十分重要的意义。西部大开发总的战略目标是：经过几代人的艰苦奋斗，到21世纪中叶全国基本实现现代化时，从根本上改变西部地区相对落后的面貌，建成一个经济繁荣、社会进步、生活安定、民族团结、山川秀美、人民富裕的新西部。

自2000年提出"西部大开发"战略以来，"西部大开发"始终处于区域发展总体战略优先位置，它依托亚欧大陆桥、长江水道、西南出海通道等交通干线，发挥中心城市作用，以线串点、以点带面，继续把基础设施建设放在优先位置，突出交通和水利两个关键环节，加快构建适度超前、功能配套、安全高效的现代化基础设施体系。该区域将继续加强生态环境保护，实施重点生态工程，从源头上扭转生态恶化趋势；发挥资源优势，实施以市场为导向的优势资源转化战略，在资源富集地区布局一批资源开发及深加工项目，建设国家重要能源、战略资源接续地和产业集聚区。"十二五"时期要实现西部地区生产总值和城乡居民收入增速均超过全国平均水平。

目前西部地区发展的重点区域有以下3个。

(一)成渝经济区

成渝经济区是全国统筹城乡发展的示范区，全国重要的高新技术产业、先进制造业和现代服务业基地，科技教育、商贸物流、金融中心和综合交通枢纽，西南地区科技创新基地，西部地区重要的人口和经济密集区。成渝经济区依托重庆和成都两个特大城市，重点发展重大装备制造、高技术、水电、特色农副产品生产加工、天然气化工、特色旅游产业，加快建设长江上游生态屏障，进一步发挥重庆直辖市的功能和作用。

(二)关中——天水经济区

关中——天水经济区是西部地区重要的经济中心，全国重要的先进制造业和高新技术产业基地，科技教育、商贸中心和综合交通枢纽，西北地区重要的科技创新基地，全国重要的历史文化基地。

关中——天水经济区依托西安、咸阳、宝鸡、天水等城市，重点发展高技术、装备制造工业、航空航天工业、现代农业和特色旅游产业，加快建设西(安)咸(阳)经济一体化示范区。

(三)北部湾经济区

北部湾经济区是我国面向东盟国家对外开放的重要门户，中国——东盟自由贸易区的前沿地带和桥头堡，区域性的物流基地、商贸基地、加工制造基地和信息交流中心。北部湾经济区依托南宁、北海、钦州、防城港等城市，连接周边的广东、海南等地区，重点发展临港型产业，集聚发展大型炼油、石化和林浆纸一体化工业基地，探索建立泛北部湾次区域经济合作机制。

合理规划、科学利用滨海资源，建设国际旅游岛，推进三亚世界级热带滨海度假旅游城市、博鳌国际会展中心、文昌航天城等建设，发展以旅游业为主导的现代服务业，将海南东部沿海地区打造成国家级休闲度假海岸。重化工业严格限定在洋浦、东方工业园区。

"十二五"时期还将推进重庆、成都、西安区域战略合作，推动呼包银榆、黔中、滇中、藏中南、兰西格、宁夏沿黄、天山北坡、陕甘宁革命老区等经济区加快发展，培育新的经济增长极。

本 章 小 结

地球是人类居住的星球，地球面积的 70% 被海水覆盖，形成四大洋，包括太平洋、大西洋、印度洋和北冰洋。陆地被分为七大洲，包括亚洲、欧洲、非洲、北美洲、南美洲、大洋洲和南极洲,南极洲目前没有固定居住人口。亚洲是世界第一大洲,居亚欧大陆东部,可分为东亚、东南亚、南亚、中亚和西亚。欧洲位于亚欧大陆的西部,西临大西洋,东与亚洲大陆相连,是人口密度最大的一个洲,可分为北欧、西欧、东欧和南欧。美洲包括北美洲和南美洲,巴拿马运河一般作为南北美洲的分界线。大洋洲是世界上最小、人口最少的一个洲。非洲是一个尚在开发的大洲。

  巍峨的群山、纵横的河流、广袤的草原、肥沃的农田、辽阔的海洋是中华民族的美好家园。中国共有34个省级行政区(5个自治区、4个直辖市、2个特别行政区、23个省),它们构成了我国的行政版图。中国经济版图分为东北、东部、中部和西部四大板块。东北地区发展的重点区域有辽宁沿海经济带、沈阳经济区、长吉图经济区、哈大齐工业走廊;东部地区的重点区域有京津冀地区、山东半岛地区、长江三角洲地区、海峡西岸经济区、珠江三角洲地区;中部地区发展的重点区域有武汉城市圈、中原城市群、长株潭城市群、皖江城市带、环鄱阳湖城市群、太原城市圈;西部地区发展的重点区域有成渝经济区、关中——天水经济区、北部湾经济区。

复习思考题

一、名词解释

1. 金砖国家　2. 中部崛起　3. 西部开发　4. 振兴东北

二、问答题

1. 世界上的四大洋分别是哪些?
2. 世界共有几大洲?请分别简要介绍并说出每个大洲的主要国家。
3. 简要介绍我国中部地区发展的重点区域。
4. 简要介绍我国东北地区发展的重点区域。
5. 简要介绍我国西部地区发展的重点区域。

第二章 物流运输概述

【导读案例】

> 天津家和物流有限公司是一家专业的物流运输公司,主要经营全国各大中城市公路物流运输(集装箱、火车皮、零担)、配送、物流咨询、吊装、航空托运、铁路货运、海运、专业大型货运车辆调派、搬家搬厂、快件托运等业务。目前,该公司接到以下几个运输订单。
> (1) 0.5吨海产品从青岛运到天津。
> (2) 180吨煤炭从山西太原经天津港出口。
> (3) 30箱电脑芯片从天津运到美国纽约。
> (4) 天津某钢铁厂从澳大利亚进口8万吨铁矿石。
> 请为以上运输活动选择最恰当的运输方式。

运输是指通过改变运输对象的空间位置来增加运输对象的价值,实现其使用价值的物质生产活动。运输可以创造"场所效应",是物流活动中的核心重要环节。以上案例中的天津家和物流有限公司承揽的运输任务中,运输对象类别、数量不同,运输的起始地也不同,对于运输的要求也不同。要顺利地完成运输任务,该物流公司应结合运输现状和特点分析,选择最佳的运输方式。因此,我们先来了解物流运输的相关概念,学习各种运输方式的相关特点及适宜载运的货物,在此基础上解决上述案例中的问题。

本章介绍了运输的概念,运输的本质属性和特点,运输在经济活动中的地位与作用,运输系统的构成要素,运输的种类及各种运输方式的特点,本章内容是学习物流运输地理的基础,对于后面章节中物流运输地理的学习具有重要意义。

【学习目标】

通过本章的学习,主要掌握什么是运输,什么是物流运输,运输的种类及主要的运输方式,主要运输方式的特点;理解运输与物流运输的区别,运输的本质属性及其特点;了解运输系统的构成要素,运输的地位与作用。

第一节 物流运输的概念

一、运输

人类为了维持生活、求得发展,必须不断地改造自然、创造物质财富数据,这种活动就是生产。在生产过程中，生产工具、劳动产品及人本身必然要发生位置上的移动。在早期的人类活动中，生产和运输是融为一体的，运输是生产不可分割的一部分。随着生产力的发展，社会分工的出现，运输才逐渐地从一般的生产中分化出来，成为一个相对独立的行业。

运输(transportation)就是人和物的载运和输送，是指人员或物品借助于运力系统在一定的空间范围内产生的位置移动。运力系统是指由运输设施、路线、设备、工具和人力组成的，具有从事运输活动能力的系统。人的载运及输送称为客运，物的载运及输送称为货运。运输是指借助公共运输线路及其设施和运输工具来实现人员与物品空间位移的一种经济活动和社会活动。

运输虽是一项范围非常广泛的经济活动，但并不是说国民经济与社会生活中所有的人员与物品的空间位移都属于运输，应注意以下几点。

1. 运输使用公共的运输工具

运输只能是指在一定范围内，利用人们公认的运输工具所发生的人员与物品的空间位移，而利用其他介质的载运及输送并不是运输活动。例如，经济活动中的输电、输水、供暖、供气等，虽然也产生物质位移，但这些经济活动都已各自拥有独立于运输体系之外的传输系统，它们完成的物质位移已不依赖于人们一般公认的公共运输工具，因此它们不属于运输范畴。

2. 运输的目的

不是所有由交通工具承载的位移都属于运输。一些由运输工具改做他用的特种车辆，包括船舶、飞机，本身安装了许多为完成特定任务所需设备的附属物(例如，消防车、吊车、洒水车、扫路车、环境监测车、空中救援飞机等)，这些运输工具虽然利用了公共运输路线，但它们行驶的直接目的并不是为了完成人员与物品的空间位移，而是作为完成某项特定工作的必要组成部分，因此不属于一般意义上的运输范畴。

3. 运输的空间范围

在家里、工作单位和其他各种建筑物内人员与物品的空间位移，也不属于运输的范畴。室外人员与物品的空间位移如果是由室外活动性质直接引起的，如人在公园或游乐场内的活动、空中游览，以及建筑工地由运输工具完成的人员与物品的空间位移等，同样都不属于运输的范畴。

二、物流运输

我国国家质量技术监督局(现为国家质检总局)于 2001 年 4 月发布的国家标准《物流术

语》(GB/T8254—2001)将运输定义为："用设备和工具，将物品从一地点向另一地点运送的物流活动，其中包括集货、分配、搬运、中转、装入、卸下、分散等一系列操作。"将物流定义为，通过运输、储存、装卸、搬运、包装、流通加工、配送和信息处理等基本物流活动，实现物品从供应地到接收地的实体流动过程。运输是物流的一个环节或一项基本功能。

三、运输与物流运输的区别

运输与物流运输的区别有以下两方面。

1. 运输对象不同

物流运输以物为运输对象，普通运输还包含人的运输。

2. 工作范围不同

普通运输一般指流通领域，而物流运输也包含生产领域。
普通运输与物流运输的区别与联系如图 2-1 所示。

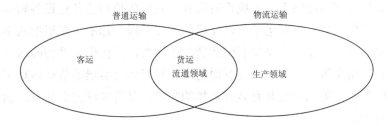

图 2-1 普通运输与物流运输

四、运输系统

运输系统就是在一定的时间、空间内，由运输过程所需的基础设施、运输工具和运输参与者等若干动态要素相互作用、相互依赖和相互制约所构成的具有特定运输功能的有机整体，该系统同时也是物流系统中的核心子系统。运输系统的构成要素包括以下几方面。

(一)基础设施

1. 运输线路

运输线路是供运输工具定向移动的通道，也是运输赖以运行的基础设施之一，是构成运输系统最重要的要素。在现代运输系统中，主要的运输线路有公路、铁路、航线和管道。其中，铁路和公路为陆上运输线路，除了引导运输工具定向行驶外，还需承受运输工具、货物或人的重量；航线有水运航线和空运航线两种，主要起引导运输工具定位定向行驶的作用，运输工具、货物或人的重量由水或空气的浮力或压力支撑；管道是一种相对特殊的运输线路，由于其具有严密的封闭性，所以既充当了运输工具，又起到了引导货物流动的作用。

2. 运输节点

所谓运输节点，是指以连接不同运输方式为主要职能，处于运输线路上的承担货物集散、运输业务办理、运输工具保养和维修的基地与场所。运输节点是物流节点中的一种类型，属于转运型节点。公路运输线路上的停车场(库)、货运站，铁道运输线路上的中间站、编组站、区段站、货运站，水运线路上的港口、码头，空运线路上的空港，管道运输线路上的管道站等都属于运输节点范畴。一般而言，由于运输节点处于运输线路上，又以转运为主，所以货物在运输节点上停滞的时间较短。

(二)运输工具

运输工具是指在运输线路上用于载重货物并使其发生位移的各种设备和装置，它们是运输能够进行的基础设备，也是运输得以完成的主要手段。运输工具根据从事运送活动的独立程度可以分为三类：第一类是没有装载货物的容器，只提供原动力的运输工具，如铁路机车、拖船、牵引车等；第二类是没有原动力，只有货物容器的从动运输工具，如机车车辆、挂车、驳船等；第三类是既有装载货物的容器，又有原动力的独立运输工具，如轮船、汽车、飞机等。

(三)运输参与者

运输活动的主体是运输参与者，运输活动作用的对象(运输活动的客体)是货物，货物的所有者是物主或货主。运输必须由物主和运输参与者共同参与才能进行。

1. 物主

物主包括托运人(或称委托人)和收货人，有时托运人与收货人是同一主体，有时不是同一主体。

2. 承运人

承运人是指运输活动的承担者，他们可能是铁路货运公司、航运公司、民航货运公司、储运公司、物流公司或个体运输业者等。承运人是受托运人或收货人的委托，按委托人的意愿以最低的成本完成委托人委托的运输任务，同时获得运输收入。承运人根据委托人的要求或在不影响委托人要求的前提下合理地组织运输和配送，包括选择运输方式、确定运输线路、进行货物配载等。

3. 货运代理人

货运代理人是根据用户的指示，为获得代理费用而招揽货物、组织运输的人员，其本人不是承运人。他们负责把来自各用户的小批量货物合理地组织起来，以大批量装载，然后交由承运人进行运输，待货物到达目的地后，再把该大批量装载拆分成原先较小的装运量，送往收货人处。货运代理人的主要优势在于大批量装载可以实现较低的费率，并从中获取利润。

4. 运输经纪人

运输经纪人是替托运人、收货人和承运人协调运输安排的中间商，其协调的内容包括装运装载、费率谈判、结账和货物跟踪管理等。

第二节 物流运输的方式

一、运输的种类

运输分类方法很多，通常情况可按运输线路、运输作用、运输的协作程度、运输工具和运输设备划分。

(一)按运输线路性质划分

按照运输线路的性质可将运输划分为干线运输、支线运输、二次运输和厂内运输。

1. 干线运输

干线运输是利用铁路、公路的干线，大型船舶的固定航线进行的长距离、大数量的运输，是进行远距离空间位置转移的重要运输形式。

2. 支线运输

支线运输是相对于干线运输来说的，是在干线运输的基础上，对干线运输起辅助作用的运输形式。

3. 二次运输

二次运输是指经过干线运输与支线运输到站的货物，还需要再从车站运至仓库、工厂或集贸市场等指定交货地点的运输。

4. 厂内运输

厂内运输又称工业运输，是指工厂企业内部在生产过程中所进行的运输，是工厂企业整个生产活动的重要组成部分。

(二) 按运输作用划分

按照运输作用可将运输划分为集货运输和配送运输。

1. 集货运输

集货运输是指将分散的货物集聚起来以便进行集中运输的一种运输方式。因为货物集中后才能利用干线进行大批量、长距离的运输，所以，集货运输是干线大规模运输的一种补充性运输，多是短距离、小批量的运输。

2. 配送运输

配送运输是指将节点中已按用户要求配装好的货物分送到各个用户处的运输方式。这种运输一般发生在干线运输之后，是干线运输的补充和完善，而且由于发生在物流运输的末端，所以多是短距离、小批量的运输。

(三) 按运输的协作程度划分

按运输的协作程度可将运输划分为一般运输、联合运输和多式联运。

1. 一般运输

所谓一般运输，是指孤立地采用不同运输工具或同类运输工具而没有形成有机的协作关系的运输方式，如单纯的汽车运输、火车运输等。

2. 联合运输

所谓联合运输，是指使用同一运输凭证，由不同的运输方式、不同的运输企业进行有机的衔接来接运货物，利用每种运输手段的优势，发挥不同运输工具的效率的一种运输方式。联合运输的方式有铁海联运、公铁联运和公海联运等。进行联合运输，不仅可以简化托运手续，加快运输速度，而且可以节约运费。

3. 多式联运

所谓多式联运，是指根据实际要求，将不同的运输方式组合成综合性的一体化运输，通过一次托运、一次计费、一张单证、一次保险，由各运输区段的承运人共同完成货物的运输全过程，即将全过程运输作为一个完整的单一运输过程来安排的一种运输方式。多式联运是联合运输的一种现代形式，通常在国内大范围物流和国际物流领域中广泛使用。

(四)按运输工具及运输设备划分

按照运输工具及运输设备的不同，可将运输划分为公路运输、铁路运输、水路运输、航空运输和管道运输 5 种主要方式。

1．公路运输

公路运输是指主要使用汽车，也使用其他车辆(如人、畜力车)在公路上进行客货运输的一种方式。

2．铁路运输

铁路运输是使用铁路列车运送客货的一种运输方式。

3．水路运输

水路运输是使用船舶运送客货的一种运输方式。水路运输可分为以下 4 种形式。

(1) 沿海运输：是使用船舶通过大陆附近沿海航道运送客货的一种方式，一般使用中、小型船舶。

(2) 近海运输：是使用船舶通过大陆邻近国家海上航道运送客货的一种运输形式，视航程可使用中型船舶，也可使用小型船舶。

(3) 远洋运输：是使用船舶跨大洋的长途运输形式，主要依靠运量大的大型船舶。

(4) 内河运输：是使用船舶在陆地内的江、河、湖、川等水道进行运输的一种方式，主要使用中、小型船舶。

4．航空运输

航空运输是使用飞机或其他航空器进行运输的一种形式。

5．管道运输

管道运输是利用管道输送气体、液体和粉状固体的一种运输方式。

二、运输方式的特点

运输方式表现为不同的运输工具和相关的要素设施或其组合所形成的运输体系。运输方式从手提肩扛、牲畜驮运发展到今天现代化的公路运输、铁路运输、水路运输、航空运输和管道运输 5 种主要方式。各种运输方式各有其自身的特点，并且分别适合于运输不同距离、不同形式、不同运费负担能力和不同时间需求的物品。运输方式演变如图 2-2 所示。

物流运输地理

图 2-2 运输方式演变图

(一)公路运输

公路运输具有如下特点。

1. 机动灵活，适应性强

由于公路运输网一般比铁路、水路网的密度要大十几倍，分布面也广，因此公路运输车辆可以"无处不到、无时不有"。公路运输在时间方面的机动性也比较大，车辆可随时调度、装运，各环节之间的衔接时间较短。尤其是公路运输对货运量的多少具有很强的适应性，汽车的载重吨位有小(0.25～1 吨)有大(200～300 吨)，既可以单个车辆独立运输，也可以由若干车辆组成车队同时运输，这一点对抢险、救灾工作和军事运输具有特别重要的意义。

2. 可实现"门到门"直达运输

由于汽车体积较小，中途一般也不需要换装，除了可沿分布较广的公路网运行外，还可离开公路网深入到工厂企业、农村田间、城市居民住宅等地，即可以把货物从始发地门口直接运送到目的地门口，实现"门到门"直达运输。这是其他运输方式无法与公路运输所比拟的特点之一。

3. 原始投资少，资金周转快

公路运输与其他运输方式相比，所需固定设施简单，车辆购置费用一般也比较低，因此，投资兴办容易，投资回收期短。据有关资料表明，在正常经营的情况下，公路运输的投资每年可周转一至三次，而铁路运输则需要三至四年才能周转一次。

4. 运量较小，运输成本较高

每辆普通载重汽车每次一般只能运送几吨、十几吨货物，比火车、轮船运送的少得多。由于汽车载重量小，行驶阻力比铁路大9～14倍，所消耗的燃料又是价格较高的液体汽油或柴油，因此，除了航空运输，就属汽车运输成本高了。

5. 安全性较低，环境污染较大

据统计，自汽车诞生以来，已经有3000多万人死于车祸，特别是从20世纪90年代开始，死于汽车交通事故的人数急剧增加，平均每年达50多万。这个数字超过了艾滋病、战争和结核病人每年的死亡人数。汽车所排出的尾气和引起的噪声也严重地威胁着人类的健康，是大城市环境污染的最大污染源之一。

综合考虑，公路运输较适合在山区及偏僻地区进行货物运输或在远离铁路的区域从事干线运输；适合在内陆地区进行近距离的独立运输；适合补充和衔接其他运输方式。尽管其他运输方式各有其特点，但或多或少都要依赖公路运输来完成两端的运输衔接任务。

(二) 铁路运输

铁路运输具有如下特点。

1. 准确性和连续性强

铁路运输过程受自然条件限制较小，一年四季可以不分昼夜地进行定期的、有规律的、准确的运转，运行比较平稳，安全可靠。

2. 速度比较快

铁路运输速度每昼夜可达几百千米，一般货车可达100千米/时左右，远远高于海上运输。

3. 运输能力大

一般一列货车可装2000～5000吨货物，重载列车可装20 000多吨货物；单线单向年最大货物运输能力达1800万吨，复线达5500万吨；运行组织较好的国家，单线单向年最大货物运输能力达4000万吨，复线单向年最大货物运输能力超过1亿吨，远远高于航空运输和汽车运输。

4. 运输成本较低，能耗低，对环境污染小

铁路运输费用仅为汽车运输费用的几分之一到十几分之一，运输耗油约是汽车运输的1/20。就能源消耗而言，每千吨千米耗标准燃料为汽车运输的1/11～1/15，为民航的1/174，

每万吨千米耗油量仅为汽车运输的 1/20。从距离、运量与污染程度来看，铁路运输对环境污染小，尤其是电气化铁路污染更小。

5. 初期投资大，建设周期长

铁路运输需要占用土地，铺设轨道、建造桥梁和隧道，建路工程艰巨、复杂；需要消耗大量的钢材、木材；其初期投资大大超过其他运输方式。建设一条铁路干线要 5～10 年，而且占地太多，随着人口的增长，将会给社会增加更多的负担。

综合考虑，铁路运输适合在内陆地区运送中长距离、大运量、时间长、可靠性高的一般货物和特种货物。从投资效果看，在运输量比较大的地区之间建设铁路比较合理。在没有水运条件的地区，几乎所有大批量货物都依靠铁路来进行运送。由于铁路运输途中作业需要一定的时间，可能会出现货物滞留时间长的情况，因此，一般不适于紧急运输。

(三)水路运输

水路运输具有如下特点。

1. 运输量大，通过能力强

在 5 种运输方式中，水路运输能力最大，随着造船技术的日益提高，船舶朝着大型化发展，巨型客轮已超过 8 万吨，巨型油轮超过 60 万吨，就是一般的杂货轮船也多在五六万吨以上。

2. 对运输对象适应性强

船舶的体积大，空间也大，既可以运客，也可以运货，尤其适合于大件货物及大型笨重货物的运输，其他运输方式无法承载的货物都可以通过船舶运输。随着船舶建造的专业程度加大，水路运输对货物的适应性将会进一步增强。

3. 运费低廉

一方面，海上运输所通过的航道均系天然形成，港口设施一般为政府修建，不像公路运输或铁路运输那样需大量投资用于修筑公路或铁路；另一方面，船舶运载量大，使用时间长，运输里程远，与其他运输方式相比，海运的单位运输成本较低，约为铁路运费的 1/5，公路运费的 1/10，航空运费的 1/30。

4. 速度较慢

货船体积大，水流阻力高，风力影响大，因此速度较慢，一般多在每小时 10～20 海里之间，最新的集装箱船每小时 35 海里，比铁路和公路运输要慢得多。

5. 受自然条件的限制和影响大

在海洋中航行，会受海洋与河流的地理分布及其地质、地貌、水文与气象等条件和因素的明显制约与影响，因此遇险的可能性也大。水运航线无法在广大陆地上任意延伸，所以水运要与铁路、公路和管道运输配合，并实行联运。

综合考虑，水路运输适于运距长、运量大、时效性要求不太高的各种大宗货物的运输，特别适合于集装箱运输，以及国际贸易运输，对于矿石、煤炭、石油和粮食等散货的运输也较为适合。海上远洋运输是我国对外贸易的最主要运输方式，我国有80%以上的外贸货物都是通过海上远洋运输实现的，海上远洋运输是发展国际贸易的强大支柱。

(四)航空运输

航空运输具有如下特点

1. 运送速度快

从航空业诞生之日起，航空运输就以快速而著称。到目前为止，飞机仍然是最快捷的交通工具，常见的喷气式飞机的速度大都在每小时850～900千米。快捷的交通工具大大缩短了货物在途时间，对于那些易腐烂、变质的鲜活商品，时效性、季节性强的报刊、节令性商品，抢险、救急品的运输，这一特点显得尤为突出。

运送速度快，在途时间短，也使得货物在途风险降低，因此许多贵重物品、精密仪器也往往采用航空运输的形式。当今国际市场竞争激烈，航空运输所提供的快速服务也使得供货商可以对国外市场瞬息万变的行情即刻做出反应，迅速推出适销产品占领市场，获得较好的经济效益。

2. 不受地面条件影响，深入内陆地区

航空运输利用天空这一自然通道，不受地理条件的限制，对于地面条件恶劣、交通不便的内陆地区非常合适，有利于当地资源的出口，促进当地经济的发展。航空运输使本地与世界相连，对外的辐射面广，而且航空运输相比公路运输与铁路运输占用土地少，对寸土寸金、地域狭小的地区发展对外交通无疑是十分适合的。

3. 安全准确

与其他运输方式相比，航空运输的安全性较高，风险率约为三百万分之一。航空公司的运输管理制度也比较完善，货物的破损率较低，如果采用空运集装箱的方式运送货物，则更为安全。

4. 节约包装、保险、利息等费用

由于采用航空运输方式，货物在途时间短，周转速度快，企业存货可以相应地减少。一方面有利于资金的回收，减少利息支出；另一方面企业仓储费用也可以降低。又由于航空货物运输安全、准确，货损、货差少，保险费用较低，与其他运输方式相比，航空运输的包装简单，包装成本少。这些都构成企业隐性成本的下降，收益的增加。

5. 运输能力较小，费用较高，不适合低价值货物

航空运载工具——飞机的舱容有限，一般只有几吨或十几吨，对大件货物或大批量货物的运输有一定的限制，因此，每吨千米运输成本是公路运输的 7 倍，铁路运输的 18.6 倍，水路运输的 146 倍。

航空运输的主要缺点是飞机机舱容积和载重量都比较小，运载成本和运价比地面运输高。飞机飞行往往要受气象条件的限制，因而会影响其正常、准点性。此外，航空运输速度快的优点在短途运输中难以显示。

但总的来讲，随着新兴技术更为广泛的应用，产品更趋向薄、轻、短、小和高价值，管理者更重视运输的及时性、可靠性，相信航空货运将会有更大的发展前景。

综合考虑，航空运输比较适合运输那些体积小、价值高的贵重物品，以及时间性强的鲜活、易腐和季节性强的特殊物品。

(五)管道运输

管道运输具有如下特点。

1. 运量大

一条输油管线可以源源不断地完成输送任务，管径是决定输送能力和大小的重要因素之一。当前世界口径最大的输油管道直径达 1 米以上，此类管道每年的运输量可达数百万吨到几千万吨，甚至超过亿吨。

2. 占地少

运输管道通常埋于地下，其占用的土地很少。运输系统的建设实践证明，运输管道埋藏于地下的部分占管道总长度的 95%以上，因而对于土地的永久性占用很少，分别为公路的 3%和铁路的 10%左右。在交通运输规划系统中，优先考虑管道运输方案，这对于节约土地资源意义重大。

3. 建设周期短、投资少、管理方便

国内外交通运输系统建设的大量实践证明，管道运输系统的建设周期与相同运量的铁路建设周期相比，一般来说要短 1/3 以上。建设一条年运输能力为 1500 万吨煤的铁路，需投资 8.6 亿美元，而建设一条年运输能力为 4500 万吨煤的输送管道只需 1.6 亿美元，管理人员也只有铁路运输的 1/7。例如，我国建设大庆至秦皇岛全长 1152 千米的输油管道，仅用了 23 个月的时间，而若要建设一条同样运输量的铁路，至少需要 3 年时间。

4. 安全可靠

由于石油和天然气易燃、易爆、易挥发、易泄漏，因此基本采用埋于地下的管道运输方式，既安全，又可以大大减少挥发损耗，避免了由于泄漏导致的对空气、水和土壤的污染。另外，管道运输过程中不排放废气粉尘，不产生噪声，减少了环境污染，可以说管道运输较好地满足了运输工程的绿色化要求。

5. 成本低、效益好、连续性强

发达国家采用管道运输石油，每吨千米的能耗不足铁路的 1/7，在大量运输时的运输成本与水运接近，因此在无水条件下，采用管道运输是一种最为节能的运输方式。管道运输是一种连续工程，运输系统不存在空载行程，可以实现运输系统长期稳定地 24 小时不间断地运输，效率较高。理论分析和实践经验已证明，管道口径越大，运输距离越远，运输量越大，运输成本就越低。以运输石油为例，管道运输、水路运输、铁路运输的运输成本之比为 1∶1∶1.7。

6. 灵活性差

管道运输不如其他运输方式灵活，除承运的货物比较单一外，也不易随便扩展管线，实现"门到门"的运输服务。对一般用户来说，管道运输常常要与铁路运输、公路运输或水路运输配合才能完成全程输送。此外，在运输量明显不足时，运输成本会显著地增大。

综合考虑，管道运输适宜运输单向、定点、量大的流体状货物，这类货物以油气为主。另外，在管道中运输固态货物(如粮食、砂石、邮件等)也有良好的发展前景。

通过以上学习，我们掌握了物流运输的相关基础知识，现在我们可以来分析导读案例，为天津家和物流有限公司的运输活动选择最恰当的运输方式。首先，0.5 吨海产品从青岛运到天津，海产品属于易腐类食品，对于运输时间的要求较高，0.5 吨的海产品运量较少，从青岛到天津路程较近，所以选择公路运输方式最合适；180 吨煤炭从山西太原经天津港出口，从山西至天津的路程分析，公路与铁路运输均可，从 180 吨的运量分析，选择铁路运输成本会相对小一些，所以选择铁路运输方式最合适；30 箱电脑芯片从天津运到美国纽约，电

物流运输地理

脑芯片体积小、价值高，属于贵重物品，30 箱运量较少，天津至美国路程远，选择航空运输方式最适合；天津某钢铁厂从澳大利亚进口 8 万吨铁矿石，铁矿石属大宗散货，8 万吨运量较大，选择海上运输能节约成本，所以选择海上运输方式最合适。

本 章 小 结

　　运输是人和物的载送和输送，是指人员或物品借助于运力系统在一定空间范围内产生的位置移动。运输是社会生产和生活的基本条件，也是物流活动中的核心环节。物流运输与普通运输有区别也有联系，物流运输以物为运输对象，普通运输还包含对人的运输；普通运输一般指流通领域，而物流运输除了包括流通领域的运输，还包含生产领域的运输。

　　运输的种类众多，最为常见的是，按照运输工具及运输设备的不同将运输划分为公路运输、铁路运输、水路运输、航空运输和管道运输，各种运输方式有其各自的优缺点，运输方式的合理选择和组织利用，可以提高运输效率，降低运输成本。

复习思考题

一、名词解释

1. 运输　2. 物流运输　3. 运输系统　4. 多式联运

二、问答题

1. 运输与物流运输的区别有哪些？
2. 运输系统的构成要素包括哪几方面？
3. 运输的本质属性是什么？
4. 什么是公路运输？公路运输的特点有哪些？
5. 什么是铁路运输？铁路运输的特点有哪些？
6. 什么是水路运输？水路运输的特点有哪些？
7. 什么是航空运输？航空运输的特点有哪些？
8. 什么是管道运输？管道运输的特点有哪些？

三、案例分析题

请为以下运输活动选择最恰当的运输方式。

1. 一箱精密仪表从日本运往北京。

2. 新疆轮南油气田的天然气运往上海。
3. 300 千克的鲜猪肉从天津运往北京某农贸市场。
4. 120 吨大豆从包头运往北京。
5. 10 万吨煤从秦皇岛运往韩国。

第三章　铁路运输地理

【导读案例】

　　煤是一种分布较广、储量较多的常规能源。煤可以广泛用于钢铁、电力、化工及居民生活等领域。中国是一个"缺油、少气、富煤"的国家，中国的煤炭探明储量约占世界探明储量的15%，产量居世界第一，出口量仅次于澳大利亚。

　　山西省煤炭资源储量占全国的1/3，是我国第一产煤、输煤和出口煤炭的大省及能源和重化工基地，煤炭资源优势得天独厚，以储量大、分布广、品种全、质量优、易开采著称，目前已累计探明煤炭储量2661.8亿吨，保有储量2581亿吨。山西省国土面积15.6万平方千米，含煤面积6.48万平方千米，约占全省国土总面积的40%。全省119个县级行政区中，浑源、繁峙、五台、垣曲、芮城和平陆等94个县(市、区)有煤矿，主要分布在大同、宁武、河东、西山、沁水和霍西六大煤田。

　　山西煤炭品种齐全，有九大煤炭品种，分别是气煤、肥煤、焦煤、瘦煤、无烟煤、贫煤、长焰煤、弱黏结煤和褐煤。山西煤炭具有"三低两高一强"的特点，即低硫、低灰、低磷、高发热量、高挥发分、黏结性强。大同煤田弱黏结煤以硫分和灰分低、发热量高而享誉中外；河东煤田离石、柳林、乡宁矿区的低硫、低灰焦煤被誉为煤中的"精粉"；沁水煤田晋城矿区的"兰花炭"更是名闻遐迩。

　　山西省地处黄土高原，建设铁路的成本高、难度大，所以必须科学合理地规划煤炭外运的通道，既要考虑各大煤田的输出便捷性和下海通道，又要考虑与陕西、内蒙古、宁夏和新疆等西部省区的交通联系。近几年陕西、内蒙古、宁夏和新疆等省区的煤矿建设均保持了较快的发展速度，煤炭产量大幅增长，这些省的煤炭外运也更多地依靠山西的铁路线，山西逐渐成为煤炭输出的中转地。

　　随着国民经济的快速增长，山西煤炭的外销量逐年提高，如何将山西的煤炭资源通过铁路及时输送到煤炭需求地，成为亟待解决的问题。

　　铁路运输是国民经济的大动脉，是近代最早发展起来的大宗货物运输方式，自世界第一条铁路修建以来，铁路运输的优势就突显出来，运输速度快、准确性和连续性强、运输能力大、成本较低、能耗低、对环境污染小等优越性使其广泛应用于大运量、长距离的货物运输中。在国际货物运输中，铁路运输的地位仅次于海洋运输。

　　导读案例中提到山西省是产煤大省，煤炭多，煤炭向外运输就成为亟待解决的问题。山西不同区域的煤炭的运输通道不同，如何为煤炭设计外运的通道是我们学习完本章要解决的问题。要顺利解决导读案例中"晋煤外运"的通道问题，应先来了解铁路运输的相关知识，学习国际及国内的铁路运输线路，在此基础上解决案例中的问题。

本章介绍了铁路运输的概念，铁路运输的构成要素及世界铁路的发展历程，世界铁路干线及中国"八纵八横"重要铁路通道及铁路枢纽，大陆桥运输的优势及主要线路。

【学习目标】

通过本章的学习，了解什么是铁路运输，世界铁路发展的历程是怎样的，铁路运输的构成要素及铁路货运运输的种类有哪些；了解中国铁路的发展及中长期规划；掌握世界主要铁路干线，掌握中国"八纵八横"铁路通道及中国主要铁路枢纽；掌握世界主要大陆桥；能够运用本章所学的知识分析案例，设计运输路线，为晋煤外运设计运输通道。

第一节 铁路运输概述

铁路运输是一种陆上运输方式，它是利用铁路设施、设备运送旅客和货物的一种运输方式。铁路运输具有载运量较大、运行速度较快、运费较低廉、运输准确、遭受风险较小的优点，是现代化运输业的主要运输方式之一。铁路货物运输按运输区域可分为国际铁路货物联运和国内铁路货物运输。铁路运输是国民经济的大动脉，在国际货运中的地位仅次于海上运输。铁路运输与海上运输相比，一般不易受气候条件的影响，可保障全年的正常运行，具有高度的连续性。

一、铁路运输的发展历程

希腊是世界上第一个拥有路轨运输的国家，至少 2000 年前就有了马拉的车沿着轨道运行。

世界上第一条铁路是英国在 1825 年修建的斯托克顿至达林顿的铁路。斯托克顿和达林顿相距约 21 千米，由于地处产煤地区，资本家早就拟订了修建铁路的计划，在经过几次波折之后，终于批准了这条铁路的修建。1825 年 9 月 27 日，世界上第一条行驶蒸汽机车的公用运输设施——英国斯托克顿至达林顿的铁路正式通车了。在盛况空前的通车典礼上，由机车、煤水车、32 辆货车和 1 辆客车组成的载重量约 90 吨的列车，由蒸汽机车的设计者约翰·斯蒂芬森亲自驾驶，上午 9 时从伊库拉因车站出发，下午 3 时 47 分到达斯托克顿，共运行了 31.8 千米。很快铁路便在英国和世界各地通行起来，且成为世界交通的领导者近一个世纪，直至飞机和汽车的发明才令铁路的发展缓慢地衰落下来。

中国第一条铁路是 1876 年 7 月开通的淞沪(吴淞至上海)铁路，全长 14.5 千米。该铁路由英国人兴建,后被清朝地方官员买回并拆毁。我国正式使用的第一条铁路和蒸汽机车则是由李鸿章兴办的开滦公司煤矿所建。

第二次世界大战后,以柴油和电力驱动的火车逐渐取代蒸汽火车。世界上第一条电气化铁路于 1879 年建成,线路全长 300 米,机车的输出功率为 2.2 千瓦。高架电缆在 1888 年发明后,首条使用高架电缆的电气化铁路在 1892 年启用。中国的第一条电气化铁路是 1975 年建成的宝成(宝鸡至成都)铁路,电气化后的宝成铁路大大缩短了翻越秦岭的时间。

自 20 世纪 60 年代起,多个国家均开始建设高速铁路,货运铁路亦连接至港口,并与船运合作,以货柜运送大量货物,从而降低成本。

当前在全球各个国家和地区中,有 144 个设有铁路运输,共拥有铁路约 130 万千米,其中美国铁路 22 万多千米,俄国铁路 12 万多千米,中国铁路突破 9 万千米,印度、加拿大的铁路达 6 万多千米。部分国家修建第一条铁路的时间如表 3-1 所示。

表 3-1 部分国家修建第一条铁路的时间

序 号	国 家	修建时间	序 号	国 家	修建时间
1	英国	1825 年	6	俄国	1837 年
2	美国	1830 年	7	印度	1852 年
3	法国	1832 年	8	南非	1860 年
4	德国	1835 年	9	日本	1872 年
5	加拿大	1836 年	10	中国	1876 年

货物运输是铁路运输的主要部分,铁路的货物运输在各种运输方式中曾经占到 45%的份额。20 世纪 70 年代后,铁路货物运输的运量不断攀升,至 2011 年年底,我国铁路货物发送量完成 358 470 万吨,较 20 世纪 70 年代增长几倍之多。近几年,铁路货物运输虽然运量逐年增大,但市场份额却逐年下降。铁路货物运输的最大缺点是缺乏弹性,在不少国家铁路货物运输正逐渐被公路货物运输取代,零散货物大量流向公路,相当一部分由铁路运输的大宗物资改走公路和水路,但亦有很多地方政府因为环境的考虑,而设法鼓励使用铁路。铁路货物运输原有的垄断地位面临着越来越严峻的挑战。

二、铁路运输的构成要素

铁路运输的构成要素包括以下方面。

(一)铁路运输车

铁路运输车,亦称列车或火车,是指在铁路轨道上行驶的车辆,通常由多节车厢组成。

铁路运输车按载荷物，可分为运货的货车和载客的客车，亦有两者一起的客货车。客车中有的是高速列车。货车又可分为敞车、棚车、罐车、平车、保温车和专用车。

1. 敞车

敞车是指具有端壁、侧壁、地板而无车顶的货车，主要供运送煤炭、矿石、矿建物资、木材和钢材等大宗货物，也可用来运送重量不大的机械设备，如图 3-1 所示。

图 3-1　敞车

2. 棚车

棚车是指有侧壁、端壁、底板和车顶，在侧壁上有门和窗的货车，主要用于运送怕日晒、雨淋、雪侵的货物，包括各种粮谷、日用工业品及贵重仪器设备等，如图 3-2 所示。

图 3-2　棚车

3. 罐车

罐车是指车体呈罐形的车辆，主要用来装运各种液体、液化气体和粉末状货物等，如

图 3-3 所示。

图 3-3 罐车

4. 平车

平车主要运送钢材、木材、汽车和机械设备等体积或重量较大的货物，也可借助集装箱运送其他货物，如图 3-4 所示。

图 3-4 平车

5. 保温车

保温车又称冷藏车，主要用来运送易腐货物。保温车外形似棚车，周身遍装隔热材料，车内有降温装置，可使车内保持需要的低温。有的保温车还有加温装置，在寒冷季节可使车内保持高于车外的温度，如图 3-5 所示。

图 3-5　保温车

6. 专用车

在铁路货车里，一般将家畜车、矿石车、水泥车、粮食车、毒品车、集装箱车和长大货车划分为专用车，专用车一般只运送一种或少量几种货物，用途较单一，同一种车辆要求装载的货物重量或外形尺寸比较统一。

（1）矿石漏斗车：为了适应大型冶金企业生产的需要，设计了该种用于装运矿石的自卸式矿石漏斗车，使用此种车时，货物由上面装入，卸装时开启漏斗底门，货物靠自身重力自动卸下，如图 3-6 所示。

图 3-6　矿石漏斗车

（2）散装水泥车：适用于粉煤灰、水泥、石灰粉、矿石粉及颗粒碱等颗粒的散装运输。它主要供水泥厂、水泥仓库和大型建筑工地使用，可节约大量包装材料和装卸劳动力，如图 3-7 所示。

图 3-7　散装水泥车

(3) 粮食车：是装运散装谷物的车辆，一般在粮食产量大的地区里可以见到。此类型运输车一般装有漏斗式卸粮系统，如图 3-8 所示。

图 3-8　粮食车

(4) 毒品车可装运农药等毒害品和有毒物品，如图 3-9 所示。

图 3-9　毒品车

(5) 集装箱车：指为运送国内和国际标准集装箱而专门设计和制造的车辆。在我国铁路集装箱运输的发展初期，通常是采用通用车辆(主要是敞车)来装运集装箱的。随着平车的改造，集装箱车从专用化向多样化发展。到 20 世纪 80 年代以后，为了适应国际多式联运的要求，车辆进一步向大型化和高速化方向发展，为了加快铁路和公路的联运，还出现了公路铁路两用集装箱运输车，如图 3-10 所示。

图 3-10　集装箱车

(二)铁路轨道

铁路轨道简称路轨、铁轨、轨道，铁路轨道用于铁路上，并与转辙器合作，令火车无需转向便能行走。铁路轨道最早是由两根木轨条组成，后改用铸铁轨，最后发展为今天的工字形钢轨。铁路轨道通常由两条平衡的钢轨组成，钢轨固定放在轨枕上，轨枕之下为路碴。以钢铁制成的铁路轨道，可以比其他物料承受更大的重量。

轨枕亦称枕木、灰枕或路枕，轨枕一般为横向铺设，用木头、钢筋混凝土或钢铁制成，其作用是把钢轨的重量分散开，保持路轨固定，维持路轨的轨距。

路碴也称道渣、碎石或道床，路碴通常采用碎石、卵石、矿渣等材料，其作用是为轨道提供弹性及排水功能。铁轨也可以铺在混凝土筑成的基座上(在桥上就相当常见)，甚至嵌在混凝土里。

钢轨、轨枕和道床是由一些不同力学性质的材料，以不同的方式组合起来的。钢轨以连接零件扣紧在轨枕上，轨枕埋在道床内，道床直接铺在路基面上。轨道承受着多变化的垂直、横向、纵向的静荷载和动荷载，荷载从钢轨通过轨枕和道床传递到路基。通过力学理论分析研究在各种荷载条件下，轨道各组成部分所产生的应力和应变，从而确定其承载能力和稳定性。

物流运输地理

　　铁路两条钢轨之间的距离(以内距为准)就是轨距。轨距的科学表述就是："钢轨头部踏面下 16mm 范围内两股钢轨工作边之间的最小距离。"国际上通用的标准轨距为 1435mm，世界上大约 60%的铁路都采用这个轨距，中国的铁路也采用这个标准。

　　世界各国铁路的轨距曾经各不相同具，具有 30 多种不同轨距。直到 1937 年国际铁路协会才作出了统一的规定：1435mm 为国际标准轨距，1520mm 以上的轨距为宽轨，1067mm 以下的轨距为窄轨。之所以将 1435mm 作为世界通用标准，据说是为了纪念世界"铁路之父"约翰·斯蒂芬森(John Stephenson)，因为他设计制造并于 1825 年正式启用的世界第一列列车就是使用 1435mm 轨距的铁路。俄罗斯和中亚独联体国家的轨距是 1520mm，印度、巴基斯坦和西班牙等采用的是 1067mm 宽轨。日本和部分东南亚国家的铁路轨距为 1067mm，中国云南和东北也有部分这样的窄轨。除此以外，当今全世界还有 30 多种不同的轨距。世界各国采用的轨距如表 3-2 所示。

表 3-2　世界各国采用的轨距一览表

轨距/mm	采用的国家和地区
大于 1435	蒙古、印度、巴基斯坦、孟加拉、斯里兰卡、哈萨克斯坦、吉尔吉斯斯坦、乌兹别克斯坦、土库曼斯坦、格鲁吉亚、阿塞拜疆、亚美利亚、芬兰、爱沙尼亚、拉脱维亚、立陶宛、俄罗斯、白俄罗斯、乌克兰、摩尔多瓦、爱尔兰、西班牙、葡萄牙、阿根廷、智利、澳大利亚
1435	中国、朝鲜、韩国、日本、伊朗、伊拉克、叙利亚、黎巴嫩、以色列、土耳其、埃及、突尼斯、毛里塔尼亚、加蓬、丹麦、挪威、瑞典、波兰、捷克、斯洛伐克、匈牙利、德国、奥地利、列支敦士登、瑞士、荷兰、比利时、卢森堡、英国、法国、摩纳哥、意大利、梵蒂冈、南斯拉夫、斯洛文尼亚、克罗地亚、波黑、马其顿、罗马尼亚、保加利亚、阿尔巴尼亚、希腊、美国、加拿大、墨西哥、古巴、多米尼加、哥伦比亚、委内瑞拉、圭亚那、秘鲁、阿根廷、巴拉圭、乌拉圭、澳大利亚
小于 1435 且大于 1000	日本、越南、菲律宾、印度尼西亚、约旦、阿尔及利亚、摩洛哥、塞拉利昂、利比里亚、尼日利亚、刚果、安哥拉、坦桑尼亚、赞比亚、津巴布韦、马拉维、莫桑比克、斯威士兰、博茨瓦纳、纳米比亚、南非、苏丹、加纳、莱索托、洪都拉斯、哥斯达黎加、多米尼加、厄瓜多尔
1000	中国、越南、柬埔寨、泰国、马来西亚、缅甸、印度、孟加拉、巴基斯坦、马里、几内亚、塞内加尔、布基拉法索、科特迪瓦、多哥、贝宁、喀麦隆、埃塞俄比亚、突尼斯、吉布提、肯尼亚、乌干达、坦桑尼亚、马达加斯加、瑞士、西班牙、波多黎各、巴西、玻利维亚、智利、阿根廷
小于 1000	印度尼西亚、印度、尼泊尔、刚果、苏丹、厄立特里亚、波兰、瑞士、意大利、危地马拉、萨尔瓦多、洪都拉斯、巴拿马、古巴、多米尼加、哥伦比亚、圭亚那、秘鲁、斐济

各国轨距的不统一造成了运输线路的不畅通。在亚洲，虽然中国铁路里程数第一，但是 21 条铁路连接点却不能与周边国家连接共享。尽管有一条亚欧大陆桥铁路可以穿越哈萨克斯坦、吉尔吉斯斯坦、乌兹别克斯坦和塔吉克斯坦等国，能够到达欧洲或非洲，但是每次中国货物在新疆阿拉山口出境时，都要囤积等候数日，将集装箱的货物重新吊装到另一个国家的火车底盘上，才能够继续向西运到土库曼或阿塞拜疆。之后，又要将集装箱货物换到轨距不一的土耳其火车上，这样才能沿着欧亚铁路土西新干线到达欧洲的西班牙等国。各国轨距的不统一这一问题虽然可以采用集装箱方式来解决，但提高了运输成本，直接影响国际铁路运输的效率。

三、铁路货物运输的种类

铁路货物运输种类即铁路货物运输方式，铁路货物运输作业根据托运货物的重量、体积和形状，结合铁路的车辆和设备等情况，分为整车运输、零担运输和集装箱运输三种。

1. 整车运输

一般地说，一批货物按照它的重量，或者超过一辆的货车装运，或者虽然不能装满一辆货车，但是由于货物的性质、形状或运送条件等原因，必须单独使用一辆货车装运时，都应以整车的方式运输。

2. 零担运输

如果货物按照它的性质、形状和运送条件不需要单独使用一辆火车运输，可以与其他几批货物拼装一辆货车运送时，则按零担的方式运输。零担运输以每张运单为一批。

按零担托运的货物还需具备两个条件：一是单件货物的体积最小不得小于 0.02 立方米(单件货物重量在 10 千克以上的除外)；二是每批货物的件数不得超过 300 件。

3. 集装箱运输

在铁路货物运输中，符合集装箱运输条件的可按集装箱托运。符合集装箱运输条件的货物为：以贵重、易碎、怕湿货物为主的"适箱货物"和其他适合集装箱运输的货物。

除以上三种运输方式外，铁路货物运输还有快运货物运输和班列运输。

为加速货物运输，提高货物运输质量，适应市场经济的需要，铁路开办了快运货物运输(简称快运)，在全路的主要干线上开行了快运货物列车。

托运人按整车、集装箱、零担运输的货物，除不宜按快运办理的煤、焦炭、矿石和矿建等品类的货物外，托运人都可要求铁路按快运办理，经发送铁路局同意并切实做好快运安排，货物即可按快运货物运输。

物流运输地理

托运人按快运办理的货物应在"铁路货物运输服务订单"内用红色戳记或红笔注明"快运"字样，经批准后，向车站托运货物时，须提出快运货物运单，车站填写快运货票。

班列运输即定点、定线、定车次、定时、定价的货物列车。班列运输按其运输内容分为集装箱货物班列(简称集装箱班列)、鲜活货物班列(简称鲜活班列)和普通货物班列(简称普通班列)。班列的开行周期实行周历，按每周×列开行。班列运输的特点如下。

(1) 运达迅速。班列运行速度双线区间为 800 千米/天以上，单线区间为 500 千米/天以上，运达速度快。

(2) 手续简便。托运人可在车站一个窗口，一次办理好手续。

(3) 运输费用由铁道部统一组织测算并公布，除此不得收取或代收任何其他费用，透明度高。

(4) 班列在运输组织上实行"五优先、五不准"，即优先配车、优先装车、优先挂运、优先放行和优先卸车，除特殊情况报铁道部批准外，不准停限装、不准分界口拒接、不准保留、不准途中解体以及不准变更到站。

第二节　世界铁路干线

自铁路运输诞生以来，铁路在货运方面显示出许多优势，各国纷纷修建铁路，很快这种陆上运输方式就成为了运输的主力军。目前世界铁路总长约 130 万千米，主要分布在欧美国家，其中欧洲铁路网最密集，欧洲和北美铁路总和占世界铁路总长的一半以上。下面介绍承担铁路运输主要任务的世界主要铁路干线。

一、北美横贯大陆铁路干线

北美大陆是世界铁路密度最大的地区，特别是有许多横贯大陆的干线，虽然这些干线在一国境内通过，但都是东西港口城市之间以及沿海与内陆之间的重要运输线，在运输方面发挥着重要作用。北美地区铁路干线以货运为主，集装箱运输和多式联运是北美铁路最主要的运输方式。

(一)加拿大境内的铁路干线

加拿大境内铁路线横贯北美大陆，东西向延伸。南部地区气候相对温暖，人口集中，城市密集，经济发达，北部冰原气候寒冷，永久冻土多不适合建铁路，因此铁路集中分布在加拿大的南部地区。其主要的铁路干线如下。

(1) 鲁珀特王子港——埃德蒙顿——温尼伯——魁北克铁路。

(2) 温哥华——卡尔加里——温尼伯——蒙特利尔——圣约翰——哈利法克斯铁路。

(二)美国境内的铁路干线

美国的客运主要通过公路和航空进行，货运则多使用水路和铁路，美国南北向的河流很多，水运发达，因此铁路多为东西走向。美国海运昌盛，主要对外贸易港口都在东西海岸，沿海岸线几座大港口城市，针对欧洲和亚太地区分别成为货物进出口的集散地，自然需要靠铁路来承担内陆到港口的运输任务。其主要的铁路干线如下。

(1) 西雅图——俾斯麦——圣保罗——芝加哥——底特律铁路。

(2) 奥克兰——奥马哈——芝加哥——匹兹堡——费城——纽约——波士顿铁路。

(3) 洛杉矶——堪萨斯城——圣路易斯——辛辛那提——华盛顿——巴尔的摩铁路。

(4) 洛杉矶——图森——埃尔帕索——休斯敦——新奥尔良铁路。

二、拉丁美洲铁路干线

(一)墨西哥境内的铁路干线

墨西哥境内有一条东西向的铁路干线，该铁路干线西起墨西哥太平洋沿岸最大的港口马萨特兰，经瓜达拉哈拉、墨西哥城至墨西哥东海岸最大的商业中心和全国最大的海港韦拉克鲁斯，该铁路沟通了太平洋和大西洋的墨西哥湾。

(二)巴西境内的铁路干线

巴西农业和矿业资源丰富，出口潜力巨大，承担巴西运力 60%以上的公路网，目前路面不好或极坏的占 80%左右，运输环节严重制约着巴西的经济发展。为改善现有的交通状况，巴西政府把铁路作为加大基础设施投资的优先发展项目，加大对铁路线路、机车和车厢的投入，并制订了铁路网中期规划，规划的主要内容是完善铁路网的结构。

巴西铁矿资源主要集中在"铁四角"地区，"铁四角"即以伊塔比拉(西南距贝洛奥里藏特 50 千米)为中心的四边形地区，该地区位于巴西米纳斯吉拉斯州中部，有大量的优质铁矿。该地区也是巴西铁路线分布较密集的地区，如里约热内卢——贝洛奥里藏特——蒙蒂斯克拉鲁斯——萨尔瓦多——累西腓铁路；里约热内卢——桑托斯——圣保罗——大坎普——科伦巴铁路。

巴西拥有世界上最大铁矿石货运列车，巴西矿业巨头淡水河谷公司(CVRD)近年来也加大了在铁路运输方面的投入力度。

(三)横穿智利和阿根廷境内的铁路干线

智利的瓦尔帕莱索——智利的圣地亚哥——阿根廷的布宜诺斯艾利斯铁路,形成了南美大陆桥,沟通了南美大陆东西两岸,特别是对邻国的贸易起着重要的作用,也为开展集装箱水路联运创造了良好的环境。

三、欧洲铁路干线

欧洲是世界第一条铁路的诞生地,也是铁路网密度最大的地区之一。但在汉堡、安特卫普、鹿特丹等大的港口向内陆运输的集装箱中,大部分依靠公路和水路运输,铁路运输量占的比重较少。面对欧洲公路和水路运输线路繁忙的局面,欧洲最近在铁路建设上投入了大量资金,将推出一系列改革措施,引进竞争机制,大力发展铁路运输。此外,公众对于汽车和飞机所造成的温室气体排放问题日益关注,火车成为游览欧洲最理想的交通工具,游客们可以享受到更清洁、更豪华和更愉快的旅行体验。其主要铁路干线如下。

(1) 丹麦的哥本哈根——德国的汉堡——德国的柏林——德国的纽伦堡——瑞士的伯尔尼——意大利的博洛尼亚——意大利的罗马铁路。

(2) 法国的巴黎——德国的科隆——德国的柏林——波兰的华沙——俄罗斯的莫斯科铁路。

(3) 葡萄牙的里斯本——西班牙的马德里——法国的巴黎——德国的科隆——德国的柏林——波兰的华沙——俄罗斯的圣彼得堡——芬兰的赫尔辛基铁路。

(4) 法国的巴黎——德国的慕尼黑——奥地利的维也纳——匈牙利的布达佩斯——塞尔维亚的贝尔格莱德——保加利亚的索菲亚——土耳其的伊斯坦布尔铁路。

四、西伯利亚大铁路干线

在亚欧大陆的北端,有一条横贯俄罗斯东西的铁路干线,这就是被称为俄罗斯"脊柱"的西伯利亚大铁路(trans-Siberian railway)。它西起俄罗斯首都莫斯科,经梁赞、萨马拉、车里雅宾斯克、鄂木斯克、新西伯利亚、伊尔库茨克、乌兰乌德、赤塔和哈巴罗夫斯克(伯力),跨越 8 个时区和 16 条欧亚河流,沿途经 1000 多个车站,一直通到太平洋的符拉迪沃斯托克(海参崴),总长 9332 多千米,是目前世界上最长的铁路。

早在 19 世纪中期,俄国有关部门就为修建铁路进行了大量的论证工作。1890 年,沙皇亚历山大三世正式颁发命令,决定首先从最东端的海参崴动工修建铁路,1891 年 5 月,皇储尼古拉(即后来的末代沙皇尼古拉二世)亲临海参崴主持铁路奠基仪式,1916 年全线通车。

奔跑在这一钢铁大动脉上的共有大约 1000 列货运和客运列车。该铁路是连接亚洲东部国家、欧洲各国及西伯利亚铁路网的运输干线，是欧亚大陆桥的重要组成部分，在国际贸易货物运输中占有重要地位，促进了西伯利亚地区的全面发展。该铁路主要运输煤炭、矿石、木材、金属和粮食等货物，运量西段大于东段，其中鄂木斯克至新西伯利亚段最为繁忙。

位于西伯利亚大铁路以北的贝加尔——阿穆尔铁路(简称贝阿铁路)是俄罗斯东西伯利亚与太平洋沿岸的第二条铁路。它西起西伯利亚大铁路上的泰舍特，经勒拿河畔的乌斯季库特、贝加尔湖北端的下安加尔斯克、赤塔州的恰拉、阿穆尔州的滕达、哈巴罗夫斯克(伯力)州的乌尔加尔和共青城，讫于苏维埃港，全长4275千米。贝阿铁路是当时苏联为应付与中国的紧张关系所建的策略性支线铁路(西伯利亚铁路的正线相当接近中国边境)，新线与原线相距380~480英里。其中共青城至苏维埃港、泰舍特至乌斯季库特段铁路分别于1947和1954年建成通车。1974年起修建的乌斯季库特至共青城段铁路长3145千米。贝阿铁路的修建对减轻西伯利亚大铁路的运输负担，开发沿线地区丰富的煤、铜、铁、铅、锌、钼、石棉和森林资源，加强远东地区经济和战略地位有重要作用。该铁路1984年年底竣工，1985年通车。

贝阿铁路的建成，标志着西伯利亚开发进入了新阶段，表明苏联已将西伯利亚开发列入整个国家经济发展的战略组成部分。由于掌握住了铁路开发的钥匙，苏联也就打开了西伯利亚这个"地下宝库"，为西伯利亚经济的发展乃至整个苏联经济的发展奠定了必要条件。

西伯利亚大铁路连接东亚和西欧，与中国、蒙古、朝鲜、独联体各国以及西亚和西欧各国铁路联网，沟通了东西方，连接了欧亚南北两端。

(一)与西伯利亚大铁路东端相连接的主要铁路干线

与西伯利亚大铁路东端相连接的主要铁路干线如下。

(1) 俄罗斯的符拉迪沃斯托克(海参崴)——朝鲜的清津港——朝鲜的咸兴——韩国的首尔——韩国的釜山铁路。

(2) 俄罗斯的赤塔——中国满洲里——中国哈尔滨——中国长春——中国沈阳——中国大连铁路。

(3) 俄罗斯的乌兰乌德——中国二连浩特——中国大同——中国北京——中国郑州——中国武汉——中国广州铁路。

(二)与西伯利亚大铁路西端相连接的主要铁路干线

与西伯利亚大铁路西端相连接的主要铁路干线如下。

(1) 俄罗斯的莫斯科——俄罗斯的圣彼得堡——芬兰的赫尔辛基——瑞典的斯德哥尔

摩——挪威的奥斯陆铁路。

(2) 俄罗斯的莫斯科——波兰的华沙——德国的柏林——德国的科隆——法国的巴黎铁路。

(3) 俄罗斯的莫斯科——乌克兰的基辅——乌克兰的敖德萨——罗马尼亚的布加勒斯特——匈牙利的布达佩斯铁路。

(4) 俄罗斯的莫斯科——俄罗斯的罗斯托夫——格鲁吉亚的第比利斯——伊朗的德黑兰铁路。

五、亚洲铁路干线

(一)中亚地区的铁路干线

中亚地区的铁路干线有哈萨克斯坦的阿克斗卡——哈萨克斯坦的阿拉木图——乌兹别克斯坦的塔什干——土库曼斯坦的阿什哈巴德——土库曼斯坦的土库曼巴希铁路。该铁路横贯哈萨克斯坦、乌兹别克斯坦和土库曼斯坦，是亚欧大陆桥的组成部分。

(二)中东地区的铁路干线

中东地区的铁路干线如下。

(1) 伊朗的马什哈德——伊朗的德黑兰——伊朗的大不里士——土耳其的伊斯坦布尔铁路。该铁路也是亚欧大陆桥的组成部分。

(2) 伊拉克的巴士拉——伊拉克的巴格达——伊拉克的摩苏尔——土耳其的伊斯坦布尔铁路。该铁路位于伊拉克和土耳其境内，全长3100多千米，向西经过索菲亚、布达佩斯、维也纳，可与柏林等中、西欧铁路线相连接，是中东地区连接欧洲的重要铁路线。

(三)印度境内的铁路干线

印度境内最重要的铁路干线是横穿印度自西至东的孟买——加尔各答铁路线，该铁路在陆上连接了孟加拉湾和阿拉伯海，形成了南亚大陆桥。另外，沟通南北的阿姆利则——新德里——阿格拉——孟买——金奈的铁路也很重要。

六、非洲铁路干线

提到非洲的铁路首先应提到的是坦赞铁路，它是中国在20世纪70年代援助非洲的大型项目之一。该铁路贯通东非和中南非的交通大干线，是东非交通动脉，它东起坦桑尼亚的达累斯萨拉姆，西讫赞比亚中部的卡皮里姆波希，全长1860.5千米，1970年10月动工兴建，1976年7月全线完成，由中国、坦桑尼亚和赞比亚三国合作建成，为赞比亚、马拉维等内陆国家提供了新的出海通道。

为建设这条铁路，中国政府提供无息贷款 9.88 亿元人民币，共发运各种设备材料近 100 万吨，先后派遣工程技术人员近 5 万人次，高峰时期在现场施工的中国员工多达 1.6 万人，在工程修建及后来的技术合作过程中，中方有 66 人为之献出了宝贵生命。如今该地区已经相当繁华，加之这一地区矿藏资源非常丰富，成为中国不断扩展的经济利益的一部分。货车满载各式的中国商品，从电器到纺织品，给当地人带来了便宜的商品。另外，铜、钴及其他矿产品则被运往中国，保证了这个亚洲经济巨人的需求。同时这个项目让中国在外交上也受益良多，赞比亚和坦桑尼亚在"一个中国"问题上从未动摇过。

除了坦赞铁路外，非洲东南部赞比亚的卢萨卡——津巴布韦的布拉瓦约——博茨瓦纳的哈博罗内——南非的开普敦铁路，加上到坦桑尼亚的铁路，共穿越了 5 个国家和地区，沿线矿产丰富，运输较为繁忙。

第三节　中国铁路运输线路

铁路是一种适于担负远距离的大宗客、货运输的重要运输方式。在我国这样一个幅员辽阔、人口众多、资源丰富的大国，铁路运输不论在目前还是在可以预见的未来，都是综合运输网中的骨干和中坚。

一、中国铁路"八纵八横"大通道

2001 年 1 月，铁道部提出了"八纵八横"铁路网主骨架的建构策略，作为中国第十个五年计划的重要规划。"八纵八横"铁路大通道具有运输能力大、线路里程长、连接大城市和铁路多、辐射范围广等特点，对中国的经济发展、资源调度、西部大开发以及国家生产力布局和产业结构调整具有重要影响，其中十六条大通道均是由一条或多条功能相近的主要铁路干线所构成。近十年来，为建设"八纵八横"干线，除了新建总长达 3800 千米的铁路外，也在既有的干线上修建复线 2500 千米，另外完成既有的线路的电气化改造 4400 千米。

2009 年 7 月 1 日上午 11 时 10 分，连通中西部地区出海口的洛(阳)湛(江)铁路永州至玉林段正式开通，第一趟货物列车从玉林车站开出，标志着中国"八纵八横"铁路网建设顺利实现。

"八纵"通道指京哈通道、东部沿海通道、京沪通道、京九通道、京广通道、大(同)湛(江)通道、包柳通道和兰昆通道。"八纵"铁路通道如表 3-3 所示。

"八横"通道指京兰通道、煤运北通道、煤运南通道、陆桥(陇海和兰新)通道、宁(南

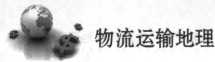

京)西(安)通道、沿江通道、沪昆(成)通道和西南出海通道。"八横"铁路通道如表 3-4 所示。

表 3-3 "八纵"铁路通道

干线通道	连接城市	组成线路
京哈通道	北京——哈尔滨(满洲里)	京哈铁路——滨洲铁路
东部沿海通道	沈阳——大连——烟台——无锡——(上海)——杭州——宁波——温州——厦门——广州——湛江	沈大铁路——烟大铁路轮渡——蓝烟铁路——胶新铁路——新长铁路——宣杭铁路——萧甬铁路——甬台温铁路——温福铁路——福厦铁路——鹰厦铁路——梅坎铁路——广梅汕铁路——广茂铁路——黎湛铁路
京沪通道	北京——天津——济南——南京——上海	京沪铁路
京九通道	北京——南昌——深圳——九龙(红磡)	京九铁路
京广通道	北京——广州	京广铁路
大湛通道	大同——太原——焦作——柳州——湛江	同蒲铁路——太焦铁路——焦柳铁路——石长铁路——湘桂铁路——黎湛铁路——洛湛铁路
包柳通道	包头——西安——重庆——贵阳——柳州——(南宁)	包神铁路——神延铁路——西延铁路——西康铁路——襄渝铁路——川黔铁路——黔桂铁路——湘桂铁路
兰昆通道	兰州——成都——昆明	陇海铁路——宝成铁路——成昆铁路

表 3-4 "八横"铁路通道

干线通道	连接城市	组成线路
京兰通道	北京——兰州(拉萨)	京包铁路——包兰铁路——兰青铁路——青藏铁路
煤运北通道	大同——秦皇岛	大秦铁路
	神木——黄骅	神黄铁路(神朔铁路——朔黄铁路)
煤运南通道	太原——德州——龙口——烟台	石太铁路——石德铁路——德大铁路——龙大铁路——龙烟铁路

续表

干线通道	连接城市	组成线路
煤运南通道	太原——德州——济南——青岛	石太铁路——石德铁路——京沪铁路——胶济铁路
	长治——邯郸——济南——青岛	邯长铁路——邯济铁路——胶济铁路
	长治——泰安——日照	规划新建铁路
	侯马——月山——新乡——兖州——日照	侯月铁路——新月铁路——新兖铁路——兖石铁路
陆桥通道	连云港——兰州——乌鲁木齐——阿拉山口	陇海铁路——兰新铁路——北疆铁路
宁西通道	西安——南京——(启东)	宁西铁路——宁启铁路
沿江通道	重庆——武汉——九江——铜陵——南京——(上海)	达万铁路——宜万铁路——长荆铁路——武九铁路——铜九铁路——宁铜铁路
沪昆(成)通道	上海——怀化——(重庆——成都)——贵阳——昆明	沪昆铁路(沪杭铁路——浙赣铁路——湘黔铁路——贵昆铁路)——渝怀铁路——遂渝铁路——达成铁路
西南出海通道	昆明——南宁——黎塘——湛江	南昆铁路——湘桂铁路——黎湛铁路

(一)"八纵"铁路通道

1. 京哈通道

京哈通道自北京经天津、沈阳、哈尔滨至满洲里,全长 2344 千米,由现有的京秦、京山、沈山、沈哈、滨洲线和京沈哈客运专线构成,是东北与其他地区客货交流的主要通道,也是东北地区的交通命脉。

2. 东部沿海通道

东部沿海通道自沈阳经大连、烟台、胶州、新沂、长兴、杭州、宁波、温州、福州、厦门、广州至湛江,全长 4019 千米。本通道沟通环渤海、长江三角洲和珠江三角洲地区,在国家社会经济和国防建设中的地位十分重要。该通道由沈大、蓝烟、宣杭线、杭长段、萧甬、鹰厦线、厦门至漳平段、梅坎、广梅汕、三茂、黎湛线,新建的新长铁路,以及烟大轮渡,胶州至新沂铁路和甬台温、温福、福厦铁路等构成。

3. 京沪通道

京沪通道自北京经天津、济南、徐州、南京至上海，全长1463千米，由现有的京沪铁路和京沪高速铁路构成，是华北地区与华东地区客货交流的主要通道。京沪通道全线均为复线，既是客运快速线路，也是货运重载线路。

4. 京九通道

京九通道自北京经聊城、商丘、九江、南昌、深圳至九龙，包括霸州至天津、麻城至武汉两条支线，全长2538千米。该通道是我国华北地区与华东地区、中南地区客货交流的主要通道之一，对京广、京沪两大通道具有重要的分流作用。

5. 京广通道

京广通道自北京经石家庄、郑州、武汉、长沙、株洲至广州，全长2265千米，是东北、华北、西北地区通往华南地区的主要通道。

6. 大湛通道

大湛通道位于我国中西部的结合部，自大同经太原(北同蒲)、洛阳、襄樊、石门、益阳、永州、柳州、黎塘、湛江至海口，全长3108千米。由同蒲、太焦、焦柳、石长、湘桂、黎湛和益阳至永州铁路、粤海通道构成，是我国"三西"(山西、陕西、内蒙古西部)煤炭南运的主要通道之一，也是我国内地通向南部港口城市的主要出海通道。

7. 包柳通道

包柳通道自包头经西安、重庆、贵阳至柳州(南宁)，全长3011千米，由现有的包神、西延、襄渝、川黔、黔桂、湘桂铁路和已建成的神延、西康铁路构成，是我国西部地区南北向的一条重要铁路通道。

8. 兰昆通道

兰昆通道自兰州经宝鸡、成都至昆明，全长2261千米，由现有的陇海线宝兰线、宝成线和成昆线构成，是我国西部地区南北向的一条重要铁路通道。

(二) "八横"铁路通道

1. 京兰通道

京兰通道自北京经大同、包头、呼和浩特、兰州、西宁至拉萨，全长3943千米，是我国横贯东西的重要通道，其东段还是晋煤外运的重要线路。该通道由丰沙、京包、包兰、兰青和青藏铁路构成。

2. 煤运北通道

煤运北通道由两条功能单一、运能强大、设施先进的运煤专用铁路构成，由大秦铁路(大同——秦皇岛，658千米)和神黄铁路(神木、府谷——黄骅港，854千米)构成，是"三西"煤炭外运通道的重要组成部分。

3. 煤运南通道

煤运南通道由自太原经石家庄、德州、济南(长治经邯郸、济南)至青岛(即太原至青岛)，以及自侯马经新乡、菏泽、兖州至日照港的两条通路组成，是"三西"煤炭外运的重要组成部分。

4. 陆桥通道

陆桥通道自连云港经徐州、郑州、西安、宝鸡、兰州、乌鲁木齐至阿拉山口，全长4120千米，横贯我国东、中、西部，是东西部联系的最重要纽带。该通道由陇海、兰新和北疆铁路构成。

5. 宁西通道

宁西通道自西安经南阳、潢川、合肥至南京(启东)，连接我国东、中、西部，全长1558千米，由西安至南京、南京至启东铁路构成，是我国未来铁路东西运输的重要通道。

6. 沿江通道

沿江通道自重庆经武汉、九江、芜湖至南京(上海)，全长1893千米，由现有的宁芜、芜铜、武九铁路，新建的长荆、达万铁路和铜九、万枝(宜)等铁路构成，横跨西南、华中、华东三大经济区，贯穿我国东、中、西部。

7. 沪昆(成)通道

沪昆(成)通道自上海经杭州、株洲、怀化至贵阳、昆明(至重庆、成都)，全长2653千米，由沪杭线、浙赣线、湘黔线、贵昆线、达成线和新建的渝怀线、遂渝线构成，是华东、中南和西南客货运输的重要通道。

8. 西南出海通道

西南出海通道自昆明经南宁至湛江，全长1770千米，是我国西南内陆各省出海的快捷通道。该通道由南昆、黎南和黎湛铁路构成。

二、中国铁路十大枢纽

铁路枢纽是铁路网的一个组成部分，在铁路网的交汇点或终端地区，由各种铁路线路、专业车站以及其他为运输服务的有关设备组成的总体。

铁路枢纽是在铁路各线交会处或与其他交通线路的连接处，以铁路车站、联络线和进出站线等技术装备构成的铁路综合设施。铁路枢纽的功能是使各向铁路线相互沟通，与其他运输方式顺畅衔接。其主要作业内容是组织各向列车的到发和通过、客货的集散和中转、车辆改编以及货物承运与换装等。铁路枢纽通常设有编组站、客运和货运站，有时也可由一个站办理各种作业。在各站之间以联络线连接，在枢纽范围内引入车站的进出站线路。

我国共有铁路枢纽500多个，一般是全国或省区的政治、经济、文化中心或工业基地和水陆联运中心等，具有代表性的10个铁路枢纽如下。

(一)北京铁路枢纽

北京铁路枢纽属环形铁路枢纽，核心区形成内环(北京——北京南——广安门——北京西)和外环(丰台、丰西——东南环——双桥——东北环——西北环——丰沙——丰台、丰西)二重环线。通过环线连接京广、京山、京包、京原、京九、京承、京秦、京通和丰沙9条铁路干线，并有国际列车通往朝鲜、蒙古和俄罗斯。北京铁路枢纽是以特大型客运站北京站、北京西站和路网性编组站丰台西站为主。北京铁路枢纽范围为：京广线至琉璃河南站；京山线、京九线至黄村站；京包线至南口站；京原线至良各庄站；京承线至密云站；京秦线至通州站；京通线至怀柔北站；丰沙线至安家庄站。

(二)天津铁路枢纽

天津铁路枢纽是北方最大的海陆交通中心，京哈、京沪两大铁路动脉在此交会，并与塘沽新港相连，是北京的外港和门户，承担着出入山海关车流的编组和天津地区客货到发以及港口物资水陆联运的任务。

(三)上海铁路枢纽

上海铁路枢纽是东部沿海地区最大的铁路枢纽站，既是京沪线和沪杭线的终点，又是我国远洋航运和沿海南北航线的中心，客流量和货运量极大。上海铁路枢纽地处东南沿海长江中下游地区，线路主要分布在安徽、江苏、浙江、福建、江西五省和上海市，本线路区域内内，工农业生产发达，内外贸易兴旺，人口稠密，旅游资源丰富，是全国客货运输最繁忙的枢纽之一。

(四)哈尔滨铁路枢纽

哈尔滨铁路枢纽是连接五个方向的我国东北北部最大的铁路交通中心，有哈大、滨洲、滨绥、滨吉等干线在此汇合，过境运输量很大，主要是木材、粮食、煤炭和大豆等。哈尔滨铁路枢纽管辖线路覆盖黑龙江省全境，兼跨内蒙古自治区呼伦贝尔市和吉林省北部，有干线、支线和联络线67条，营业里程6734.7千米。滨绥线东端的绥芬河站和滨洲线西端的满洲里站，分别与俄罗斯远东铁路、后贝加尔铁路接轨。

(五)郑州铁路枢纽

郑州铁路枢纽地处我国中原地带，陇海、京广两大干线在此交会，沟通了东西南北十几个省的货物，是全国铁路网的"心脏"。郑州枢纽中的编组站规模庞大，布局紧凑，编解能力强，主要承担着南北京广线、东西陇海线四个方向的货物列车和郑州枢纽地区小运转列车的到达、解体、编组及出发作业任务，是名副其实的巨型"物流中转站"，也是亚洲最大的编组站。郑州铁路枢纽内还有一座大型货运站，这就是郑州东站，负责办理整车货物到发、零担货物到发、中转及货车洗刷消毒等业务，而且以办理零担货物中转为主，其零担货物中转量居全国铁路第一位。

(六)武汉铁路枢纽

武汉铁路枢纽是京广、襄汉、汉九(江)铁路和长江、汉水航运交会的交通中心，素有"九省通衢"之称，以水陆中转联运为其特色。武汉铁路枢纽有京广线、京广客运专线贯通南北，武九线、汉丹线和沪汉蓉客运通道承东启西，是全国铁路通道的交会点。

(七)沈阳铁路枢纽

沈阳铁路枢纽位于东北铁路网的中南部，有哈大、京沈、沈丹和沈吉等干线交会，过境运输量为东北之冠，南与北京局相依，北与哈尔滨局相邻，东与朝鲜铁路相接，管辖线路跨及辽宁省、吉林省的全部，内蒙古自治区东南部，黑龙江省南部，以及河北省东北部部分地区。

(八)广州铁路枢纽

广州铁路枢纽地处中国中南部，是我国华南的水陆交通中心，京广、广深铁路与珠江航运在此汇合。广州铁路枢纽管辖广东、湖南和海南三省境内铁路，管辖内的京广、京九两线是全国铁路南北交通大动脉；湘黔、焦柳和石长三线是沟通大西南的钢铁桥梁；广茂、广梅汕两线地处西南及东南沿海，粤海铁路通道将海南铁路与大陆相连。

(九)兰州铁路枢纽

兰州铁路枢纽位于全国的几何中心，兰州作为省会城市既是甘肃省的政治、经济、文化中心，也是西北地区主要客、货集散地之一。这里有陇海、包兰、兰青和兰新四大铁路干线汇合，既是通往青海、新疆的交通要塞，也是我国通向欧亚各国的国际通道，是新亚欧大陆桥的主要支点。

(十)重庆铁路枢纽

重庆铁路枢纽在成渝、襄渝和川黔三条铁路干线以及长江和嘉陵江航线的交会处，是西南地区最大的水陆联运中心。

三、中国与周边邻国相连接的口岸和国际铁路通道

从 1951 年 3 月开始，我国相继与苏联、朝鲜和蒙古等国家签署双边铁路联运协定，以开展国际铁路货物联运。到目前为止，我国办理国际铁路货物联运业务的共有 14 个铁路局，52 个分局，5000 多个车站，每年通过国际铁路联运进出口的货物运量约 1000 万吨。

(一)中国通往邻国的铁路通道

目前中国共有 10 条铁路通道与周边邻国相连接，其中通往俄罗斯的有 3 条，通往朝鲜的有 3 条，通往蒙古的有 1 条，通往哈萨克斯坦的有 1 条，通往越南的有 2 条。

1. 通往俄罗斯的铁路通道

1) 滨洲线

滨洲线由哈尔滨经大庆、富拉尔基和海拉尔，到达满洲里，与俄罗斯的外贝加尔接轨，全长 930 余千米。该铁路线在满洲里站办理国际旅客联运和国际铁路货物联运，以及中俄间联运货物对外交接手续，并进行旅客的出入境检查。

2) 滨绥线

滨绥线由哈尔滨经尚志、牡丹江到达绥芬河，全长 540 余千米，和俄罗斯的远东铁路接轨。该铁路线在绥芬河站办理与俄罗斯货物进出口运输的相关手续。

3) 图珲线

图珲线西起吉林省图们市，东到吉林省珲春市，与俄罗斯西伯利亚大铁路接轨，这是吉林省通往俄罗斯的主要铁路线。

2. 通往朝鲜的铁路通道

1) 牡图线

牡图线由牡丹江经宁安、汪清到图们，全长 240 余千米，同朝鲜铁路相接。图们站主要办理国际联运进出口货物运输。

2) 梅集线

梅集线由梅河口经柳河、通化到集安，通过鸭绿江铁路桥与朝鲜铁路接轨，全长 210 余千米。集安站每天往来中朝客货混合列车。

3) 沈丹线

沈丹线由沈阳经本溪、凤城，到达丹东，跨过鸭绿江与朝鲜新义州的铁路接轨，全线长 277 千米。丹东站是客货运混合站，可办理旅客出入境检查手续。

3. 通往蒙古的铁路通道

集二线由集宁经过察哈尔、苏尼特，到达二连浩特，与蒙古的扎门乌德铁路接轨，全长 333 千米。二连浩特站是北京——乌兰巴托的中间站，俄罗斯与中国铁路间联运均在二连浩特站接换和对旅客进行出入境检查。

4. 通往哈萨克斯坦的铁路通道

兰新线由兰州经酒泉、哈密、乌鲁木齐和奎屯到阿拉山口，出阿拉山口在阿拉木图与西伯利亚铁路接轨，全长 2340 余千米。阿拉山口岸站是我国西北地区唯一的铁路口岸，1992年开办国际旅客营运，在此检查国际列车的出入境。

5. 通往越南的铁路通道

(1) 湘桂线由湖南衡阳经东安、桂林、柳州和南宁，到达凭祥市，通过友谊关到达越南谅山，全长 1026 千米，是我国通往越南的主要铁路线。凭祥站为客货运混合站。

(2) 昆河线从昆明经宜良、开远到达河口市，全长 469 千米，通过红河桥在老街与越南铁路相接。

以上通道开展的运输可分为以下 3 类。

(1) 区域间通道运输，主要是双边邻间和周边邻国间相互过境的客货运输，如中越、中朝、中蒙、中哈和中俄铁路通道。

(2) 开展海铁多式联运，如通过天津——二连往返蒙古的多式联运和通过图们——南阳——清津港口以及绥芬河——格罗迭科沃——纳霍德卡港口，办理中国东北吉林、黑龙江省与日本、韩国之间的多式联运。

(3) 开展洲际间大陆桥运输，如通过阿拉山口——多斯特克办理中国东部港口连云港、青岛、天津与日本、韩国、美国之间通过中国的新亚欧大陆桥运输，通过满洲里——后贝加尔、二连——扎门乌德通道，利用西伯利亚大陆桥开展中国与东、西欧国家之间的运输。

(二)中国与周边邻国相连接的口岸

我国铁路共有满洲里、绥芬河、珲春、二连浩特、阿拉山口、丹东、图们、集安和凭祥等国境口岸站，它们分别与俄罗斯、蒙古、哈萨克斯坦、朝鲜和越南5个国家的铁路相连通。

1. 满洲里口岸

满洲里口岸位于内蒙古呼伦贝尔大草原西部，处于中俄蒙三角地带，北接俄罗斯，西邻蒙古国，是第一欧亚大陆桥的交通要冲，是我国环渤海港口通往俄罗斯等独联体国家和欧洲的最便捷、最经济、最重要的陆海联运大通道，承担着中俄贸易60%以上的陆路运输任务。满洲里口岸是中国最大的边境陆路口岸，口岸货运量始终雄居全国同类口岸之首。

满洲里口岸始建于1903年，经过百年风雨洗礼和20年开放磨砺，满洲里市已经成为一个闻名中外的口岸名城。20世纪的20、30年代，满洲里是我党与共产国际的红色通道；20世纪40年代，前苏联红军在这里打响了欧洲战场支援太平洋战场的第一枪；解放战争和抗美援朝战争时期，满洲里口岸曾把大批苏联军援物资运往前线；新中国成立初期，面对帝国主义的海上封锁，满洲里作为我国的主要外贸通道，有力地支持了全国的经济建设。

1992年满洲里被国务院批准为首批沿边开放城市后，满洲里经济和社会各项事业实现了历史性跨越；边境贸易持续健康发展，与俄罗斯、波兰、匈牙利、日本和新加坡等40多个国家和地区建立了广泛的贸易关系；形成了贸易、金融、运输和仓储等综合发展的对外贸易和经济技术合作体系；构建起了易货贸易、现汇贸易、旅游贸易和转口贸易并存的对外贸易格局。口岸基础设施建设不断加强，铁路、公路、管道和航空并举的立体化运输体系日趋完善。

2. 绥芬河口岸

绥芬河市位于黑龙江省东南部，东与俄罗斯滨海边疆区接壤，是一座风光秀丽的山城。绥芬河市坐落在长白山北端，作为国际通商口岸已有近百年历史，中华人民共和国成立后，该市被定为国家一类口岸，一直承担着中俄贸易进出口运输和分拨任务。

绥芬河市处于东北亚经济圈的中心地带，是目前中国通往日本海的唯一陆路贸易口岸，距俄远东最大的港口城市海参崴230千米，有一条铁路、两条公路与俄罗斯相通，通过俄罗斯的海参崴、纳霍德卡港口，成为连接中、俄、日、韩、朝等国家和地区陆海通道的关结点，是我国参与东北亚多边国际经济合作与竞争的"窗口"和"桥梁"。

绥芬河站位于滨绥线终点，与俄罗斯符拉迪沃斯托克分局格罗迭克沃站接轨，是国家对俄贸易的重要陆路口岸，主要承担中俄国际联运和中外旅客运输任务。该车站始建于1899年，1903年正式投入运营，是一个历经沙俄、日伪、中苏共管和主权铁路4个历史时期的百年老站。

3. 珲春口岸

珲春口岸又称长岭子口岸，为国家一类口岸，距珲春市区15千米，对面是俄罗斯克拉斯基诺口岸，是吉林省唯一对俄开放的陆路口岸。该口岸距俄波谢特港42千米，距俄扎鲁比诺港71千米，距海参崴港170千米。

珲春口岸是1988年设立的，1993年国务院批准为国际客货运输口岸，允许第三国人通行；1996年开通了由珲春市经珲春口岸、俄扎鲁比诺至日本予三岛陆海联运航线；1998年珲春口岸正式开始过客；现已开通至扎鲁比诺、海参崴等地的旅游线路；2000年开通了珲春经俄扎鲁比诺港至韩国束草市客货航线。

4. 二连浩特口岸

二连浩特口岸位于中国正北方、内蒙古自治区锡林郭勒盟西部，东西南三面与美丽富饶的苏尼特草原相邻，北与蒙古国扎门乌德隔界相望，是中国通往蒙古国的唯一铁路口岸，与蒙古共和国扎门乌德口岸隔界相望，是中蒙两国唯一的铁路口岸，也是欧亚大路桥中的重要战略枢纽。二连浩特口岸也是国务院首批批准的全国13个沿边开放城市之一。

二连浩特口岸是中国陆路连接欧亚最便捷的通道，以二连浩特为终点的集二线，连通京包、京山线，与蒙古、独联体及东西欧各国的铁路结成一座欧亚铁路大路桥。以北京为起点，经二连浩特到莫斯科，比经满洲里口岸的滨洲线近1140千米，特别是通过京包、京山线与天津港相连，是日本、东南亚及其他邻国开展对蒙古、俄罗斯及东欧各国转口贸易的理想通道，更是蒙古国走向出海口的唯一通道。

5. 阿拉山口口岸

阿拉山口口岸位于新疆博尔塔拉蒙古自治州境内，是举世瞩目的新亚欧大陆桥中国的西桥头堡，是中国西部地区唯一的铁路、公路并举的国家一类口岸。相对应口岸是哈萨克斯坦的德鲁日巴口岸(距阿拉山口12千米)。阿拉山口位于阿拉套山和巴尔鲁克山之间，是一条宽广、平坦的通道，长约90千米，宽约20千米，素有"准噶尔山门"之称。

阿拉山口的铁路口岸建于1990年7月，同月开办临时货运；1990年9月12日，兰新铁路北疆段与前苏联的吐西铁路在阿拉山口与对方德鲁日巴口岸间接轨。从此这条连接亚洲与欧洲的钢铁大道，架起一条横跨亚、欧两洲的新的经济陆桥。

随着口岸过货量逐年增长和西部大开发战略的实施，阿拉山口口岸进出口贸易、加工业、运输业、中介服务业和旅游服务业等第二、第三产业不断发展壮大，形成了以通关业为基础，第二、第三产业齐头并进、共同发展、相互促进的区域经济发展格局。

6. 丹东口岸

丹东口岸位于辽宁省，地处辽东半岛经济开放区东南部和东北亚的中心地带，是连接朝鲜半岛与中国及亚欧大陆的主要陆路通道。

丹东铁路口岸是中国最大的铁路口岸之一。货运每昼夜有10对20次国际联运货物列车，从东欧、俄罗斯去朝鲜的边境货物都要从这里过往。鸭绿江上的中朝友谊大桥，是丹东至朝鲜新义州的铁路、公路两用桥，托起了丹东的铁路、公路两个国家一类口岸，年出入境国际旅客20多万人次，公路日均出入境汽车330辆(次)、铁路年货物吞吐量65万吨。丹东铁路口岸通过中朝友谊大桥，向北与沈阳——丹东铁路接轨，向南是新义州——平壤——咸兴——罗津电气化铁路的起点站，构成了一条纵贯中国东北和朝鲜半岛的铁路运输线。

7. 图们口岸

图们口岸始建于1940年，为国家一类公路、铁路口岸，外事部门齐全，通关手续便利，是吉林省唯一有铁路、公路桥，又与朝鲜相连的口岸，允许国际客、货通行和三国客、货通行。图们口岸通商历史悠久，历来就是我国东北地区进出口物资的主要转运站和集散地。

图们口岸不仅经济地位重要，还是东北地区重要的交通枢纽。从这里可以通过水路、陆路和铁路等交通要道直达沈阳、上海等重要城市，图们铁路大桥可直达朝鲜的罗津、清津港，是我国列车通往朝鲜或经朝鲜铁路连接俄罗斯铁路的口岸客货运输线。目前，图们口岸年进出口货物达300多万吨，年出入境人员达40多万人次。

8. 集安口岸

集安口岸是对朝贸易三大口岸之一，是我国赴朝旅游的重要通道，也是通化市唯一的口岸城市，位于吉林省集安市，市南部以鸭绿江为界，与朝鲜慈江道满浦市隔江相望。鸭绿江大桥横亘于碧波之上，把我国的梅集铁路与朝鲜铁路连接贯通，使这里成为中朝铁路运输的三大干线之一。集安口岸是我国对外开放的一类口岸，肩负着中朝两国之间的国贸、地贸和旅客进出境业务。尽管近几年集安口岸对朝贸易有了较快的发展，但由于政府财力有限，对口岸投资少，使集安口岸基础设施建设滞后于中朝贸易的发展，因此非常有必要加快口岸的基础设施建设，为外贸发展提供保障。

9. 凭祥口岸

凭祥(铁路)口岸于1952年开通，是国家一类口岸，也是广西唯一的边境铁路口岸，是中国通往东盟最便捷的铁路大通道,是连接欧亚大陆与东盟的铁路大陆桥的桥头堡。凭祥(铁路)口岸位于凭祥市区的南区凭祥火车站内,是湘桂路的终点站,与越南北部铁路线相连接,凭祥(铁路)口岸的联检业务由友谊关边防检查站、凭祥海关、凭祥检验检疫局负责。

经过十多年的改革和发展,凭祥(铁路)口岸近几年的货物、人员出入境在快速地增长,但与满洲里和绥芬河这些口岸相比,凭祥(铁路)口岸规模较小、运力较低、经济效益小、对地方经济拉动力不足。当前中国市场相比于越南来说处于高度发达的状态,市场开发也比较成熟,但越南一方的发展状况就不容乐观了,越南对中方产品的购买力还比较低,同时相关资源对中国也比较封闭,这就造成了凭祥(铁路)口岸在货物进出口方面量比较小、值比较低,因此凭祥(铁路)口岸在很多方面根本无法与国内其他同类口岸相比。

四、我国中长期铁路网规划

2004年1月,国务院常务会议讨论通过了《中长期铁路网规划》,这是国务院批准的第一个行业规划,也是截至2020年我国铁路建设的蓝图。正是2004年1月通过的这份纲领性文件,促使青藏铁路提前一年建成通车,指导全国铁路第六次大面积提速成功实施,让大秦铁路突破世界载运重量极限,更推动京津城际铁路开通运营,开辟了中国高速铁路的新纪元。2008年10月31日,经国家批准,中长期铁路网调整规划正式颁布实施。新规划将进一步扩大路网规模,完善布局结构,提高运输质量,体现了原规划快速扩充运输能力、迅速提高装备水平的要求。

(一)规划目标

为适应全面建设小康社会的目标要求,铁路网要扩大规模,完善结构,提高质量,快速扩充运输能力,迅速提高装备水平。预计到2020年,全国铁路营业里程达到12万千米,主要繁忙干线实现客货分线,复线率和电化率分别达到50%和60%以上,运输能力满足国民经济和社会发展需要,主要技术装备达到或接近国际先进水平。

(二)规划原则

我国铁路网的规划原则主要有以下几点。
(1) 统筹考虑与其他运输方式及能源等相关行业的发展,通道布局、运力分配与公路、民航、水运和管道等规划有机衔接。
(2) 能力紧张的繁忙干线实现客货分线,经济发达的人口稠密地区发展城际快速客运系统。
(3) 加强各大经济区之间的连接,协调点线能力,使客货流主要通道畅通无阻。

(4) 增加路网密度，扩大路网覆盖面，为经济持续发展、国土开发和国防建设创造有利条件。

(5) 提高铁路装备国产化水平，大力推进装备国产化工作。

(三)规划特点

我国铁路网的规划特点主要有以下几点。

1. 实现客货分线

目前我国主要铁路干线能力十分紧张，除秦沈客运专线外，均为客货混跑模式，客运快速与货运重载难以兼顾，无法满足客货运输的需求，并影响旅客运输质量的提高。针对这种情况，《中长期铁路网规划》提出，实施客货分线，专门建设客运专线，在建设较高技术标准"四纵四横"客运专线的同时，为满足经济发达的城市密集群的城际旅客运输日益增长的需求，规划以环渤海地区、长江三角洲地区和珠江三角洲地区为重点，建设城际快速客运系统。

2. 完善路网布局

长期以来，我国铁路网布局一直呈现着不合理态势，特别是在广大西部地区，运网稀疏，运能严重不足，与东中部的联络能力差。为此，《中长期铁路网规划》提出，2020年前，以西部地区为重点，新建一批完善路网布局和西部开发性新线，全面提高对地区经济发展的适应能力。西部地区在加快青藏铁路等新线建设的同时，集中力量加强东西部之间通道的建设，在西北至华北及华东、西南至中南及华东间形成若干条便捷、高效的通道，形成路网骨架，满足东西部地区客货交流的需要。中东部地区新建一批必要的联络线，增强铁路运输机动灵活性。新建和改、扩建新疆通往中亚，东北通往俄罗斯，云南通往越南、老挝等东南亚国家的出境铁路通道，为扩大对外交流服务。

3. 提升既有能力

根据我国资源分布、工业布局的实际，结合国民经济和社会发展的需要，《中长期铁路网规划》提出，在建设客运专线和其他铁路线路的同时，加强既有铁路技术改造，扩大运输能力，提高路网质量。第一，以京哈、京沪、京九、京广、陆桥、沪汉蓉和沪昆7条既有干线为重点，增建二线和电气化改造，扩大既有主干线的运输能力。第二，根据煤炭行业发展规划，结合铁路煤炭运输路径的实际，通过建设客运专线实现客货分线和对既有煤运通道进行扩能改造，形成铁路煤运通道18亿吨的运输能力。第三，在加快新线建设和既有线路改造的同时，系统安排枢纽建设，强化重点客站，并与其他交通运输方式有机衔接；调整主要编组站，建设机车车辆检修基地，完善枢纽结构，使铁路点线能力协调发展，系统提高运输能力、运输质量和运输效率，最大限度地发挥路网整体作用。第四，在北京、上海、广州等省会城市及港口城市布局并建设18个集装箱中心站和40个左右靠近省会城市、大型港口和主要内陆口岸的集装箱办理站，发展双层集装箱运输通道，使中心站间具备开行双层集装箱列车的条件。

4. 推进技术创新

由于对国外高新技术的跟踪、研究、推广和应用力度不够，关键技术的自主研发能力、引进技术的消化吸收能力和国产化水平不高，使得目前我国铁路技术装备水平总体上仅相当于发达国家20世纪80年代水平，高速动车组的技术尚处于研发阶段。《中长期铁路网规划》提出，要把提高装备国产化水平作为"十一五"和今后铁路建设的一项重要内容来抓。以客运高速和货运重载为重点，坚持引进先进技术与自主创新相结合，快速提升铁路装备水平，早日达到或接近发达国家水平。时速200千米以上的机车车辆及动力组，应充分整合国内资源，采取国际合作、科研攻关等措施尽快实现国产化。重载货运机车、车辆系统引进关键技术，提升设计制造水平。适应客运高速、快速和货运重载的要求，提高线桥隧涵、牵引供电和通信信号技术水平。广泛应用信息网络技术，实现铁路信息化。装备水平的提升要与铁路体制的改革相结合，提高劳动生产率、资源使用效率和运输效益。

(四)规划方案

建立省会城市及大中城市间的快速客运通道，以及环渤海地区、长江三角洲地区和珠江三角洲地区3个城际快速客运系统，建设客运专线1.2万千米以上。

《中长期铁路网规划》指出，以扩大西部路网规模为主，形成西部铁路网骨架，完善中东部铁路网结构，提高对地区经济发展的适应能力。规划建设新线约1.6万千米，形成西北、西南进出境国际铁路通道，西北至华北新通道，西北至西南新通道，新疆至青海、西藏的便捷通道，完善西部地区和中东部铁路网络。

铁路部门将以客运专线、沪汉蓉通道、杭甬深通道和煤炭运输通道的部分项目为重点，积极争取开工一批新项目：计划新线铺轨859千米，投产1680千米；复线铺轨290千米，投产140千米；电气化投产559千米；宁西线西合段、宁启线、粤海通道、胶新线、宝兰复线和朔黄线等16个项目将建成。

1. 客运专线

为满足快速增长的旅客运输需求，建立省会城市及大中城市间的快速客运通道，规划"四纵四横"等客运专线以及经济发达和人口稠密地区城际客运系统。建设客运专线1.6万千米以上。

(1) "四纵"客运专线。

① 北京——上海客运专线，包括蚌埠——合肥、南京——杭州客运专线，贯通京津至长江三角洲东部沿海经济发达地区。

② 北京——武汉——广州——深圳客运专线，连接华北和华南地区。

③ 北京——沈阳——哈尔滨(大连)客运专线，包括锦州——营口客运专线，连接东北和关内地区。

④ 上海——杭州——宁波——福州——深圳客运专线，连接长江三角洲、珠江三角洲和东南沿海地区。

(2) "四横"客运专线。

① 徐州——郑州——兰州客运专线，连接西北和华东地区。

② 杭州——南昌——长沙——贵阳——昆明客运专线，连接西南、华中和华东地区。

③ 青岛——石家庄——太原客运专线，连接华北和华东地区。

④ 南京——武汉——重庆——成都客运专线，连接西南和华东地区。

同时，建设南昌——九江、柳州——南宁、绵阳——成都——乐山、哈尔滨——齐齐哈尔、哈尔滨——牡丹江、长春——吉林、沈阳——丹东等客运专线，扩大客运专线的覆盖面。

(3) 城际客运系统。

在环渤海、长江三角洲、珠江三角洲、长株潭、成渝以及中原城市群、武汉城市圈、关中城镇群、海峡西岸城镇群等经济发达和人口稠密地区建设城际客运系统，覆盖区域内主要城镇。

2. 新建线路

以扩大西部路网规模为主，形成西部铁路网骨架，完善中东部铁路网结构，提高对地区经济发展的适应能力。规划建设新线约4.1万千米。

(1) 新建中俄通道同江——哈鱼岛段，中吉乌铁路喀什——吐尔尕特段，改建中越通道昆明——河口段，新建中老通道昆明——景洪——磨憨段、中缅通道大理——瑞丽段等，形成西北、西南进出境国际铁路通道。

(2) 新建太原——中卫(银川)线、临河——哈密线，形成西北至华北新通道。

(3) 新建兰州(或西宁)——重庆(或成都)线、哈达铺——成都线，研究建设张掖——西宁——成都、格尔木——成都线，形成西北至西南新通道。

(4) 新建乌鲁木齐——哈密——兰州、库尔勒——格尔木线、龙岗——敦煌——格尔木线，喀什、和田、日喀则——拉萨线，研究建设和田——狮泉河——日喀则线，形成新疆至甘肃、青海、西藏的便捷通道。

(5) 新建拉萨——林芝、大理——香格里拉线，研究建设成都——波密——林芝、香格里拉——波密线,形成四川、云南至西藏的便捷通道。

(6) 新建太原——侯马——西安——汉中——绵阳线,研究建设郑州——重庆——昆明线,形成华北、中原至西南新通道。

(7) 新建重庆——贵阳、乐山——贵阳——广州、南宁——广州线,形成西南至华南新通道。

(8) 新建向塘——莆田(福州)、合肥——福州、阜阳——六安——景德镇——瑞金——汕头线,形成内陆腹地至东南沿海地区新通道。

(9) 新建北京——张家口——集宁——呼和浩特——包头线,形成北京至内蒙古呼包鄂地区便捷通道。

(10) 新建内蒙古中西部、山西中南部煤运铁路,形成"三西"地区煤炭外运新的大能力通道。

(11) 新建精河——伊宁、奎屯——阿勒泰、乌鲁木齐——富蕴——北屯、哈密——若羌、二连浩特——锡林浩特——乌兰浩特、正蓝旗——虎什哈、昭通——攀枝花——丽江、昆明——百色、柳州——肇庆、南宁——河池,永州——玉林和茂名、合浦——河唇、西安——平凉、柳州——肇庆、桑根达来——张家口、准格尔——呼和浩特、集宁——张家口等西部地区铁路,研究建设安康——恩施——张家界等铁路,完善西部地区铁路网络。

(12) 新建哈尔滨——佳木斯、青岛——连云港——盐城、南通——上海——宁波、广州——湛江——海口——三亚、上海——江阴——南京——铜陵——安庆、怀化——衡阳——赣州、九江——景德镇——衢州、浦城——建宁——龙岩等铁路和福州——厦门货运线,铜陵——九江、赣州——韶关、龙岩——厦门、湖州——嘉兴——乍浦、金华——台州铁路,完善我国中东部地区铁路网络。

3. 路网既有线改造

加强既有路网技术改造和枢纽建设,提高路网既有通道能力,规划既有线增建二线 1.9 万千米,既有线电气化 2.5 万千米。

(1) 在建设客运专线的基础上、完善路网布局和西部开发性新线的基础上,对既有线进行扩能改造,在大同(含蒙西地区)、神府、太原(含晋南地区)、晋东南、陕西、贵州、河南、兖州、两淮、黑龙江东部 10 个煤炭外运基地,形成大能力煤运通道。近期要优先考虑大秦线扩能、北同蒲改造、黄骅至大家洼铁路建设和石太线扩能,实现客货分运,加大煤炭外运能力。重点强化"三西"地区煤炭下海通道和铁路直达中南、华东内陆地区通道,以及新疆地区煤炭外运通道等。

(2) 结合客运专线的建设、完善路网布局和西部开发性新线的建设,对既有京哈、京沪、京九、京广、陇海——兰新、沪汉蓉和沪昆 7 条主要干线进行复线建设和电气化改造。

(3) 按照综合交通枢纽布局和城市发展规划,加强主要客货枢纽建设,注重与城市轨道交通等公交系统以及公路、民航和港口等其他交通方式的衔接,实现旅客运输"零距离换乘"、货物换装"无缝衔接"和交通运输一体化。以北京、上海、广州、武汉、成都、西安枢纽为重点,调整编组站,改造客运站,建设机车车辆检修基地,完善枢纽结构,使铁路点线能力协调发展。

(4) 建设集装箱中心站,改造集装箱运输集中的线路,开行双层集装箱列车。

第四节 大陆桥运输

一、大陆桥运输的概念

大陆桥运输(land bridge transport)是指利用横贯大陆的铁路、公路运输系统,作为中间桥梁,把大陆两端的海洋连接起来的集装箱连贯运输方式。简单地说,就是两边是海运,中间是陆运,大陆把海洋连接起来,形成海陆联运,而大陆起到了"桥"的作用,所以称之为"大陆桥"。事实上,大陆桥运输是一种海陆联运形式,只是因为它在国际多式联运中的独特地位,所以将它单独作为一种运输组织形式。

大陆桥运输一般都是以集装箱为媒介,因为采用大陆桥运输,中途要经过多次装卸,如果采用传统的海陆联运,不仅增加运输时间,而且大大增加装卸费用和货损货差,以集装箱为运输单位则可大大简化理货、搬运、储存、保管和装卸等环节,同时集装箱是经海关铝封,中途不用开箱检验,而且可以迅速直接转换运输工具,故采用集装箱是开展大陆桥运输的最佳方式。

大陆桥运输是集装箱运输开展以后的产物,出现于1967年。当时苏伊士运河封闭、航运中断,而巴拿马运河又堵塞,远东与欧洲之间的海上货运船舶不得不改道绕航非洲好望角或南美,致使航程距离和运输时间倍增,加上油价上涨,使航运成本猛增,而当时正值集装箱运输兴起,在这种历史背景下,大陆桥运输应运而生。从远东港口至欧洲的货运,于1967年年底首次开辟了使用美国大陆桥运输路线,把原来全程海运改为海、陆、海运输方式,试运结果取得了较好的经济效果,达到了缩短运输里程、降低运输成本、加速货物运输的目的。

二、大陆桥运输的特点

大陆桥运输的特点包括以下几个方面。

第一,大陆桥运输将全程海运改为采用海陆联运方式,全程由海运段和陆运段组成,缩短了运输距离，降低了运输费用，节约了运输成本。

第二，大陆桥运输比采用全程海运节约了运输时间，提高了运输速度。

第三，大陆桥运输全程由一个承运人或代理人负责，手续简便，一票到底。

第四，大陆桥运输安全可靠，简化了货物的包装，运输质量好。

三、大陆桥运输线路

(一)北美大陆桥

北美大陆桥(north american landbridge)是指利用北美的大铁路从远东到欧洲的海—陆—海联运。该陆桥运输包括美国大陆桥运输和加拿大大陆桥运输。北美的美国和加拿大的城市、人口都集中在大陆东西两岸，为了加强联系与往来，北美的铁路也基本上呈东西走向。北美大陆桥是东西海岸上主要港口与城市之间、沿海与内地之间重要的物质运输线。

美国大陆桥有两条运输线路：一条是从西部太平洋沿岸至东部大西洋沿岸的铁路和公路运输线；另一条是从西部太平洋沿岸至东南部墨西哥湾沿岸的铁路和公路运输线。美国大陆桥于1971年年底由经营远东—欧洲航线的船公司和铁路承运人联合开办，共同经营"海陆海"多式联运线，后来美国其他班轮公司也相继投入营运。目前，主要有四个集团经营远东经美国大陆桥至欧洲的国际多式联运业务。这些集团均以经营人的身份，签发多式联运单证，对全程运输负责。加拿大大陆桥与美国大陆桥相似，由船公司把货物海运至温哥华，经铁路运到蒙特利尔或哈利法克斯，再与大西洋海运相接。

北美大陆桥是世界上历史最悠久、影响最大、服务范围最广的陆桥运输线。据统计，从远东到北美东海岸的货物有大约50%以上是采用双层列车进行运输的，因为采用这种陆桥运输方式比采用全程水运方式通常要快1～2周。例如，集装箱货从日本东京到欧洲鹿特丹港，采用全程水运通常约需5～6周时间，而采用北美大陆桥运输仅需3周左右的时间，缩短绕道巴拿马运河或苏伊士运河的距离，缓解了航线的拥挤。

随着美国和加拿大大陆桥运输的成功营运，北美其他地区也开展了大陆桥运输。墨西哥大陆桥(mexican land bridge)就是其中之一，于1982年开始营运。该大陆桥横跨特万特佩克地峡，连接太平洋沿岸的萨利纳克鲁斯港和墨西哥湾沿岸的夸察夸尔科斯港。目前墨西哥大陆桥服务范围还很有限，对其他港口和大陆桥运输的影响也较小。

北美地区的陆桥运输不仅包括上述大陆桥运输，而且还包括小陆桥运输(minibridge)和微桥运输(microbridge)等运输组织形式。

小陆桥运输从运输组织方式上看与大陆桥运输并无大的区别，只是其运送的货物的目的地为沿海港口，成为海—陆或陆—海联运，少了一段海运。目前，北美小陆桥运送的主要是日本经北美太平洋沿岸到大西洋沿岸和墨西哥湾地区港口的集装箱货物，当然也承运从欧洲到美西及海湾地区各港的大西洋航线的转运货物。北美小陆桥在缩短运输距离、节省运输时间上效果是显著的。以日本——美东航线为例，从大阪至纽约经巴拿马运河全程水运，运输时间为 21～24 天，而采用小陆桥运输，运输时间 16 天，可节省 1 周左右的时间。

微型陆桥运输与小陆桥运输基本相似，只是其交货地点在内陆地区，只用了部分陆桥，因此又称半陆桥运输。如远东至美国内陆城市的货物，改用微型陆桥运输，货物装船运至美国西部太平洋沿岸，换装铁路(公路)集装箱专列可直接运至美国内陆城市。微型陆桥运输比小陆桥优越性更大，既缩短了时间，又节省了运费，因此近年来发展迅速。

(二)西伯利亚大陆桥

西伯利亚大陆桥(siberian landbridge)是指使用国际标准集装箱，将货物由远东海运到俄罗斯东部港口，再经跨越欧亚大陆的西怕利亚铁路运至波罗的海沿岸，如爱沙尼亚的塔林或拉脱维亚的里加等港口，然后再采用铁路、公路或海运运到欧洲各地的国际多式联运的运输线路。

西伯利亚大陆桥是目前世界上最长的一条陆桥运输线，从海参崴到鹿特丹全长约 1.3 万千米。该大陆桥运输线东自海参崴的纳霍特卡港口，横贯欧亚大陆，至莫斯科，然后分为以下 3 路。

(1) 自莫斯科至波罗的海沿岸的圣彼得堡港，转船往西欧、北欧港口。

(2) 从莫斯科至俄罗斯西部国境站，转欧洲其他国家铁路(公路)直运欧洲各国。

(3) 从莫斯科至黑海沿岸，转船往中东、地中海沿岸。

所以，从远东地区至欧洲，通过西伯利亚大陆桥有海—铁—海、海—铁—公和海—铁—铁 3 种运送方式。通过前苏联西伯利亚铁路，把远东、东南亚和澳大利亚地区与欧洲、中东地区连接起来，因此又称亚欧大陆桥。

西伯利亚大陆桥由俄罗斯的过境运输总公司(SOJUZTRANSIT)担当总经营人，它拥有签发货物过境许可证的权利，并签发统一的全程联运提单，承担全程运输责任。至于参加联运的各运输区段，则采用"互为托、承运"的接力方式完成全程联运任务。可以说，西伯利亚大陆桥是较为典型的一条过境多式联运线路。

西伯利亚大陆桥于 1971 年由前全苏对外贸易运输公司正式确立。现在全年货运量高达 10 万标准箱(TEU)，最多时达 15 万标准箱。使用这条陆桥运输线的经营者主要是日本、中国和欧洲各国的货运代理公司。其中，日本出口欧洲杂货的 1/3，欧洲出口亚洲杂货的 1/5 是经这条陆桥运输的。从远东经俄罗斯太平洋沿岸港口去欧洲的陆桥运输线全长 13000 千米，而相应的全程水路运输距离约为 20000 千米，比经过印度洋、苏伊士运河或横穿太平洋、通过巴拿马运河的两条海上运输航线缩短 7000 多千米，行程缩短一个月，运费减少

20%~25%，因此大受欢迎。

从 20 世纪 70 年代初以来，西伯利亚大陆桥运输发展很快。目前，它已成为远东地区往返西欧的一条重要运输路线。日本是利用此条大陆桥的最大顾主。整个 20 世纪 80 年代，日本利用此大陆桥运输的货物数量每年都在 10 万个集装箱以上。这条线路是亚洲东部国家与欧洲各国及西亚相连接的运输干线，它在沟通亚欧大陆，促进国际贸易中处于重要地位。我国有滨绥线、滨洲线与之相连。

由于西伯利亚大陆桥所具有的优势，因而随着它的声望与日俱增，也吸引了不少远东、东南亚以及大洋洲地区到欧洲的运输，使西伯利亚大陆桥在短短的几年时间中就有了迅速的发展。但西伯利亚大陆桥也存在一些主要问题：运输能力易受冬季严寒气候影响，港口有数月冰封期，这在一定程度上阻碍了它的发展；货运量西向大于东向约 2 倍，来回运量不平衡，集装箱回空成本较高，影响了运输效益；港口装卸能力不足，铁路集装箱车辆不足，铁路设备陈旧，运力仍很紧张。

随着我国兰新铁路与中哈边境铁路的接轨，一条新的"欧亚大陆桥"逐渐形成，为远东至欧洲的国际集装箱多式联运提供了又一条便捷路线，使西伯利亚大陆桥面临严峻的挑战。

(三)新亚欧大陆桥

新亚欧大陆桥，也称"第二亚欧大陆桥"。该大陆桥是指从中国的江苏连云港市和山东日照市等港群，到荷兰鹿特丹港口、比利时的安特卫普等港口的铁路联运线。该大陆桥途经中国山东、江苏、河南、安徽、陕西、甘肃、山西、四川、宁夏、青海和新疆11 个省、区，89 个地、市、州的 570 多个县、市，到中俄边界的阿拉山口出国境。出国境后途经哈萨克斯坦、俄罗斯、白俄罗斯、波兰、德国和荷兰 6 个国家，可辐射到 30 多个国家和地区。新亚欧大陆桥全长 10 800 千米，其中在中国境内有 4143 千米，比第一条亚欧大陆桥缩短了 2000 多千米，是太平洋西岸港口与欧洲最大港口鹿特丹之间的陆上最近通道。

1990 年 9 月，中国铁路与哈萨克铁路在德鲁日巴站正式接轨，标志着该大陆桥的贯通。1991 年 7 月 20 日开办了新疆——哈萨克斯坦的临时边贸货物运输。1992 年 12 月 1 日由连云港发出首列国际集装箱联运"东方特别快车"，经陇海、兰新铁路，西出边境站阿拉山口，分别运送至阿拉木图、莫斯科和圣彼得堡等地，标志着该大陆桥运输的正式开通。近年来，该大陆桥运量逐年增长，并具有巨大的发展潜力。

新亚欧大陆桥从阿拉山口出中国国境后，可经北线、中线和南线三条线路抵达荷兰的鹿特丹港。

1. 新欧亚大陆桥线路

(1) 北线：由哈萨克斯坦阿克斗卡北上与西伯利亚大铁路接轨，经俄罗斯、白俄罗斯和波兰通往西欧及北欧诸国。

(2) 中线：由哈萨克斯坦往俄罗斯、乌克兰、斯洛伐克、匈牙利、奥地利、瑞士、德国、法国至英吉利海峡港口转海运或由哈萨克斯坦阿克斗卡南下，沿吉尔吉斯斯坦边境，经乌兹别克斯坦塔什干及土库曼斯坦阿什哈巴德西行至土库曼巴希，过里海达阿塞拜疆的巴库，再经格鲁吉亚第比利斯及波季港，越黑海至保加利亚的瓦尔纳，并经鲁塞进入罗马尼亚、匈牙利并通往中欧诸国。

(3) 南线：由土库曼斯坦阿什哈巴德向南入伊朗，至马什哈德折向西，经德黑兰、大不里士入土耳其，过博斯普鲁斯海峡，经保加利亚通往中欧、西欧及南欧诸国。

与西伯利亚大陆桥相比，新亚欧大陆桥具有以下明显的优势。

(1) 地理位置和气候条件优越。整个新亚欧大陆桥避开了高寒地区，位置适中，气候温和，港口无封冻期，吞吐能力大，可以常年作业。

(2) 新亚欧大陆桥使东亚与中亚、西亚的货运距离大幅度减少。日本神户、韩国釜山等港至中亚的哈萨克斯坦、乌兹别克斯坦、吉尔吉斯斯坦、塔吉克斯坦、土库曼斯坦 5 个国家和西亚的伊朗、阿富汗，通过西伯利亚大陆桥和新亚欧大陆桥，海上距离相近，陆上距离相差很大，可缩短运距 2000～2500 千米。如到达伊朗、德黑兰，走西西伯利亚大陆桥，陆上距离达到 13 322 千米，走新亚欧大陆桥，陆上只有 9977 千米，两者相差 3345 千米。

(3) 由于运距的缩短，它在运输时间和运费上将比西伯利亚大陆桥有所减少，更有利于同海运的竞争。

(4) 辐射面广。新亚欧大陆桥辐射亚欧大陆 30 多个国家和地区，总面积达 5071 万平方千米，居住人口占世界总人口的 75%左右。

(5) 对亚太地区吸引力大。除我国(大陆)外，日本、韩国、东南亚各国、一些大洋洲国家和我国的台湾、港澳地区，均可利用此线开展集装箱运输。

新亚欧大陆桥的这些固有优势决定了它必将全线运营，发展壮大，成为沟通亚太地区与欧洲的主导运输线。新亚欧大陆桥的畅通有利于促进沿桥国家的经贸合作、亚欧经济的发展与繁荣，对于亚欧两大洲经济走廊的形成，对于开创世界经济的新格局，具有重要的现实意义；有利于促进沿桥区域经济的平衡协调发展，对于推进沿桥地带的开发开放、加快工业化和城市化进程、提高各国综合国力，都具有重大的战略意义；有利于开拓中亚市场，对于扩大我国的对外经贸合作有着不可忽视的重大作用；有利于提高我国大陆沿海港口体系的国际地位，它将使我国港口从根本上摆脱地理环带的制约，优化沿海港口区位，为它们开展国际贸易运输创造有利条件。

随着亚太经济的迅速崛起、世界贸易重心的东移，新亚欧大陆桥的战略意义也越来越重要。它不仅仅是一条运输通道，而且是区域经济发展的轴线，其必将成为国际经济贸易的一条黄金走廊，并再现古丝绸之路的辉煌。

(四)南亚大陆桥

南亚大陆桥在亚洲南部印度半岛上,从印度东海岸最大的商业城市加尔各答到西海岸的印度第一大港孟买。该大陆桥为东西向,长约 2000 千米。南亚大陆桥使阿拉伯海与孟加拉湾之间的海上运输可以改为铁路联运,从而缩短了距离,节省了运费,提高了效益,为加强印度半岛东西两岸的联系,带动中部经济发展起到了重要作用。

(五)南美大陆桥

南美大陆桥位于南美大陆南端,东起阿根廷的首都布宜诺斯艾利斯,西至智利首都圣地亚哥,全长约 1000 千米。这条横贯南美的大陆桥连接了大西洋和太平洋两大水域,铁路虽然很短,但比绕道南美南端麦哲伦海峡更节省路程,对南美各国间的经济交流有重要作用,对于将来开展国际水陆集装箱联运的意义就更大了。

(六)非洲南部的大陆桥

非洲南部的大陆桥纵贯东南非,从坦桑尼亚首都达累斯萨拉姆,经赞比亚、津巴布韦、博茨瓦纳等国家,向西南至南非要港开普敦。这条铁路沿线铜、铬、金等有色金属和贵重金属资源丰富,运输繁忙。这条铁路北段为坦赞铁路,是由中国援建的,是中非友谊的象征。

通过以上知识的学习,我们了解了铁路运输的相关知识,掌握了世界及我国铁路的运输线路,这为我们分析山西煤炭外运奠定了基础。

根据铁路煤运通道的地理位置,煤炭来源和去向,可将山西煤炭外运通道分为北、中、南三大通道以及南北向主要集运干线——南北同蒲线,形成一个"丰"字型铁路煤炭运输网络。山西省煤炭运输北通道由大秦铁路、京原铁路组成;中通道由石太铁路为主;南通道由太焦铁路、侯月铁路组成。

1. 北通道

北通道以动力煤为主,运输通道以大秦线(山西大同——河北秦皇岛)和京原线(北京——山西太原)为主,主要运输晋北至京津冀、东北、华东地区以及秦皇岛、京唐、天津、黄骅等港口的煤炭。北通道约承担西煤东运总运量的 55%,是山西煤炭外运的主要通道。

北通道各铁路线及疏运布局如下:大秦铁路主要运输大同和平朔矿区的动力煤和无烟煤,除了少量供应沿线大电厂和出关外,绝大部分在秦皇岛港下水,供应东北、华东和中南沿海电厂,或出口至亚欧多个国家。2011 年,大秦铁路的大秦线全年完成 4.4 亿吨运量目标,2012 年预计实现运量目标 4.6 亿吨。京原铁路主要运输轩岗和西山矿区的动力煤、气煤和无烟煤，大部分供应京、津和冀北地区，部分煤炭在天津港下水供应东北、华东等地区电厂和煤气厂。

2. 中通道

中通道以石太线(山西太原——河北石家庄)为主，约承担西煤东运总运量的25%，主要运输焦煤和无烟煤，承担运输晋东、晋中煤炭至华东、中南地区的煤炭运输任务，大部分煤炭经石德铁路(河北石家庄——山东德州)转青岛港海运，同时也承担青岛港的煤炭运输。

石太铁路主要运输西山、离柳、汾西和阳泉等矿区的动力煤、气煤、肥煤和无烟煤，除了部分供应河北南部电厂外，大部分供应山东和江苏等地电厂、煤气厂和化肥厂。

3. 南通道

南通道以焦煤、肥煤和无烟煤为主，主要运输晋中煤炭至中南、华东地区以及至日照、连云港等港口的煤炭。南通道以太焦线(山西太原——河南焦作)和侯月线(山西侯马——河南月山)为主。

南通道各铁路线及疏运布局如下：太焦铁路主要运输西山和沿线潞安、晋城等矿区的动力煤和无烟煤，部分供应河南、山东和江苏等地电厂和钢厂，部分至日照港下水至中南沿海电厂；侯月铁路主要运输乡宁和晋城矿区的无烟煤和经侯西铁路转运韩城、澄合和蒲白的动力煤，部分供应湖北、安徽和江苏等地电厂和钢厂，部分至日照港下水供应华东地区和中南沿海电厂。

4. 同蒲铁路

纵贯山西南北的同蒲线，连接山西东西向8条横向铁路干线，是山西省南北运输的主轴线，也是国家大(同)湛(江)主通道的重要组成部分。同蒲铁路主要承担山西省煤炭向北、中、南各铁路外运通道集运的任务，北同蒲线作为大秦线最主要的后方通道，担负着大秦线绝大部分的货流组织运输任务。

铁路在山西煤炭铁路外运中占有绝对优势，2011年山西省煤炭产量和外运量分别达到8.6亿吨、5.8亿吨，但是由于铁路运能瓶颈的存在，山西煤炭外运中有20%由公路完成。如果铁路运能释放，则可以取代公路运量。

除此以外，中国"西煤东运"重要铁路山西中南部铁路出海通道已于2009年12月22日开工建设。山西中南部铁路通道线路全长1260千米，西起山西兴县瓦塘站，穿越吕梁山、太岳山、太行山、沂蒙山，途经山西、河南、山东3省12市，终点为山东省日照市，其中山西、河南、山东3省境内分别为579千米、255千米和426千米。这条铁路设计标准为国铁Ⅰ级、双线电气化，设计时速为120千米，设计年运能力为2亿吨/年，客车为15对/日。项目总投资998亿元，建设工期为4年半，预计2014年竣工。

目前，山西的煤炭铁路外运已基本形成北、中、南三大运输通道。晋中南地区煤炭产量一直约占山西煤炭产量的2/3，煤炭外运量占全省的60%。就运力规模与市场供给关系分析，山西北通道相对平衡，中通道、南通道的运输能力与实际需求相差甚大。山西中南部铁路运力紧张状况已严重制约了全省经济的发展，新通道的建成将摆脱运输的瓶颈。

该铁路通道项目以货运为主，并以运煤为主要任务，其起点吕梁所在的河东煤田，就是中国最大的炼焦煤生产基地。通道建成后，将跨越山西河东、汾霍、沁水、晋东南煤田、河南鹤壁矿区和山东兖州矿区等中国重要的煤焦生产基地，可极大地缓解煤炭能源铁路运输的压力，改变近年来公路煤炭外运增长迅猛的局面，有利于节能减排和降低运输成本。

由于山西中南部地区铁路运力紧张，煤炭等货物运输只能绕行中北部通道，这又大大增加了运输成本。据测算，如果山西中南部货物在青岛的董家口入海，运往华东和华南，比在渤海湾下海，可缩短陆地和海上运距1500千米左右。所以在山西中南部建设出海铁路通道，不仅可以分流公路运输流量，节约宝贵的石油资源，并且运输成本将因运距的缩短而减少更多，从而进一步增加山西煤炭能源对整个华东和华南的覆盖。

本 章 小 结

铁路运输是一种陆上运输方式，它是利用铁路设施、设备运送旅客和货物的一种运输方式。铁路运输具有载运量较大、运行速度较快、运费较低廉、运输准确、遭受风险较小的优点，是现代化运输业的主要运输方式之一。铁路运输由铁路运输车和运输轨道两个要素构成。铁路货物运输作业根据托运货物的重量、体积、形状，结合铁路的车辆和设备等情况，主要分为整车运输、零担运输和集装箱运输3种。

自铁路运输诞生以来，铁路在货运方面显示出许多优势，这种陆上运输方式很快成为运输的主力军。本章重点介绍了北美横贯大陆铁路干线、拉丁美洲铁路干线、欧洲铁路干线、西伯利亚大铁路干线、亚洲铁路干线和非洲铁路干线等世界主要的铁路干线和中国"八纵八横"铁路通道，并介绍了中国铁路中长期发展规划，使学生更好地了解中国铁路今后的发展。

大陆桥运输是指利用横贯大陆的铁路、公路运输系统作为中间桥梁，把大陆两端的海洋连接起来的集装箱连贯运输方式。本章在学习完世界及中国的铁路线后，又重点介绍了大陆桥运输的概念、特点和包括北美大陆桥、西伯利亚大陆桥、新亚欧大陆桥、南亚大陆桥、南美大陆桥及非洲南部大陆桥在内的世界主要大陆桥。

复习思考题

一、名词解释

1. 铁路运输 2. 铁路运输车 3. 铁路枢纽 4. 大陆桥运输 5. 新亚欧大陆桥

二、问答题

1. 简述铁路运输的构成要素。
2. 铁路货物运输分为哪几种？
3. 与西伯利亚大铁路东端和西端相连接的主要铁路干线有哪些？
4. 中国"八纵八横"铁路通道有哪些？
5. 什么是大陆桥运输？大陆桥运输有哪些特点？
6. 与西伯利亚大陆桥相比，新亚欧大陆桥具有哪些明显的优势？

三、案例分析题

1. 贵州六盘水的煤矿可以供西南地区哪几个城市使用？并分别通过哪些铁路线来运输？
2. 宁夏石嘴山煤矿要运往包头钢铁厂炼钢，可以通过哪条铁路线来运输？同时该煤矿的煤可以供给西部哪些城市使用？
3. 甘肃省金昌、白银市的有色金属从哪个口岸出口最近？走哪条铁路线？
4. 通辽的玉米(松嫩平原)运往宜昌作饲料，请设计铁路运输线路。
5. 牡丹江的木材运往徐州做家具，请设计铁路运输线路。
6. 太原、大同、长治的煤分别运到长沙、杭州和南昌，请设计铁路运输线路。
7. 设计新疆的煤外运的第二条铁路运输通道。终点应设在哪里？并说明设计的意义。

第四章　公路运输地理

【导读案例1】

　　"绿色通道"是指鲜活农产品公路运输"绿色通道",从2005年开始,按照国务院统一部署,交通部会同公安部、国务院纠风办、农业部、财政部、国家发展改革委、商务部等部门开展了"绿色通道"的建设工作。车辆运输的农产品符合《鲜活农产品品种目录》规定的品类的,在高速公路"绿色通道"("五纵二横")上即可享受免收过路费的便利待遇。

　　全国"五纵二横"鲜活农产品流通"绿色通道"网络于2006年1月15日起全部开通,"五纵"是指银川至昆明"绿色通道"、呼和浩特至南宁"绿色通道"、北京至海口"绿色通道"(含长沙至南宁连接线)、哈尔滨至海口"绿色通道"(含天津至北京连接线)、上海至海口"绿色通道"(含鹰潭至常山连接线);"二横"是指连云港至乌鲁木齐"绿色通道"(含西宁至兰州连接线)、上海至拉萨"绿色通道"。

　　经过几年的时间,现在"绿色通道"的总里程达4.5万千米,贯通31个省、自治区、直辖市,全面实现了省际互通。"五纵二横"网络连通了29个省会城市,71个地市级城市,覆盖了全国所有具备一定规模的重要鲜活农产品的生产基地和销售市场,为鲜活农产品跨区域长途运输提供了快速便捷的主通道。同时各个省(区、市)也结合本地的情况,建立了区域性的"绿色通道",对国家的"绿色通道"形成了有益的补充。

　　根据国务院及相关部委的通知精神,从2010年12月1日起,全国所有收费公路(含收费的独立桥梁、隧道)全部纳入鲜活农产品运输"绿色通道"网络范围,对整车合法装载运输鲜活农产品的车辆免收车辆通行费。

　　"绿色通道"的网络建设,确保了鲜活农产品运输的高效和畅通,大大减免了运输通行费,降低了鲜活农产品的运输成本,对保障全国农产品供应的稳定性发挥了积极作用。

(资料来源:中国公路网,http://www.chinahighway.com/news/2008/225139.php)

【导读案例2】

　　寿光是全国知名的蔬菜集散地,拥有全国最大的蔬菜集散中心——山东寿光农产品物流园。这个拥有"中国蔬菜之乡"美誉的山东省寿光市蔬菜集散中心,在2005年以前,外运外销通道经常受阻。自从鲜活农产品公路运输"绿色通道"建设工程开展以来,在寿光先后开辟的寿光至北京、寿光至哈尔滨、寿光至海口三条"绿色通道",在这些通道中,"大西环"发挥着重要的作用。

物流运输地理

农产品物流园与绿色通道连接线——大西环,是寿光蔬菜外运的快速通道。"大西环"工程全长43.27千米,路面宽24米,按双向四车道一级公路标准建设,设计时速为80千米/小时。该路于2009年10月建成通车,是潍坊市公路网的重要组成部分,也是山东省公路网的重要组成部分。这条宽阔绵长的通道直贯南北,是一条纵贯寿光市南北的交通大动脉。

从寿光农产品物流园运出的新鲜蔬菜,若通过大西环驶上荣乌高速,直送北京,仅在寿光境内就节省至少40分钟。大西环公路是寿光市西部重要的干线通道,纵贯寿光西部5个街镇,与新海路、荣乌高速公路、庞广路、寿济路、潍高路及羊青路联网相连,实现了与农产品物流园的相通。产于大西环附近的文家的韭菜、化龙的胡萝卜、孙家集的黄瓜茄子和古城的西红柿等,收获后可快速装车运货,其他寿光东部、南部的蔬菜,也能快速汇集到农产品物流园,同样快速发向全国。

一位在蔬菜产业集团工作多年的负责人深有感触地说:"省运费只是一个方面,更重要的是节省了时间。过去,运菜到北京需要绕道济青高速七八个小时才能到;现在,走大西环上荣乌高速到北京只需要5个小时,保证寿光早上摘下的新鲜蔬菜,中午能送到北京人的餐桌上。"

(资料来源:中国寿光网,http://www.wfkjxy.com.cn/scx/content/?376.html)

公路运输作为一种方便快捷的运输方式,在国际物流中起到了不可替代的作用,虽然公路运输成本较高,并且适用于小范围内的运输,却为其他运输方式起了良好的衔接作用。国际物流货物运输方式的选择不但需要考虑成本因素,还需要考虑运输时间以及运输的可预测性,因此,在国际物流货物运输中对时间性要求较高,并且运输距离较短时,公路运输是不可缺少的运输方式。

上述导读案例1中提到的鲜活农产品公路运输"绿色通道"这一利民工程的建设,就是在公路运输网络建设的基础上建设的;导读案例2中提到的山东寿光的"农产品物流园与绿色通道连接线"——大西环工程也是我国公路运输发展的结果。借助农产品运输"绿色通道"和大西环"绿色通道连接线",保证了寿光市鲜活农产品运输畅通并及时端上大江南北百姓的餐桌,极大地带动了寿光经济的快速发展和菜农致富愿望的实现,给城乡经济注入了新的活力,让寿光的新鲜无公害蔬菜走得更远。随着中国公路运输网络的逐步完善,交通更加便捷顺畅,促进了国民经济的发展与繁荣。

【学习目标】

通过本章的学习,主要掌握什么是公路运输及公路运输的特点,掌握我国"五纵七横"国道主干线、国道放射线、国道北南纵线、国道东西横线的线路编号、线路简称和主要路线;掌握什么是高速公路,高速公路的特点,我国"7918"高速公路网的线路编号、线路及联络线；理解我国公路及高速公路的编号原则；了解公路和高速公路的发展，了解公路运输车及运输车的分类，公路运输的功能和业务分类。

第一节　公路运输概述

一、公路运输的概念

公路运输(road transportation)指在公路上运送旅客和货物的运输方式，从广义上来说，是指利用一定载运工具沿公路实现货物空间位移的过程；从狭义来说，就是指汽车运输。公路运输是现代运输中非常重要的一种运输方式，也是构成陆上货物运输的两个基本运输方式之一。

公路运输以其机动灵活、适应性强、可实现"门到门"直达运输、在中短途运输中运送速度较快、原始投资少、资金周转快等优势在整个运输领域中占有重要的地位，并发挥着越来越重要的作用。公路运输既是一个独立的运输体系，也是铁路车站、水运港口码头和航空机场的货物集疏运输的重要手段。

二、公路运输的发展

随着现代汽车的诞生，公路运输于19世纪末产生，公路运输初期汽车主要承担短途运输业务。第一次世界大战后，伴随着汽车工业的发展和公路里程的增加，公路运输进入了全新的发展阶段，不仅成为短途运输的主力，并进入长途运输的领域。发达国家公路运输完成的客货周转量占各种运输方式总周转量的90%左右。

当前，我国公路运输业的发展已经初具规模，不管是公路运输基础设施建设、运输车辆的技术、配置等硬性设施，还是公路运输管理模式、服务质量等软性设施都发生了很大的变化并获得了质的提升，为国民经济的可持续发展作出了不可替代的重要贡献。20世纪60年代，我国在继续大力兴建公路的同时，加强了技术改造，沥青路面道路里程及其高级、次高级路面比重显著提高。20世纪70年代中期，我国开始对青藏公路进行技术改造，并于20世纪80年代全面完成，建成了世界上海拔最高的沥青路面公路。目前，人口在20万以上的城市的高速公路连接率已达到90%，路网结构进一步改善，由于运输规模扩大，道路货物运输在综合运输体系中的地位不断上升。2011年我国新增公路通车里程7.14万千米，其中高速公路1.10万千米，新改建农村公路19万千米。截至2011年年底，我国高速公路总里程约达8.5万千米。但我国公路运输在发展中也存在如公路网层次结构和技术等级结构不尽合理，路网区域发展不平衡，西部地区较东部和中部地区道路运输条件相差较大，道路客货站场建设严重落后,功能不适应发展需要;营运车辆性能差、结构不合理,老旧严重;客货企业规模偏小,市场集中程度低,竞争能力弱;道路货运业专业化分工不细,社会化程度低,运输服务质量有待提高;运输经营方式落后,运输组织化程度低,道路运输管理水平有待进一步提高等一些问题。

国家"十二五"规划中提到,要全面完善公路网规划,推进国家公路网规划建设,形成层次清晰、功能完善、权责分明的干线公路网络系统,重点建设国家高速公路,实施国道、省道改造,继续推进农村公路建设。具体目标是:公路网规模进一步扩大,技术质量明显提升,公路总里程达到 450 万千米,国家高速公路网基本建成,高速公路总里程达到 10.8 万千米,覆盖 90%以上的 20 万以上人口的城市,二级及以上公路里程达到 65 万千米,国省道总体技术状况达到良等水平,农村公路总里程达到 390 万千米。2011 年年底全国各地高速公路通车里程,如表 4-1 所示。

表 4-1 2011 年年底全国各地高速公路通车里程

排 名	省(区、市)	里程/千米
1	河南	5196
2	广东	5049
3	河北	4756
4	山东	4350
5	江苏(2010 年年底)	4059
6	山西	4010
7	湖北	4009
8	黑龙江	3811
9	陕西	3800
10	江西	3642
11	安徽	3500
12	浙江	3382
13	辽宁	3300
14	四川	3000
15	福建 (2010 年年底)	2700
16	湖南	2649
17	广西	2574
18	云南	2500
19	吉林	2250

续表

排　名	省(区、市)	里程/千米
20	贵州	2023
21	重庆(2010年年底)	2000
22	甘肃	2000
23	内蒙古	1879
24	青海	1400
25	宁夏	1300
26	天津	1100
27	新疆	1000
28	北京	900
29	上海	778
30	海南	659

(资料来源：以上数据来自中国高速网，http://www.cngaosu.com/a/2012/0117/246860.html)

三、公路运输的功能

公路运输是一种机动灵活、简捷方便的运输方式，在短途货物集散运转上，它比铁路、航空运输具有更大的优越性，尤其在实现"门到门"的运输中，其重要性更为显著。尽管其他运输方式各有特点和优势，但或多或少都要依赖公路运输来完成最终两端的运输任务。公路运输的功能包括以下几方面。

(一)主要担负中、短途运输

通常情况下，公路运输负担的中、短途运输是指：短途运输，运距为50千米以内；中途运输运距为50~200千米左右。

(二)衔接其他运输方式的运输

由其他运输方式(如铁路、水路或空路)担任主要(长途)运输时，由公路运输担任其起、终点处的货物集散运输。

(三)独立担负长途运输

当汽车运输的经济运距超过200千米时，或者其经济运距虽短，但基于国家或地区的政治与经济建设等方面的需要，也常由汽车担负长途运输，如因救灾工作的紧急需要而组织的长途运输,以及公路超限货物的"门到门"长途直达运输等。

四、公路运输业务的分类

公路运输业务种类是依照货物批量的大小及不同货物对货运车辆不同要求而设计的。当前,公路运输中主要业务分类方式如下。

(一)整车货物运输

托运人一次托运货物计费重量3吨以上或虽不足3吨,但其性质、体积或形状需要一辆或若干辆汽车运输的,称为整车货物运输。采用整车货物运输对托运人和承运人组织操作都很便利,因此是一种最常用的运输方式。采用整车货物运输一般应满足如下条件:货物重量或体积能够装满整车的;不能拼装的特种货物,为防止对其他货物造成不良影响的;货主为自身货物或运输便利考虑而特别提出整车运输的。

(二)零担货物运输

我国汽车运输管理部门制定的《公路汽车货物运输规则》规定:托运人一次托运的货物不足3吨的称零担货物运输。按件托运的零担货物,单价体积一般不小于0.01立方米(单件重量超过10千克的除外),不大于1.5立方米;单件重量不超过200千克;货物长度、宽度、高度分别不超过3.5米、1.5米和1.3米。不符合这些要求的,不能按零担货物托运、承运。各类危险货物、易破损、易污染和鲜活等货物,一般不能作为零担货物办理托运。

零担货物运输的主要特点是:一票托运量小,托运批次多,托运时间和到站分散,一辆货车所装货物往往由多个托运人的货物汇集而成,并由几个收货人接货。

公路零担货物运输与整车货物运输的业务运作对比,如表4-2所示。

表4-2 公路零担货物运输与整车货物运输的业务运作对比

对比项目	整车运输	零担运输
承运人责任期间	装车/卸车	货运站/货运站
是否进站存储	否	是
货源与组织特点	货物品种单一,数量大,货价低,装卸地点一般比较固定,运输组织相对简单	货源不确定,货物批量小,品种繁多,站点分散,质高价贵,运输组织相对复杂
营运方式	直达的不定期运输方式	定线,定班期发运
运输时间长短	相对较短	相对较长

续表

对比项目	整车运输	零担运输
运输合同形式	通常预先签订书面运输合同	通常托运单或运单作为合同的证明
运输费用的构成与高低	单位运费率一般较低，仓储、装卸等费用分担，需在合同中约定	单位运费率一般较高，运费中往往包括仓储、装卸等费用

(三)集装箱货物运输

采用集装箱为容器，使用汽车运输的，为集装箱货物运输。目前集装箱货物运输已成为公路运输的主导，成为海运集装箱运输、铁路集装箱运输、国际多式联运等运输方式中不可缺少的组成部分。

1. 公路集装箱运输业务范围

目前，公路集装箱运输企业主要承担如下 5 个方面的经营业务。

(1) 海上国际集装箱由港口向内陆腹地的延伸运输、中转运输以及在内陆中转站进行的集装箱交接、堆存、拆装、清洗、维修和集装箱货物的仓储、分发等作业。

(2) 国内铁路集装箱由车站至收发人仓库、车间、堆场间的"门到门"运输及代理货物的拆装箱作业。

(3) 沿海、内河国内水运集装箱由港口向腹地的延伸运输，中转运输或至货主间的短途"门到门"运输。

(4) 城市之间干线公路直达的集装箱运输。

(5) 内陆与港澳之间及其他边境口岸出入境的集装箱运输、接驳运输和大陆桥运输。

2. 公路集装箱运输业务运作特点

由于集装箱运输的特殊性，公路集装箱运输与整车、零担货物运输相比，在业务运作上具有以下特点。

(1) 受理的货物种类受到限制。

(2) 运费计收方法特别。

(3) 增加了集装箱业务内容。

(4) 增加了集装箱单证。

(5) 货物交接地点更多。

(四)特种货物运输

公路特种货物运输是指货物在运输、配送、保管及装卸作业的过程中，需要采用特殊措施和方法的公路货物运输。特种货物一般分为四大类，即危险货物、大型特型笨重货物、鲜活易腐货物和贵重货物。

1. 危险货物

凡具有爆炸、易燃、毒害、腐蚀、放射性等性质，在运输、装卸、贮存和保管过程中容易造成人身伤亡和财产损毁而需要特别防护的货物，均属危险货物。

危险货物分为 9 类，即爆炸品，压缩和液化气体，易燃液体，易燃固体、自燃物品和遇湿易燃物品，氧化剂和有机过氧化物，毒害品和感染性物品，放射性物品，腐蚀品，杂项危险物质与物品。

2. 大型特型笨重货物

大型特型笨重货物包括长大货物和笨重货物。凡整件货物长度在 6 米以上、宽度超过 2.5 米、高度超过 2.7 米时，称为长大货物，如大型钢梁、起吊设备等。货物每件重量在 4 吨以上(不含 4 吨)，称为笨重货物，如锅炉、大型变压器等。

3. 鲜活易腐货物

鲜活易腐货物是指在运输过程中，需要采取一定措施防止货物死亡和腐坏变质，并须在规定运达期限内抵达目的地的货物。汽车运输的鲜活易腐货物主要有：鲜鱼虾、鲜肉、瓜果、牲畜、观赏野生动物、花木秧苗和蜜蜂等。鲜活易腐货物在运输途中容易发生腐烂变质，采用冷藏方法能有效地抑制微生物的滋长、减缓货物呼吸，达到延长鲜活易腐货物保存时间的目的，被广泛采用。

4. 贵重货物

贵重货物是指价格昂贵、运输责任重大的货物。其主要包括：黄金、白金、铱、铑和钯等稀有贵重金属及其制品；各类宝石、玉器、钻石、珍珠及其制品；珍贵文物(包括书、画、古玩等)；贵重药品；高级精密机械及仪表；高级光学玻璃及其制品；现钞、有价证券以及毛重每千克价值在 2000 元人民币以上的物品。

(五)包车货物运输

应托运人的要求，经双方协议，将车辆包租给托运人安排使用，由托运人按里程或时间支付运费的业务称为包车货物运输。一般在下列情况下采用包车运输方式。

(1) 承运人无法控制装卸时间，或托运人有自己特定的时间安排。

(2) 多次往返的短途运输，无法以货物重量或运输距离计算运费的。

(3) 需特殊设计运输过程的货物运输。如某些特种货物的运输往往需要配备辅助工具和辅助人员，而运输过程的时间难以准确掌握。

五、公路运输车辆的分类

公路运输使用的车辆可分为载货汽车、牵引车、挂车和专用运输车 4 种。

(一)载货汽车

载货汽车也叫载重汽车,它有以下不同的分类方式。

1. 载货汽车按车厢结构分,分为平板车、厢式货车和集装箱载货车

(1) 平板车也称敞开式货车,没有车厢,只有不到 1 米左右的车帮,一般的平板车都比较大,通常为 9 至 16 米,用于运输一些基础材料,例如日化、化工和塑料粒子等,如图 4-1 所示。

图 4-1 平板车

(2) 厢式货车又叫又称封闭式货车,可使货物免受风吹、日晒、雨淋。厢式货车一般兼有滑动式侧门、后开车门、左右开门、全封闭、半封闭,因此货物装卸作业非常方便。厢式货车具有机动灵活、操作方便、工作高效、运输量大,充分利用空间及安全、可靠等优点,货箱和底盘一般连为一体,一般用于运距较短、货物批量小、对运达时间要求较高的货物运输。由于厢式货车小巧灵便,因此无论哪里均可行驶,真正实现"门到门"运输。因此,这种载货汽车相当广泛地用于运输各类货物,适用于各大工厂、配送站点等。厢式货车后侧可选装后液压托板,可托起 0.5~5 吨重货物,如图 4-2 所示。

物流运输地理

图 4-2　厢式货车

(3) 集装箱载货汽车是指用以运载可卸下的集装箱的专用运输车辆，是近年来国际货车市场上的一支主力军。其特点是载货容积大，货厢密封性能好，能快速装卸、具备一立方米以上的体积，尤其是近年来轻质合金及增强合成材料的使用，为减轻车厢自重、提高有效载重量创造了良好的条件。该种货车长度从 4~17 米均有，承载货物 2~35 吨，如图 4-3 所示。

图 4-3　集装箱载货汽车

2. 载货汽车按期载重量的不同，可分为微型、轻型、中型和重型 4 种类型

(1) 微型：总质量≤1.8 吨，最大载重量为 0.75 吨。
(2) 轻型：1.8 吨<总质量≤6 吨，最大载重量为 0.75~3 吨。
(3) 中型：6 吨<总质量≤14 吨，最大载重量为 3~8 吨。
(4) 重型：总质量≥14 吨，载重量为 8 吨以上。

(二)牵引车

牵引车也称拖车,是专门用以拖挂或牵引挂车的汽车。

(三)挂车

挂车有全挂车和半挂车之分。全挂车相当于一个完全独立的车厢,所负荷载全部作用于挂车本身的轮轴,只不过是由牵引车拖着行驶而已;而半挂车所负荷载只有一部分作用于挂车的轮轴,其余则是通过连接装置作用于牵引车的轮轴上。

由牵引车和挂车两部分组合在一起,通过连接装置把二者相连的,称为汽车列车,这种拖挂运输是提高运输生产率的有效手段。

(四)专用运输车

专用运输车是在其设计和技术特性上专门用于运输特殊物品的货车。一些特殊的货物如鲜活货物、液体货物、易燃易爆和有毒物品等,只能使用专用运输车才能保证货物的高质量、安全运达,例如冷藏车、运钞车等。

第二节 中国公路运输干线

一、我国公路的分类

我国公路的分类有如下分类方式。

(一)按行政等级划分

我国公路按行政等级可分为:国家公路(国道)、省公路(省道)、县公路(县道)和乡公路(乡道)以及专用公路五个等级。一般把国道和省道称为干线,县道和乡道称为支线。

1. 国道

国道是指具有全国性政治、经济意义的主要干线公路,包括重要的国际公路,国防公路,连接首都与各省、自治区、直辖市首府的公路,连接各大经济中心、港站枢纽、商品生产基地和战略要地的公路。国道中跨省的高速公路由交通部批准的专门机构负责修建、养护和管理。

2. 省道

省道是指具有全省(自治区、直辖市)政治、经济意义,并由省(自治区、直辖市)公路主管部门负责修建、养护和管理的公路干线。

3. 县道

县道是指具有全县(县级市)政治、经济意义,连接县城和县内主要乡(镇)、主要商品生产和集散地的公路,以及不属于国道、省道的县际公路。县道由县、市公路主管部门负责修建、养护和管理。

4. 乡道

乡道是指主要为乡(镇)村经济、文化、行政服务的公路,以及不属于县道以上公路的乡与乡之间及乡与外部联络的公路。乡道由乡人民政府负责修建、养护和管理。

5. 专用公路

专用公路是指专供或主要供厂矿、林区、农场、油田、旅游区和军事要地等与外部联系的公路。专用公路由专用单位负责修建、养护和管理,也可委托当地公路部门修建、养护和管理。

(二)按使用任务、功能和适应的交通量划分

根据我国现行的《公路工程技术标准》,公路按使用任务、功能和适应的交通量可分为高速公路、一级公路、二级公路、三级公路和四级公路5个等级。

1. 高速公路

高速公路为专供汽车分向分车道行驶并应全部控制出入的多车道公路。四车道高速公路应能适应将各种汽车折合成小客车的年平均日交通量为25 000至55 000辆;六车道高速公路应能适应将各种汽车折合成小客车的年平均日交通量为45 000至80 000辆;八车道高速公路应能适应将各种汽车折合成小客车的年平均日交通量为60 000至100 000辆。

2. 一级公路

一级公路为供汽车分向分车道行驶并可根据需要控制出入的多车道公路。四车道一级公路应能适应将各种汽车折合成小客车的年平均日交通量为15 000至30 000辆;六车道一级公路应能适应将各种汽车折合成小客车的年平均日交通量为25 000至55 000辆。

3. 二级公路

二级公路为供汽车行驶的双车道公路,一般能适应每昼夜为3000至7500辆中型载重

汽车的交通量。

4. 三级公路

三级公路为主要供汽车行驶的双车道公路，一般能适应每昼夜为 1000 至 4000 辆中型载重汽车的交通量。

5. 四级公路

四级公路为主要供汽车行驶的双车道或单车道公路。双车道四级公路能适应每昼夜中型载重汽车交通量为 1500 辆以下。单车道四级公路能适应每昼夜中型载重汽车交通量为 200 辆以下。

二、我国道路编号规则

我国道路按其行政等级主要分为国道(含国道主干线)、省道和县道三级，由国、省、县三字汉语拼音首字母 G、S、X 作为它们各自相应的标识符，标识符加数字组成道路编号。

(一)国道的编号

国道编号应遵循以下编号规则。

(1) 国道主干线的编号，由国道标识符"G"、主干线标识"0"加两位数字顺序号组成。

(2) 国道放射线编号，由国道标识符"G"、放射线标识"1"和两位数字顺序号组成，以北京为起始点，放射线止点为终点，按路线的顺时针方向排列编号，如 G101 北京至沈阳(简称京沈线)。

(3) 国道北南纵线的编号，由国道标识符"G"、北南纵线标识"2"(偶数)和两位数字顺序号组成，如 G204 烟台至上海(简称烟沪线)。

(4) 国道东西横线的编号，由国道标识符"G"、东西横线标识"3"(奇数)和两位数字顺序号组成，如 G318 上海至聂拉木(简称沪聂线)。

由于种种原因，国道之间并不是完全平行的，当然也不是正东西向或正南北向的，同一类公路有时相互交叉，有时甚至在相当长的一段距离里共用同一路段，如在广州市就有国道 105 线、106 线、107 线、205 线、321 线、324 线和 325 线 7 条国道交汇。

(二)省道的编号

省道的编号，以省级行政区域为范围编制。

(1) 省道放射线的编号，由省道标识符"S"、放射线标识"1"和两位数字顺序号组成，如 S120。

(2) 南北纵线的编号，由省道标识符"S"、南北纵线标识"2"(偶数)和两位数字顺序号组成。

(3) 省道东西横线的编号，由省道标识符"S"、东西横线标识"3"(奇数)和两位数字顺序号组成。

(三)县道的编号

县道的编号原则上以所在行政区域为范围编制，方法在此不再赘述。

三、我国国道运输线

(一)"五纵七横"国道主干线

"五纵七横"国道主干线是我国规划建设的以高速公路为主的公路网主骨架，规划的内容为：从1991年开始到2020年，用30年左右的时间，建成12条总长约为3.5万千米的国道主干线，将全国重要城市、工业中心、交通枢纽和主要陆上口岸连接起来，并连接所有目前100万以上人口的特大城市和绝大多数目前在50万以上人口的中等城市，逐步形成一个与国民经济发展格局相适应、与其他运输方式相协调、主要由高等级公路(高速公路、一级公路、二级公路)组成的快速、高效、安全的国道主干线系统。在技术标准上大体以京广线为界，京广线以东地区经济发达，交通量大，以高速公路为主；以西地区交通量较小，以一级公路、二级公路为主。

其中"五纵"总里程约为15 590千米，由下列五条自北向南纵向高等级公路组成，"七横"总里程约为20 300千米，由以下七条自东向西横向高等级公路组成。"五纵七横"国道主干线，如表4-3所示。

表4-3 "五纵七横"国道主干线

名称	编号	线路简称	主要路线	里程/km
"五纵"国道主干线	G010	同三线	同江——哈尔滨含珲春——长春支线——沈阳——大连——烟台——青岛——连云港——上海——福州——深圳——广州——湛江——海安——海口——三亚	5700
	G020	京福线	北京——天津(含天津——塘沽支线)——济南——徐州(含泰安——淮阴支线)——合肥——南昌——福州	2540

续表

名 称	编 号	线路简称	主要路线	里程/km
"五纵"国道主干线	G030	京珠线	北京——石家庄——郑州——武汉——长沙——广州——珠海	2310
	G040	二河线	二连浩特——大同——太原——西安——成都——昆明——河口	3610
	G050	渝湛线	重庆——贵阳——南宁——湛江	1430
"七横"国道主干线	G015	绥满线	绥芬河——哈尔滨——满洲里	1280
	G025	丹拉线	丹东——沈阳——唐山(含唐山——天津支线)——北京——集宁——呼和浩特——银川——兰州——拉萨	4590
	G035	青银线	青岛——石家庄——太原——银川	1610
	G045	连霍线	连云港——西安——霍尔果斯	3980
	G055	沪蓉线	上海——南京——重庆——成都	2970
	G065	沪瑞线	上海——杭州——贵阳——瑞丽	4090
	G075	衡昆线	衡阳——南宁——昆明	1980

"五纵七横"国道主干线规划于 1992 年经国务院认可，1993 年 6 月交通部正式印发，当时规划提出在 2020 年前后建成该系统。事实上，到 2002 年年底，国道主干线系统已经建成了近 80%，当时考虑到国道主干线系统规划的规模、标准等与新阶段全面建设小康社会的需要比已不适应，为协调未来我国高速公路的发展、提高服务水平、保证资源使用的严肃性、防止盲目投资和低水平重复建设，迫切需要在国道主干线系统规划布局的基础上规划国家高速公路网。此项提议得到了国务院领导同志的支持和肯定，国道主干线提前 13 年建成的目标得到确立。到 2006 年年底，国道主干线系统已经建成 32 207 千米，占规划里程的 93.6%，到 2007 年年底全部建成。

"五纵七横"国道主干线系统作为我国公路网的主骨架，是连接主要经济区域的快速运输通道，是推动生产要素流动，优化资源配置的载体，有效地支撑了中国经济发展，对经济增长的促进作用，不仅表现在建设期的投资需求拉动效应，更重要的是在于国道主干线系统的运营。国道主干线系统的建设改善了沿线地区的交通条件，提升了区位优势，使城镇的城市功能、职业特色和人口吸纳能力不断加强，城镇人口集聚能力得到显著增强，推动了我国城镇化进程；国道主干线的建成使人们拥有了更加完善的交通系统，改善了居民的交通条件，节省了通行时间，降低了出行成本，增强了公民出行的机动性，并提高了公民出行的安全程度，使得人们的出行更加经济、便捷、舒适和安全。

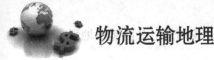

(二)国道放射线

国道放射线共 12 条，编号从 101 至 112，全长约 2.3 万千米，12 条放射线的线路简称、主要路线、通过地区及总计里程，如表 4-4 所示。

表 4-4　国道放射线

编　号	线路简称	主要路线	通过地区	里程/km
G101	京沈线	北京——承德——沈阳	北京、河北、辽宁	858
G102	京哈线	北京——沈阳——长春——哈尔滨	北京、河北、天津、辽宁、吉林、黑龙江	1231
G103	京塘线	北京——天津——塘沽	北京、河北、天津	142
G104	京福线	北京——南京——杭州——福州	北京、河北、天津、山东、江苏、安徽、浙江、福建	2284
G105	京珠线	北京——南昌——广州——珠海	北京、河北、天津、山东、河南、安徽、湖北、江西、广东	2361
G106	京广线	北京——兰考——黄冈——广州	北京、河北、河南、湖北、湖南、广东	2497
G107	京深线	北京——武汉——广州——深圳	北京、河北、河南、湖北、湖南、广东	2449
G108	京昆线	北京——西安——成都——昆明	北京、河北、山西、陕西、四川、云南	3356
G109	京拉线	北京——银川——西宁——拉萨	北京、河北、山西、内蒙古、宁夏、甘肃、青海、西藏	3763
G110	京银线	北京——呼和浩特——银川	北京、河北、内蒙古、宁夏	1231
G111	京加线	北京——乌兰浩特——加格达奇	北京、河北、内蒙古、黑龙江	1827
G112	京环线	北京环线	高碑店——天津——唐高碑店山——遵化——宣化——涞源	1024

(三)南北纵线

南北纵线共 27 条，编号从 201 至 208，G226 从楚雄至墨江的楚墨线因调整后撤销。南北纵线全长约 2.3 万千米，如表 4-5 所示，介绍各条线路的简称、主要路线、通过地区及总计里程。

表 4-5　南北纵线

编　号	线路简称	主要路线	通过地区	里程/km
G201	鹤大线	爱辉——大连(原：鹤岗——牡丹江——大连线	黑龙江、吉林、辽宁	1762
G202	爱大线	黑河——哈尔滨——吉林——沈阳——大连——旅顺线	黑龙江、吉林、辽宁	1726
G203	明沈线	明水——扶余——沈阳线	黑龙江、吉林、辽宁	710
G204	烟沪线	烟台——连云港——上海线	山东、江苏、上海	967
G205	山深线	山海关——淄博——南京——屯溪——深圳线	河北、天津、山东、江苏、安徽、浙江、福建、广东	2891
G206	烟汕线	烟台——徐州——合肥——景德镇——汕头线	山东、江苏、安徽、江西、广东	2339
G207	锡海线	锡林浩特——张家口——长治——襄樊——常德——梧州——海安线	内蒙古、河北、山西、河南、湖北、湖南、广西、广东	3405
G208	二长线	二连浩特——集宁——太原——长治线	内蒙古、山西	751
G209	呼北线	呼和浩特——三门峡——柳州——北海线	内蒙古、山西、河南、湖北、湖南、广西	3346
G210	包南线	包头——西安——重庆——贵阳——南宁线	内蒙古、陕西、四川、重庆、贵州、广西	3011
G211	银陕线	银川——西安线	宁夏、甘肃、陕西	629
G212	兰渝线	兰州——广元——重庆线	甘肃、四川、重庆	1257
G213	兰磨线	兰州——成都——昆明——景洪——磨憨线	甘肃、四川、云南	2286
G214	西景线	西宁——昌都——景洪线	青海、西藏、云南	3182
G215	红格线	红柳园——敦煌——格尔木线	甘肃、青海	656
G216	阿巴线	阿勒泰——乌鲁木齐——巴伦台线	新疆	864
G217	阿库线	阿勒泰——独山子——库车线	新疆	1089
G218	伊若线	清水河——伊宁——库尔勒——若羌线	新疆	1123
G219	叶孜线	叶城——狮泉河——拉孜线	新疆、西藏	2178

续表

编号	线路简称	主要路线	通过地区	里程/km
G220	北郑线	北镇——郑州(原：东营——济南——郑州线)	山东、河南	571
G221	哈同线	哈尔滨——同江线	黑龙江	486
G222	哈伊线	哈尔滨——伊春线	黑龙江	327
G223	海榆东线	海口——榆林(东)线	海南	319
G224	海榆中线	海口——榆林(中)线	海南	296
G225	海榆西线	海口——榆林(西)线	海南	426
G227	西张线	西宁——张掖线	青海、甘肃	338
G228	台湾环线	台北——台中——台南——高雄——台东——宜兰——基隆	台湾	956

(四)东西横线

东西横线29条，编号301至330，G313从安西经敦煌至若羌线路调整后撤销。东西横线全长约4.85万千米，如表4-6所示，分别介绍各条线路的简称、主要路线、通过地区及总计里程。

表4-6 东西横线

编号	线路简称	主要路线	通过地区	里程/km
G301	绥满线	绥芬河——哈尔滨——满洲里线	黑龙江、内蒙古	1303
G302	珲乌线	珲春——图们——吉林——长春——乌兰浩特线	吉林、内蒙古	1007
G303	集锡线	集安——四平——通辽——锡林浩特线	吉林、辽宁、内蒙古	1215
G304	丹霍线	丹东——通辽——霍林河线	辽宁、内蒙古	813
G305	庄林线	庄河——营口——敖汉旗——林东线	辽宁、内蒙古	676
G306	绥克线	绥中——克什克腾线	辽宁、内蒙古	507

续表

编 号	线路简称	主要路线	通过地区	里程/km
G307	歧银线	歧口——银川(原：黄骅——石家庄——太原——银川)线	河北、山东、山西、陕西、宁夏	1274
G308	青石线	青岛——济南——石家庄线	山东、河北	659
G309	荣兰线	荣城——济南——宜川——兰州线	山东、河北、山西、陕西、宁夏、甘肃	2198
G310	连天线	连云港——徐州——郑州——西安——天水线	江苏、山东、安徽、河南、陕西、甘肃	1222
G311	徐峡线	徐州——许昌——西峡线	江苏、安徽、河南	710
G312	沪霍线	上海——南京——合肥——西安——兰州——乌鲁木齐——霍尔果斯线	上海、江苏、安徽、河南、湖北、陕西、甘肃、宁夏、新疆	4451
G314	乌红线	乌鲁木齐——喀什——红其拉甫线	新疆	1733
G315	西莎线	西宁——若羌——喀什线	青海、新疆	2921
G316	福兰线	福州——南昌——武汉——兰州线	福建、江西、湖北、陕西、甘肃	2268
G317	成那线	成都——昌都——那曲线	四川、西藏	1827
G318	沪聂线	上海——武汉——成都——拉萨——聂拉木线	上海、江苏、浙江、安徽、湖北、重庆、四川、西藏	4877
G319	厦成线	厦门——长沙——重庆——成都线	福建、江西、湖南、重庆、四川	2453
G320	沪瑞线	上海——南昌——昆明——畹町——瑞丽线	上海、浙江、江西、湖南、贵州、云南	2217
G321	广成线	广州——桂林——贵阳——成都线	广东、广西、贵州、四川	1612
G322	衡友线	衡阳——桂林——南宁——凭祥——友谊关线	湖南、广西	880
G323	瑞临线	瑞金——韶关——柳州——临沧线	江西、广东、广西、云南	1863
G324	福昆线	福州——广州——南宁——昆明线	福建、广东、广西、贵州、云南	2181
G325	广南线	广州——湛江——南宁线	广东、广西	769
G326	秀河线	秀山——毕节——个旧——河口线	重庆、贵州、云南	1054

续表

编号	线路简称	主要路线	通过地区	里程/km
G327	连菏线	连云港——济宁——菏泽线	江苏、山东	407
G328	宁海线	南京——扬州——南通线	江苏	197
G329	杭沈线	杭州——宁波——沈家门线	浙江	206
G330	温寿线	温州——寿昌线	浙江	361

四、我国主要的国际公路运输线路

国际公路货物运输是指起运地点、目的地点或约定的经停地点位于不同的国家或地区的公路货物运输。在我国，只要公路货物运输的起运地点、目的地点或约定的经停地点不在我国境内，均构成国际公路货物运输。目前，世界各国的国际公路货物运输一般都是以汽车作为运输工具，因此，国际公路货物运输与国际汽车货物运输这两个概念往往是可以相互替代的。

国际公路货物运输，除了具有适应性强、机动灵活、直达性能好、运输成本高、运行持续性较差、对环境污染影响较大等特点之外，还具有可以广泛参与国际多式联运、是邻国间边境贸易货物运输的主要方式、按有关国家之间的双边或多边公路货物运输协定或公约运作等特点。我国主要的国际公路运输线路如下。

(一)通往俄罗斯

我国东北地区的国际公路货物运输线路主要是以通往俄罗斯为主。近年来，随着中俄边贸的日益活跃，连接中俄两国的公路和口岸也日益增多，下面是几条主要的线路。

(1) 牡丹江——绥芬河——波格拉尼奇内——乌苏里斯克。

(2) 佳木斯——同江——下列宁斯科耶——比罗比詹。

(3) 鹤岗——萝北——阿穆尔捷特——比罗比詹。

(4) 哈巴河至喀纳斯山口。

(5) 哈尔滨——牡丹江——绥芬河(东宁)——乌苏里斯克——海参崴(纳霍德卡/东方港)。

(6) 哈尔滨——佳木斯——抚远——哈巴罗夫斯克——共青城。

(7) 哈尔滨——佳木斯——同江——下列宁斯科耶——比罗比詹——哈巴罗夫斯克。

(8) 哈尔滨——双鸭山——饶河——波克罗夫卡——哈巴罗夫斯克。

(9) 哈尔滨——鸡西——密山(虎林)——乌苏里斯克——海参崴。

(10) 伊春——嘉荫——巴什科沃——比罗比詹。

(11) 鸡西——密山——图里罗格——乌苏里斯克。

(12) 鸡西——虎林——马尔科沃——乌苏里斯克。

目前，连接中俄两国的公路线路已达到 45 条，其中，客运线路 22 条，货运线路 23 条。从事国际货物运输的车辆近 1000 辆，总吨位 25 000 吨。中俄双方即将延伸鸡西——密山——图里罗格——乌苏里斯克客货运输线路、伊春——嘉荫——巴什科沃——比罗比詹客货运输线路等 4 条国际道路运输线路。经过多年的发展，中俄国际公路货物运输的过境量达到 110 万吨。

(二)通往中亚地区

我国新疆维吾尔自治区与中亚国家(哈萨克斯坦、吉尔吉斯斯坦、塔吉克斯坦)以及巴基斯坦接壤，以往的主要国际公路运输线路基本与欧亚大陆桥重合，即乌鲁木齐至霍尔果斯的公路线路，近年来，随着我国西部大开发战略的实施，新疆与中亚各国的经贸往来日益频繁，也相应开通了多条货运线路。这些线路主要集中在中哈边境上，哈萨克斯坦也成为中国在中亚地区开通国际公路运输线路最多的国家。

(1) 伊宁——都拉塔口岸(中)——科里扎特口岸(哈)——琼扎。

(2) 伊宁——都拉塔口岸(中)——科里扎特口岸(哈)——阿拉木图。

(3) 阿勒泰——吉木乃口岸(中)——迈哈布奇盖口岸(哈)——谢米巴拉金斯克。

(4) 霍尔果斯口岸(中)——霍尔果斯口岸(哈)——雅尔肯特。

(5) 塔城——巴克图口岸(中)——巴克特口岸(哈)——阿拉木图。

(6) 乌鲁木齐——吉木乃口岸(中)——迈哈布奇盖口岸(哈)——兹里亚诺夫斯克。

(7) 乌鲁木齐——吉木乃口岸(中)——迈哈布奇盖口岸(哈)——利德热。

(8) 乌鲁木齐——阿拉山口口岸(中)——多斯蒂克口岸(哈)——塔尔迪库尔干。

(9) 乌鲁木齐——霍尔果斯口岸(中)——霍尔果斯口岸(哈)——琼扎。

(10) 乌鲁木齐——霍尔果斯口岸(中)——霍尔果斯口岸(哈)——塔尔迪库尔干。

(11) 乌鲁木齐——巴克图口岸(中)——巴克特口岸(哈)——阿拉木图。

(12) 喀什——奥什——伊尔克什坦——比什凯克。

(13) 喀什——纳伦——吐尔尕特——比什凯克。

(14) 喀什——红其拉甫口岸——苏斯特口岸——卡拉奇港/卡西姆港和喀什——红其拉甫口岸——苏斯特口岸——卡拉奇港——瓜达尔港。

此外，为了满足中国与中亚地区日益扩大的经贸交流与人员往来的需求，本着推动合作，搞好协调，营造环境，促进便利的宗旨，还开辟了 5 条通往中亚乃至欧洲的国际公路运输走廊，再现"丝绸之路"，完善国际公路运输体系，进一步促进中亚地区经济的快速发展。

(1) 乌鲁木齐——阿拉山口口岸——阿克斗卡(哈)——卡拉干达(哈)——阿斯塔纳(哈)——彼得罗巴甫洛夫斯克(哈)——库尔干(俄)。

(2) 乌鲁木齐——霍尔果斯口岸——阿拉木图(哈)——比什凯克(吉)——希姆肯特(哈)——突厥斯坦(哈)——克孜勒奥尔达(哈)——阿克套(哈)——欧洲。

(3) 乌鲁木齐——库尔勒——阿克苏——喀什——伊尔克斯坦口岸——奥什(吉)——安集延(乌)——塔什干(乌)——布哈拉(乌)——捷詹(土)——马什哈德(伊)——德黑兰(伊)——伊斯坦布尔(土耳其)——欧洲。

(4) 喀什——卡拉苏口岸——霍罗格(塔)——杜尚别(塔)——铁尔梅兹(乌)——布哈拉(乌)。

(5) 卡拉奇港(巴)——白沙瓦(巴)——伊斯兰堡(巴)——红其拉甫口岸——喀什——吐尔尕特口岸——比什凯克(吉)——阿拉木图(哈)——塔尔迪库尔干(哈)——塞米巴拉金斯克(哈)——巴尔瑙尔(俄)。

(三)通往东南亚地区

1. 中越公路通道

中越公路通道指昆明——河内国际公路,全长664千米,其中云南境内400千米,越南境内264千米。从中国昆明到越南河内,再延伸到海防和广宁,即占据了"两廊一圈"中的一廊。预计2013年中越高速公路全线贯通,贯通后的高速公路可极大缩短地区物流成本,提升区域经济发展的活力。到2015年昆明至海防的高速路可贯通,届时,昆明至越南海防可实现朝发夕至。

2. 中老泰公路通道

中老泰公路通道指昆明——磨憨——南塔——会晒——清孔——清莱——曼谷。这是目前由我国大西南陆路连接泰国最直接、最便捷的路径,全长约1796千米。昆明至曼谷公路全线通车后,昆明到泰国北部城市清莱只有800多千米,昆明到达曼谷陆路只需要两天时间;到达马来西亚、新加坡也只需要四天时间,公路客运将会成为最便捷的交通方式。公路货运将可以承载20尺或40尺大型集装箱运输,因此陆路运输将会成为中国与东盟市场的主要运输方式。昆曼公路将实现大西南高等级公路网与亚洲公路网的对接和融合,将中、老、泰、马、新等国家连为一体,形成中国——老挝——泰国——马来西亚——新加坡国际公路运输商贸及旅游的黄金线路,有利于推动沿线各国经济社会的发展,昆明也将成为东盟国际运输线路的起发站和终点站。

3. 中缅公路通道

中缅公路通道指昆明至仰光公路,昆明——瑞丽——腊戍——仰光,全长约1917千米。

国内昆明——瑞丽段全长约760千米，瑞丽——仰光段约1157千米，均为三、四级公路，需要进行改扩建，还不能形成大通道格局。

4. 经缅甸至南亚公路通道

经缅甸至南亚公路通道的全长为2482千米，云南境内698千米，"十一五"期间全线改建为高速公路。该通道在缅甸境内543千米，印度境内617千米，孟加拉境内624千米。其中缅甸境内猴桥至密支那公路长105千米，由中国出资援建二级公路，已于2010年4月26日建成通车。

中国——东盟自由贸易区于2010年正式启动，处于中国——东盟自由贸易区咽喉要道的中国与上述各国的公路运输必将有极大的发展空间。

【知识拓展】

浮动公路和卡车航班

浮动公路运输方式，是指利用一段水运衔接两段陆运，衔接方式采用将车辆开上船舶，以整车货载完成这一段水运，到达另一港口后，车辆开下继续利用陆运的联合运输形式。这种联合运输的特点是在陆运—水运之间，不需将货物从一种运输工具上卸下再转换到另一种运输工具上，而仍利用原来的车辆作为货物载体。其优点是两种运输之间有效衔接，运输方式转换速度快，而且在转换时，不触碰货物，因而有利于减少或防止货损，也是一种现代运输方式。例如在广东省粮食物流中，海运常常是主力运输方式，海运向陆运及陆运向海运的转换就变得十分重要，浮动公路形式是"滚上滚下"装卸搬运方式与"车辆渡船"方式相结合，从而完成粮食物流的方式。

卡车航班是一种通俗且形象的叫法，其实是指一种新的运输形式——空陆联运，即空运进出境航班与卡车内陆运输相结合，基于卡车作为交通工具，准时准点发送货物，汲取卡车的价格优势与航班的速度优势，来满足对时效要求高且价格相对适中的客户。它是"点对点"单一空中运输方式的有效补充，能有效缓解机场的运力不足问题。

(资料来源：http://zhidao.baidu.com/question/22g36005.html，http://baike.baidu.com/view/1887832.htm)

第三节　中国高速公路

一、高速公路的概念

高速公路属于高等级公路，其建设情况反映着一个国家和地区的交通发达程度，乃至经济发展的整体水平。中华人民共和国交通部《公路工程技术标准》规定，高速公路指"能适应年平均昼夜小客车交通量为 25 000 辆以上、专供汽车分道高速行驶、并全部控制出入的公路"。

高速公路一般能适应 120 千米/小时或者更高的速度，路面有 4 个以上车道的宽度；中间设置分隔带，采用沥青混凝土或水泥混凝土高级路面，设有齐全的标志、标线、信号及照明装置；禁止行人和非机动车在路上行走，与其他线路采用立体交叉、行人跨线桥或地道通过。一般来讲高速公路应符合下列 4 个条件：①只供汽车高速行驶；②设有多车道、中央分隔带，将往返交通完全隔开；③设有平面、立体交叉口；④全线封闭，出入口控制，只准汽车在规定的一些立体交叉口进出公路。

二、高速公路的特点

(一)速度快

车速是提高公路运输效率的一个重要因素。车速加快可以使运输时间缩短，车辆周转率提高。高速公路设计时速可达 120 千米以上，比普通公路高出 60%到 70%。车辆使用效率提高，运输时间缩短，可给社会和高速公路运输经营者带来巨大的经济效益。

(二)通行能力大

高速公路路面宽、车道多，因而车流量大、通行能力大，根本解决了交通拥挤与堵塞问题。一般普通公路通行能力为每天 200 至 2000 辆，而四车道高速公路昼夜通行能力为 2.5 万至 5.5 万辆，六车道为 4.5 万至 8 万辆，八车道为 6 万至 10 万辆。由此可见，高速公路所能承担的运输量要比普通公路高出几倍乃至几十倍。

(三)行车安全方便

高速公路有分隔带和能发光或反光的交通标志牌。高速公路沿线每隔一定距离要设置收费站、加油站和公用电话等服务设施、监视中心。高速公路采取了一系列确保交通安全的措施，行车事故大大减少。据统计，高速公路的交通事故率仅为普通公路的三分之一，事故死亡率仅为普通公路的二分之一。

(四)运输成本低

高速公路完善的道路设施条件使主要行车消耗——燃油与轮胎消耗、车辆磨损、货损货差及事故赔偿损失降低，从而使运输成本大幅度降低。

如今，高速公路已成为公路运输的发展方向，并呈网络化发展。高速公路的高效率功能，进一步推动了公路运输组织方式的变革，汽车制造以提高轴载荷不断朝大型化、高速化、专用车型发展。

三、中国高速公路的发展

中国高速公路建设起步于 1984 年，最早开工的是沈大高速公路，最早完工的是沪嘉高速公路，至 2011 年年底，中国高速公路的通车里程已到 8.5 万千米。在 20 世纪 90 年代后期，中华人民共和国政府实施积极的经济政策引导基础设施建设，对高速公路的资金投入执行倾斜政策，每年建成高速公路达到 3000 千米以上。

中国地域辽阔，地形地貌差别极大，给高速公路的建设带来很大的挑战性。高速公路的建设从经济发达，同时修建难度比较小的地区开始建设，随着国家主干道计划("五纵七横"规划及中国国家高速公路网"7918 网")的逐步实施，为实现成网的要求，建设重点也向地形复杂的地区转移，长大隧道及高跨、长跨桥梁占的比例也越来越大，同时高速公路的平均造价也大幅度提高。

1984 年 6 月 7 日，沈大高速公路开工，全长 375 千米。这条公路是我国首条开工建设的高速公路，经过 6 年多的努力，于 1990 年 8 月 20 日全线建成并开放试通车。

1987 年 12 月，(北)京(天)津塘(沽)高速公路动工，长 142.69 千米。该路是中国利用世界银行贷款进行国际公开招标建设的第一条高速公路。

1988 年 10 月 31 日，沪嘉高速公路正式通车，成为中国首条建成的高速公路。沪嘉高速公路有四车道，全长 20.4 千米。

1989 年，中国高速公路通车里程为 271 千米。

1994 年，中国高速公路通车里程达 1603 千米。

1998 年，中国高速公路通车里程达 8733 千米，居世界第六位；在建高速公路总里程达 1.26 万千米。

1998 年 9 月 3 日，华北高速公路股份有限公司、东北高速公路股份有限公司、湖南长永高速公路有限公司、广西五洲交通股份有限公司被批准为第一批使用国家特批指标在国内发行 A 种股票的高速公路公司。至此，中国高速公路建设资金融资也走上了股份化的道路。

1999 年，中国高速公路通车里程突破 10 000 千米。至 1999 年年底，中国高速公路总里程已达 11 650 千米，名列世界第三位；山东高速公路总里程率先突破 1000 千米，达到 1354 千米，居中国各省区首位，宁夏回族自治区高速公路建设实现了零的突破。

2000 年年底，中国高速公路通车里程达 1.6 万千米，京沈、京沪高速公路实现全线贯通。

2001年年底，中国高速公路通车里程达到1.9万千米，跃居世界第二位。

2003年3月21日，沈大高速公路进行全线封闭改造，这是中国第一条八车道高速公路。

2004年12月，中华人民共和国交通部出台了最新的国家高速公路网规划"7918网"，计划通过20～30年的建设，通车里程达到8.5万千米，基本与美国在2004年的规模相当。

2005年，中华人民共和国交通部发布高速公路"7918网"，北京与呼和浩特高速公路贯通，中国高速公路通车里程达4.1万千米。

2007年年底，中国公路通车总里程达357.3万千米，其中高速公路5.36万千米。

2008年，中国高速公路里程新增6433千米，高速公路通车总里程达到6.03万千米。

2010年，截至2010年年底，中国高速公路的通车总里程达7.4万千米，继续居世界第二位。

2011年，截至2011年年底，中国高速公路的通车总里程达8.5万千米。

四、中国高速公路的编号原则

首都放射线的编号为1位数，以北京市为起点，放射线的止点为终点，以1号高速公路为起始，按路线的顺时针方向排列编号，编号区间为G1～G9。

纵向路线以北端为起点，南端为终点，按路线的纵向由东向西顺序编排，路线编号取奇数，编号区间为G11～G89。

横向路线以东端为起点，西段为终点，按路线的横向由北向南顺序编排，路线编号取偶数，编号区间为G10～G90。

并行路线的编号采用主线编号后加下标英文字母"E"、"W"、"S"、"N"组合表示，分别指示该并行路线在主线的东、西、南、北方位。目前有两条并行路线：G4W广澳高速公路、G15W常台高速公路。

纳入中国国家高速公路网的地区环线高速公路(如珠江三角洲环线)，按照由北往南的顺序依次采用G91～G99编号，其中台湾环线编号为G99，取意九九归一。

中国国家高速公路网一般联络线的编号，由国家高速公路标识符"G"+"主线编号"+数字"1"+"一般联络线顺序号"组成，编号为4位数，后两位采取下标方式。

城市绕城环线的编号为4位数，由"G"+"主线编号"+数字"0"+城市绕城环线顺序号组成。主线编号为该环线所连接的纵线和横线编号最小者，如该主线所带城市绕城环线编号空间已经全部使用，则选用主线编号次小者，以此类推。如该环线仅有放射连接，则在1位数主线编号前以数字"0"补位，后两位采取下标方式。

五、中国高速公路"7918 网"

2005年1月13日，中华人民共和国交通部公布"国家高速公路网规划"采用放射线与纵横网格相结合的布局方案，形成由中心城市向外放射以及横连东西、纵贯南北的大通道，由7条首都放射线、9条南北纵向线和18条东西横向线组成，简称为"7918网"，总规模约8.5万千米，其中主线6.8万千米，地区环线、联络线等其他路线约1.7万千米。2010年高速公路完成新的命名。

国家"7918"高速公路网编号、简称、全称及相应的联络线、地区环线对照表，如表4-7～表4-10所示。

表4-7 国家高速公路网"7条首都放射线"

序号	编号	简称	全称
1	G1	京哈高速	北京——哈尔滨高速公路
2	G2	京沪高速	北京——上海高速公路
3	G3	京台高速	北京——台北高速公路
4	G4	京港澳高速	北京——港澳高速公路
并行线	G4W	广澳高速	广州——澳门高速公路
5	G5	京昆高速	北京——昆明高速公路
6	G6	京藏高速	北京——拉萨高速公路
7	G7	京新高速	北京——乌鲁木齐高速公路

表4-8 国家高速公路网"9条纵线"及联络线

序号	编号	简称	全称
1	G11	鹤大高速	鹤岗——大连高速公路
联络线	G1111	鹤哈高速	鹤岗——哈尔滨高速公路
联络线	G1112	集双高速	集安——双辽高速公路
联络线	G1113	丹阜高速	丹东——阜新高速公路
2	G15	沈海高速	沈阳——海口高速公路
并行线	G15W	常台高速	常熟——台州高速公路
联络线	G1511	日兰高速	日照——兰考高速公路
联络线	G1512	甬金高速	宁波——金华高速公路
联络线	G1513	温丽高速	温州——丽水高速公路
联络线	G1514	宁上高速	宁德——上饶高速公路

续表

序号	编号	简称	全称
3	G25	长深高速	长春——深圳高速公路
联络线	G2511	新鲁高速	新民——鲁北高速公路
	G2512	阜锦高速	阜新——锦州高速公路
	G2513	淮徐高速	淮安——徐州高速公路
4	G35	济广高速	济南——广州高速公路
5	G45	大广高速	大庆——广州高速公路
联络线	G4511	龙河高速	龙南——河源高速公路
6	G55	二广高速	二连浩特——广州高速公路
联络线	G5511	集阿高速	集宁——阿荣旗高速公路
	G5512	晋新高速	晋城——新乡高速公路
	G5513	长张高速	长沙——张家界高速公路
7	G65	包茂高速	包头——茂名高速公路
8	G75	兰海高速	兰州——海口高速公路
联络线	G7511	钦东高速	钦州——东兴高速公路
9	G85	渝昆高速	重庆——昆明高速公路
联络线	G8511	昆磨高速	昆明——磨憨高速公路

表4-9　国家高速公路网"18条横线"及联络线

序号	编号	简称	全称
1	G10	绥满高速	绥芬河——满洲里高速公路
联络线	G1011	哈同高速	哈尔滨——同江高速公路
2	G12	珲乌高速	珲春——乌兰浩特高速公路
联络线	G1211	吉黑高速	吉林——黑河高速公路
	G1212	沈吉高速	沈阳——吉林高速公路
3	G16	丹锡高速	丹东——锡林浩特高速公路
4	G18	荣乌高速	荣成——乌海高速公路
联络线	G1811	黄石高速	黄骅——石家庄高速公路
5	G20	青银高速	青岛——银川高速公路
联络线	G2011	青新高速	青岛——新河高速公路
	G2012	定武高速	定边——武威高速公路
6	G22	青兰高速	青岛——兰州高速公路

续表

序 号	编 号	简 称	全 称
7	G30	连霍高速	连云港——霍尔果斯高速公路
联络线	G3011	柳格高速	柳园——格尔木高速公路
	G3012	吐和高速	吐鲁番——和田及伊尔克什坦高速公路
	G3013	吐伊高速	吐鲁番——伊尔克什坦高速公路
	G3014	奎阿高速	奎屯——阿勒泰高速公路
	G3015	奎塔高速	奎屯——塔城高速公路
	G3016	清伊高速	清水河——伊宁高速公路
8	G36	宁洛高速	南京——洛阳高速公路
9	G40	沪陕高速	上海——西安高速公路
联络线	G4011	扬溧高速	扬州——溧阳高速公路
10	G42	沪蓉高速	上海——成都高速公路
联络线	G4211	宁芜高速	南京——芜湖高速公路
	G4212	合安高速	合肥——安庆高速公路
11	G50	沪渝高速	上海——重庆高速公路
联络线	G5011	芜合高速	芜湖——合肥高速公路
12	G56	杭瑞高速	杭州——瑞丽高速公路
联络线	G5611	大丽高速	大理——丽江高速公路
13	G60	沪昆高速	上海——昆明高速公路
14	G70	福银高速	福州——银川高速公路
联络线	G7011	十天高速	十堰——天水高速公路
15	G72	泉南高速	泉州——南宁高速公路
联络线	G7211	南友高速	南宁——友谊关高速公路
16	G76	厦蓉高速	厦门——成都高速公路
17	G78	汕昆高速	汕头——昆明高速公路
18	G80	广昆高速	广州——昆明高速公路
联络线	G8011	开河高速	开远——河口高速公路

表 4-10　国家高速公路网 5 条地区环线及联络线

序 号	编 号	简 称	全 称
1	G91	辽中环线高速	辽中地区环线高速公路
2	G92	杭州湾环线高速	杭州湾地区环线高速公路

续表

序 号	编 号	简 称	全 称
联络线	G9211	甬舟高速	宁波——舟山高速公路
3	G93	成渝环线高速	成渝地区环线高速公路
4	G94	珠三角环线高速	珠江三角洲地区环线高速公路
联络线	G9411	东佛高速	东莞——佛山高速公路
5	G98	海南环线高速	海南地区环线高速公路

本 章 小 结

公路运输是指利用一定载运工具沿公路实现货物空间位移的过程，从狭义上说，就是指汽车运输。公路运输以其机动灵活、适应性强、可实现"门到门"直达运输、在中短途运输中运送速度较快、原始投资少、资金周转快等优势在整个运输领域中占有重要的地位，是现代运输中非常重要的一种运输方式，既是一个独立的运输体系，也是铁路车站、水运港口码头和航空机场的货物集疏运输的重要手段。

本章首先介绍了世界和中国公路的发展，介绍了公路运输的功能和业务分类，为了更直观地了解公路运输，还介绍了公路运输车辆及车辆的分类。

公路按行政等级可分为国家公路、省公路、县公路和乡公路以及专用公路5个等级。一般把国道和省道称为干线，县道和乡道称为支线。按照使用任务、功能和适应的交通量可把公路分为高速公路、一级公路、二级公路、三级公路、四级公路5个等级。本章在后两节着重介绍我国的国道和高速公路以及我国主要的国际公路运输线路，首先介绍了我国的国道和高速公路的编号原则，又介绍了我国"五纵七横"国道主干线、首都放射线、国道北南纵线、国道东西横线的线路编号、线路简称和主要路线和我国"7918"高速公路网的线路编号和线路及联络线等。

复习思考题

一、名词解释

1. 公路运输　2. 国道　3. 高速公路　4. 公路整车运输　5. 公路集装箱运输

二、问答题

1. 公路货物运输的功能包括哪几方面？

2. 依照公路运输货物批量的大小及不同货物对货运车辆不同的要求,可将公路货物运输分成哪几种类型?

3. 简述我国国道的编号原则。

4. 简述我国高速公路的编号原则。

5. 什么是"五纵七横"国道主干线?

6. 国道首都放射线有哪些条?

7. 高速公路的特点有哪些?

8. 简述中国"7918"高速公路网。

第五章 海洋运输地理

【导读案例1】

素有"世界石油宝库"之称的波斯湾亦称阿拉伯湾或海湾,位于阿拉伯半岛和伊朗高原之间,西北起阿拉伯河河口,东南至霍尔木兹海峡,是印度洋西北部边缘海。波斯湾从西北的阿拉伯河至东南的荷姆兹海峡和阿曼湾,长990千米,宽55~340千米,面积24万平方千米。北面和东面为伊朗,南面为阿拉伯联合大公国和阿曼,西面为沙乌地阿拉伯和卡达,西北为科威特和伊拉克,湾中有岛国巴林。海湾地区总面积约为481万平方千米,人口约1.18亿,主要是阿拉伯人和波斯人。

1891年,英国石油公司在伊朗钻了第一口井,此后,巨型油田不断被发现。目前,波斯湾已探明的石油储量为490多亿吨,已探明石油储量占全世界总储量的一半以上,年产量占全世界总产量的三分之一,海湾地区已成为世界最大的石油产地和供应地。该地区的伊朗、伊拉克、科威特、沙特阿拉伯、阿拉伯联合酋长国、巴林和卡塔尔等都是盛产石油和天然气的国家,世界著名的石油公司集中在这些国家。这里的原油约70%用于输出,每天外运的原油达200万吨,占世界石油总贸易量的60%。

波斯湾地区不仅油藏异常丰富,而且还有得天独厚的开发条件。首先,波斯湾的石油不但蕴藏量大,而且集中,多为巨型油田,平均每个油田的现有储量高达5.5亿吨,比亚洲、非洲、拉丁美洲其他产油国的油田大几十倍。波斯湾地区储量在6.8亿吨(50亿桶)以上的巨型油田共有27个,占全区石油总储量的75%。巨型油田使得波斯湾地区的石油开采能够高效率、低成本和长期稳定地进行。其次,波斯湾地区的油质特别好,以经济价值较高的中、轻质油为主。

海湾地区拥有全世界最丰富的石油资源,绝大部分油田都分布在波斯湾海岸附近的海上或陆上,距油港最远的一般也不超过100千米,具备良好的海运条件,所产的石油大多经霍尔木兹海峡运往世界各地,原油外运十分方便。

面对这种现状,研究解决波斯湾地区石油外运通道的问题就十分有意义,通过海洋运输方式,波斯湾地区主要有哪些石油运输通道呢?

【导读案例2】

巴西淡水河谷公司(Vale of Brazil,简称Vale),是世界上最大的铁矿石(矿砂)生产和供应商,也是美洲大陆最大的采矿业公司,被誉为巴西"皇冠上的宝石"和"亚马逊地区的引擎",是全球铁矿石价格谈判的主要谈判方之一。巴西淡水河谷公司是一家私营跨国公司,它与澳大利亚的必和必拓公司、澳大利亚的力拓矿业公司并称全球三大铁矿石巨头。

巴西淡水河谷公司成立于 1942 年 6 月 1 日,除经营铁矿砂外,还经营锰矿砂、铝矿、金矿等矿产品及纸浆、港口、铁路和能源。巴西铁矿砂资源极为丰富,为世界富铁矿第一生产大国,而淡水河谷铁矿石产量占巴西全国总产量的 80%。其铁矿资源集中在"铁四角"地区和巴西北部的巴拉州,拥有挺博佩贝铁矿、卡潘尼马铁矿、卡拉加斯铁矿等,保有铁矿储量约 40 亿吨,其主要矿产可维持开采近 400 年。

中国是世界第一钢铁生产大国,钢铁生产具备产能在 7 亿吨左右,相当于世界产钢大国第 2 位至第 9 位的总和。中国蕴藏着丰富的铁矿石,但是由于不少铁矿含有较高比例的杂质,不太适宜于钢铁生产,而且,这些铁矿大都位于偏远地区,采掘和运输成本都相当昂贵。所以,中国使用的铁矿石有近一半来自进口。中国作为当前世界最大的铁矿石消费国和进口国之一,巴西、澳大利亚和印度是其主要的供应地。巴西淡水河谷公司在世界各个国家和地区开展业务,作为全球最大铁矿石生产商,淡水河谷近年来开采的铁矿石,近一半销售到中国市场。

请为巴西淡水河谷公司设计把铁矿石出口到中国的运输线路。

海洋运输是国际物流中最主要的运输方式。海洋运输与其他各种运输方式相比,具有运量大、投资少、成本低、通过性强、适货性强等优点。目前,国际贸易总运量中的 90%以上都是利用海上运输完成的。海洋运输的迅速发展,已成为人类发展经济和进行贸易往来的重要手段。

导读案例 1 中提到海湾地区石油资源丰富,不仅蕴藏量大、油质好,而且绝大部分油田都分布在波斯湾海岸附近的海上或陆上,距油港较近,具备开发和通过海上运输进行外运的条件。世界上以美国、日本、欧盟和中国为代表的一些国家,石油以进口为主,海湾地区一些国家的石油必然成为这些国家的主要进口国之一,研究海湾地区运往这些国家的运输线路就是我们学习本章要解决的问题。导读案例 2 中提到巴西淡水河谷公司是世界上最大的铁矿石生产和供应商,中国这一钢铁大国的炼钢原材料又主要依靠进口,巴西、澳大利亚和印度是中国铁矿石的主要供应国。要顺利解决以上案例中运输线路问题,我们应先来了解一下海洋运输及海洋运输的相关知识,在此基础上解决案例中提出的问题。

本章介绍了海洋运输的概念及世界和我国海运业的发展历程,介绍了货物、船舶、航线和港口等海洋运输的构成要素,世界主要运河和海峡,世界海运航线和世界集装箱海运干线,世界主要港口和中国主要港口。

【学习目标】

通过本章的学习,应了解什么是海洋运输,世界和我国海运业的发展历程是怎样的,

物流运输地理

海洋运输的构成要素有哪些，了解世界主要运河和主要海峡；掌握世界海运航线和世界集装箱运输干线，世界主要港口和中国主要港口；能够运用本章所学的知识分析案例，设计海洋运输路线，解决世界大宗货物(石油和铁矿石)的运输通道问题。

第一节 海洋运输概述

一、海洋运输的概念

海洋运输又称国际海洋货物运输，是指使用船舶通过海上航道在不同国家和地区的港口之间运送货物的一种方式，简称"海运"。

海洋运输是国际物流中最主要的运输方式，在国际货物运输中使用最广泛。海洋运输与其他各种运输方式相比，具有运量大、投资少、成本低、通过性强、适货性强等特点。目前，国际贸易总运量中的三分之二以上，中国进出口货运总量的90%以上都是通过海上运输的。海洋运输是世界贸易中最重要的一种运输方式，海上运输快速发展，已成为人类发展经济和进行贸易往来的重要手段。

二、世界和我国海运业的发展

海洋运输的历史非常悠久，发展也极为迅速，是随着航海国的经济基础和科学技术的发展而逐渐发展起来的。在第二次世界大战后，世界经济处于相对稳定的发展时期，国际贸易量和海上货运量迅速增加，自1950年至1974年的25年间，世界海洋货物运输量直线上升，由5.5亿吨增至32.47亿吨。1974年至1995年期间，由于受两次石油危机的影响，世界海洋货物运输量出现过两次起伏，但从总体上看，还是上升的。无论是现在还是将来，海洋运输在对外贸易中都要占据绝对的主导地位，从1801年世界上第一艘以蒸汽机为动力的轮船卡洛登达斯号的建造到今天世界上建造出的50万吨级大型船舶，海上船舶正在向大型化方向发展，海洋运输货运量大的特点是铁路、公路和航空运输都无法比拟的。20世纪的两次世界大战以及发生的重大海难，加速了科技前进的步伐，其中对海洋运输起到重要作用的有：从无线通信到人造卫星通信，发展到全球海难安全系统；船舶设计制造也在大型化、高速化方面有了很大进步，几十万吨的油船、散货船，以及每小时几十海里航速的快速客船正在世界各地航行。当今世界外贸海运量在外贸货运总量中占80%，若按货物周转量计，则高达90%以上。正因为如此，经济比较发达的临海国家和地区，都十分重视发展海洋运输。

我国海洋运输历史悠久，早在春秋时吴越两国之间已有战船，战国初期，就利用指南针在海上辨别方向，唐宋时期已有频繁的海上贸易，明代郑和曾经率领庞大的船队下西洋，远涉重洋，最远到达非洲东海岸。

新中国成立以后，我国依靠一些友好国家的船舶公司打破封锁和垄断，发展了我国的对外贸易。1960年，我国成立了中国远洋运输公司(China Ocean Shipping Company)，并开始组建我国自己的远洋船队。改革开放以来，为适应我国国民经济发展和对外开放的需要，国家重点加强了水运交通基础设施的建设，从而使我国水运交通基础设施总体规模不断扩大，运输能力大大提高。在海运基础设施不断发展的同时，海运船队在数量上和技术装备水平上都有了相当的发展，基本实现了现代化和专业化。现如今我国已建立起一支强大的远洋运输船队，有力地保证了对外贸易运输的独立性。随着我国航运实力的增强，我国在国际航运领域中的地位和影响也不断提高。我国的大型航运企业纷纷以在境外设立子公司、分公司、合资公司和办事处等方式扩大业务、获取航运信息、培养人才、发展客户、提高信誉，从而揽取稳定的货源，不断地提高我国在国际航运市场中的竞争能力。

随着中国经济的快速发展，中国已经成为世界上最重要的海运大国之一。全球目前有19%的大宗海运货物运往中国，有20%的集装箱运输来自中国；而新增的大宗货物海洋运输之中，有60%～70%是运往中国的。中国的港口货物吞吐量和集装箱吞吐量均居世界第一位；世界集装箱吞吐量前五大港口中，中国占了三个。随着中国经济影响力的不断扩大，世界航运中心正在逐步从西方转移到东方，中国海运业已经进入世界海运竞争舞台的前列。目前世界经济发展环境发生了很大的变化，世界经济中心已经开始向亚太地区转移，世界经济的发展也将会在西太平洋海岸掀起一股新的热潮，而且会进一步加强区域经济和跨国集团的开发，这些都在为中国的港口建设和海运业的发展提供有利条件。

三、海洋运输的经营方式

海洋运输的经营方式主要有班轮运输和租船运输两大类。班轮运输又称定期船运输，租船运输又称不定期船运输。

(一)班轮运输

班轮运输是指船舶在特定的航线上和既定的港口之间，按照事先规定的船期表进行有规律地、反复地航行，以从事货物运输业务并按照事先公布的费率表收取运费的一种运输方式。其服务对象是非特定的、分散的众多货主，班轮公司具有公共承运人的性质。

(二)租船运输

租船运输是指租船人向船东租赁船舶用于货物运输的一种方式，通常适用于大宗货物运输。有关航线和港口、运输货物的种类以及航行的时间等，都按照承租人的要求，由船舶所有人确认。租船人与船舶所有人之间的权利义务由双方签订的租船合同确定。

第二节　船舶和货物

海洋运输已有几千年的历史，它的发展同造船和航海技术的进步有着密切的关系，货物是海洋运输的对象，所以船舶和货物，连同航线和港口是实现海洋运输必备的要素。

一、船舶

(一)船舶的构造

船舶是海洋运输的工具。船舶虽有大小之分，但其结构的主要部分大同小异。船舶主要由以下部分构成。

1. 船壳

船壳即船的外壳，是将多块钢板用铆钉或电焊结合而成的，包括龙骨翼板、弯曲外板及上舷外板三部分。

2. 船架

船架是指为支撑船壳所用各种材料的总称，分为纵材和横材两部分。纵材包括龙骨、底骨和边骨；横材包括肋骨、船梁和舱壁。

3. 甲板

甲板是指铺在船梁上的钢板，它将船体分隔成上、中、下层。大型船甲板数可多至六七层，其作用是加固船体结构和便于分层配载及装货。

4. 船舱

船舱是指甲板以下的各种用途空间，包括船首舱、船尾舱、货舱、机器舱和锅炉舱等。

5. 船面建筑

船面建筑是指主甲板上面的建筑，供船员工作起居及存放船具，它包括船首房、船尾房及船桥。

(二)船舶种类

海洋货物运输船舶的种类繁多。货物运输船舶按照其用途不同，可分为液货船和干货船两大类。

1. 液货船

液货船是指用于运载散装液态货物的货船的统称，如图 5-1 所示。它可运输石油、水、植物油、酒、氨水以及其他化学液体和液化气体，主要包括原油船、成品油船、液体化学品船、液化石油气船和液化天然气船等。液货船所装货物有的易燃、易爆，有的在船舶破损后对环境污染大，有的化学品毒性极强，因此，对于此类船舶首先考虑的是运输的安全可靠性。所以此类船舶的机舱都设在船尾，船壳本身被分隔成数个贮油舱，有油管贯通各油舱。油舱大多采用纵向式结构，并设有纵向舱壁，在未装满货时也能保持船舶的平稳性。根据所运输液体货物的易燃程度不同，以及液体货物的毒性和对环境的威胁，各国航运界制定有相应的公约和规范，并据此对船舶进行不同的结构设计。

图 5-1　液货船

2. 干货船

干货船以运载干燥货物为主，也可装运桶装液货的货船。根据所装货物及船舶结构、设备不同，干货船可分为以下几种。

1）杂货船

杂货船一般是指定期航行于货运繁忙的航线，以装运零星杂货为主的船舶，如图 5-2 所示。这种船航行速度较快，船上配有足够的起吊设备，船舶构造中有多层甲板把船舱分隔成多层货柜，以适应装载不同货物的需要。

图 5-2 杂货船

2) 散货船

散货船也称干散货船,是用以装载运输无包装大宗干散货物的船舶,如图 5-3 所示。依所装货物种类的不同,散货船又可分为粮谷船、煤船和矿砂船。因为干散货船的货种单一,不需要进行包装成捆、成包、成箱的装载运输,货物不怕挤压,便于装卸,所以都是单甲板船,舱内不设支柱,但设有隔板,用以防止在风浪中运行的舱内货物错位。散货船的特点是:单层甲板,尾机型,船体肥胖,航速较低,因常有专用码头装卸,船上一般不设装卸货设备。干散货船可以根据船舶的吨位划分为好望角型船、巴拿马型船、轻便型散货船、小型散货船和大湖型散货船。

图 5-3 散货船

(1) 好望角型船：好望角型船总载重量为 15 万吨级左右，该船型以运输铁矿石为主，由于尺度限制不能通过巴拿马运河和苏伊士运河，而需绕行好望角和合恩角，故称"好望角型船"，中国台湾省称之为"海岬型船"。

(2) 巴拿马型船：巴拿马型船总载重量为 6 万～7.5 万吨级，是指在满载情况下可以通过巴拿马运河的最大型散货船，故称"巴拿马型船"。巴拿马运河水位高出两大洋 26 米，设有 6 座船闸，由于船通行要过船闸，所以船闸的内部尺寸就是限制船舶大小的最主要因素。近年来，主流的巴拿马型船的尺度(主要是吃水深度)在慢慢增加，目前最常见的设计是 7.2 万吨级和 7.5 万吨级的船舶，船舶主尺度为船长 228.6 米，船宽 32.26 米，满载吃水 14.7 米。

(3) 灵便型散货船：灵便型散货船载重量在 2 万～5 万吨级左右的散货船，其中超过 4 万吨级的船舶又被称为"大灵便型散货船"。众所周知，干散货是海运的大宗货物，这些吨位相对较小的船舶具有较强的对航道、运河及港口的适应性，载重吨量适中，且多配有起卸货设备，营运方便灵活，吃水较浅，世界上各港口基本都可以停靠，因而被称之为"灵便型"。

(4) 大湖型散货船：大湖型散货船是指经由圣劳伦斯水道，航行于美国、加拿大交界处五大湖区的散货船。它以承运煤炭、铁矿石和粮食等货物为主，该类型船尺度上要满足圣劳伦斯水道通航要求，船舶总长不超过 222.50 米，型宽不超过 23.16 米，且桥楼任何部分不得伸出船体外，吃水不得超过各大水域最大允许吃水量，桅杆顶端距水面高度不得超过 35.66 米。该类型船总载重量一般在 3 万吨级左右，大多配有起卸货设备。

3) 冷藏船

冷藏船是专门用于装载冷冻易腐货物的船舶。船上设有冷藏系统，能调节多种温度以适应各舱货物对不同温度的需要。它大多以定期班轮方式营运，航速可达每小时 20～22 千米。冷藏船的货舱为冷藏舱，常隔成若干个舱室，每个舱室是一个独立的封闭的装货空间，舱壁、舱门均为气密，并覆盖有泡沫塑料、铝板聚合物等隔热材料，使相邻舱室互不导热，以满足不同货种对温度的不同要求。

4) 木材船

木材船是专门用以装载木材或原木的船舶，如图 5-4 所示。这种船舱口大，舱内无梁柱及其他妨碍装卸的设备，船舱及甲板上均可装载木材。为防甲板上的木材被海浪冲出舷外，在船舷两侧一般设置不低于 1 米的舷墙。

5) 集装箱船

集装箱船是为提高运输效率而发展起来的一种专门运输集装箱的货船，如图 5-5 所示。该船的船型削瘦，功率大，航速快，稳性要求高。因为集装箱船航速较快，大多数船舶本身没有起吊设备，需要依靠码头上的起吊设备进行装卸，也称为吊上吊下船。集装箱船可分为部分集装箱船、全集装箱船和可变换集装箱船 3 种。

图 5-4　木材船

图 5-5　集装箱船

(1) 部分集装箱船：指仅以船的中央部位作为集装箱的专用舱位，其他舱位仍装普通杂货的船舶。

(2) 全集装箱船：指专门用以装运集袋箱的船舶。它与一般杂货船不同，其货舱内有格栅式货架，装有垂直导轨，便于集装箱沿导轨放下，四角有格栅制约，可防倾倒。集装箱船的舱内可堆放 3～9 层集装箱，甲板上还可堆放 3～4 层。

(3) 可变换集装箱船：是指货舱内装载集装箱的结构为可拆装式的船舶。因此，它既可装运集装箱，必要时也可装运普通杂货。

6) 滚装船

滚装船又称滚上滚下船(roll on/roll off ship)，主要用来运送汽车和集装箱，如图 5-6 所示。这种船本身无需装卸设备,一般在船侧或船的首、尾有开口斜坡连接码头,装卸货物时,汽车或者集装箱(装在拖车上的)直接开进或开出船舱。这种船的优点是不依赖码头上的装卸设备,装卸速度快,可加速船舶周转。在我国沿海的岛屿、陆岛之间及长江两岸,滚装船使用较普遍,但多为汽车渡船兼顾旅客运输。

图 5-6 滚装船

7) 载驳船

载驳船又称子母船,是一种载运货驳的运输船舶。载驳船用于河海联运,其作业过程是先将驳船(为尺度统一的船,又称为子船)装上货物,再将驳船装上载驳船(又称母船),运至目的港后,将驳船卸下水域,由内河推船分送至目的港装卸货物并等待另一次运输。载驳船的优点是不需码头和堆场,装卸效率高,停泊时间短,便于河海联运;其缺点是造价高,需配备多套驳船以便周转,需在泊稳条件好的宽敞水域作业,且适宜于货源比较稳定的河海联运航线。

(三)船籍与船旗

1. 船籍

船籍是指船舶的国籍。商船的所有人向本国或外国有关管理船舶的行政部门办理所有权登记,取得本国或登记国国籍后才能取得船舶的国籍。没有船籍的船不能进行商业运营。

2. 船旗

船旗是指商船在航行中只为标明国籍,将其所属国的国旗,悬挂在船中。船旗是船舶国籍的标志。按国际法规定,商船是船旗国浮动的领土,无论在公海或在他国海域航行,均需悬挂船籍国国旗。船舶有义务遵守船籍国法律的规定并享受船籍国法律的保护。

物流运输地理

依据各国法律对船舶登记条件的不同规定，目前船舶登记制度可以分为开放式、半开放式和封闭式3种。方便旗船(ship of flag of convenience)，就是在船舶登记开放或者宽松的国家进行登记，从而取得该国国籍，并悬挂该国国旗的船舶。

通常采用开放式登记制度的国家，对前来登记的船舶限制较少，这些国家一般是一些经济不发达的小国，例如巴拿马、利比里亚、洪都拉斯、塞浦路斯、巴哈马、缅甸、柬埔寨等。这些国家把船舶登记作为一个商业行为，并为之制定了宽松的船舶登记条件和优惠的政策吸引其他国家的船舶前来登记，以船舶登记费和年吨税作为主要的外汇收入。而对于一些发达国家的船东来讲，由于方便旗国宽松的入籍条件，加上他们在行政、技术及社会事务上几乎不对方便旗船进行管制，降低了船舶营运的成本，使他们在国际航运的竞争中处于有利地位，因而受到了各国船东的欢迎，纷纷把自己的船舶在方便旗国进行登记。

方便旗船是在一定历史条件下，国际经济、政治、各国航运立法等因素的综合性产物，其存在和发展有其积极的一面。但这些方便旗国由于缺乏经济和技术实力，无法对方便旗船进行有效的管辖与管制，给世界航运经济带来了一系列负面影响，导致了国际航运市场的不公平竞争。

二、货物

海洋运输的对象是货物，一般是指无生命的物品和动、植物。

(一)货物分类

海洋运输的货物品种繁多，性质及规格各不相同，为了保证货物安全装卸、搬运、堆放、运输和保管，可根据货物形态、装运方式及运输特性对货物进行分类。

1. **按货物形态分类**

(1) 气态货物：包括压缩气体、液化气体、溶解气体、冷冻液化气体、气体混合物、一种或多种气体与一种或多种其他类别物质蒸气的混合物、充有气体的物品和烟雾剂。气态货物以危险的化学品居多，且附加值较高，在使用过程中一旦发生货物泄漏，箱体破裂等安全事故，后果将不堪设想。

(2) 液态货物：指以液态形式进行运输的货物，如石油、成品油、液化燃气、液态化学品和其他液体货物。液态货物也以危险品居多，运输途中应防止货物泄漏，防止货物污染。

(3) 固态货物：指以固态形式进行运输的货物，如件杂货、干散货和集装箱等。

2. **按货物装运方式分类**

(1) 件杂货：主要包括钢铁、水泥、木材、机电设备、化工、轻工医药及其他工业制成品、农牧渔业产品等。这些货物一般以"件""箱""捆"等形式托运,包括包装货物、裸装货物。包装货物指为了保证有些货物在装卸运输中的安全和便利,必须使用一些材料对它们进行适当的包装,这种货物就叫包装货物。按照货物包装的形式和材料,通常可分为箱装货物、桶装货物、袋装货物、捆装货物,以及如卷筒状、编筐状、坛罐瓶状等多种形状的包装货物。不加包装而成件的货物称为裸装货物。

(2) 大宗散货:主要包括石油、煤炭、金属矿石和粮食四大货种。在运输中,没有包装,一般无法清点件数的粉状、颗粒状或块状货物。这种大批量的低附加值货物,不加任何包装,采取散装方式,以利于使用机械装卸作业进行大规模运输,把运费降到最低。

(3) 集装箱货:受集装箱化率不断增长的影响,集装箱货已成为一种主要的货物装运方式。

3. 按货物运输特性分类

(1) 危险货物(dangerous cargo):是指凡具有燃烧、爆炸、腐蚀、毒害、放射性等性质,在运输、装卸和保管的过程中,如果处理不当,可能会引起人身伤亡、财产毁损或环境污染的物质或物品,如爆炸品、易燃液体等。

(2) 重大长件货物(awkward & length cargo):是指货物单件尺度超长、超宽、超高,以致在货物装卸时受到限制或单件货物重量过重,以致不能正常使用一般的装卸设备进行装卸的货物,如成套设备、车辆、起重设备等。

(3) 散装货物(bulk cargo):是指无包装的块状、粒状、粉状的干散货物,如粮食、矿石、煤炭、水泥和化学品等。

(4) 液体货物(liquid cargo):是指无包装或有包装的液体货物,如石油产品、动植物油、蜂蜜和酒等。

(5) 气味货物(smelled cargo):是指能散发香气、臭气、刺激性及特殊气味的货物,如烟叶、香料、鱼粉、骨粉及农药等。

(6) 食品货物(food cargo):是指供人们食用的货物,如糖果、奶粉、茶叶、罐头及包装粮食等。

(7) 扬尘污染货物(dusty and dirty cargo):是指易飞扬并污染其他货物的货物,如水泥、各种矿石和矿粉等。

(8) 清洁货物(clean cargo):是指不能混入杂质或被污染的货物,如滑石粉、生丝、镁砂及钨砂等。

(9) 冷藏货物(refrigerated cargo):是指常温下易变质,需采取特殊措施,保持一定低温以防止其腐败变质的货物,如鲜鱼、肉类、蛋、乳制品及新鲜水果等。

(10) 易碎货物(fragile cargo):是指不能挤压、撞击,并易于破损的货物,如玻璃制品、陶瓷制品、瓶装饮料及酒等。

(11) 贵重货物(valuable cargo)：是指价值昂贵或具有特殊使用价值的货物，如文物、金银珠宝、贵重衣物、精密仪器及艺术品等。

(12) 活牲畜货物(livestock cargo)：是指活的动物，如猪、牛、马等。

(13) 液化货物(liquefied cargo)：是指通过加压或降温方式，将气态货物变为液态而进行运输的货物，如液化石油气、液化天然气等。

(14) 含水货物(hygroscopic cargo)：是指货物中含有一定量水分的货物，如木材、糖等。

(15) 普通货物(general cargo)：是指其性质对运输保管条件无特殊要求的货物，如钢材、石料、普通日用百货等。

(二)货物包装

根据货物的性质，为便于货物的运输保管和装卸而给货物设置的容器、包皮或外壳，统称为货物包装(package)。货物包装根据不同的货物运输要求和国际贸易合同中对该货物包装的要求而采取多种包装形式。

1. 货物包装的作用

货物包装的作用如下。

(1) 防止货物内部或外部水湿、污染和损坏，确保货物质量完好。
(2) 防止货物散漏、短缺和泄漏，确保货物数量完整。
(3) 防止危险货物危害性的扩散，保护人命、财产和环境安全。
(4) 便于货物装卸、堆码、运输、理货及加快船货的周转。

2. 货物包装的分类

货物包装有单一型和复合型两种。单一型包装是指仅用一种包装材料构成的包装；复合型包装是指具有内外包装，外包装(运输包装)指外包皮，主要是防止货物因碰撞、挤压等而受损及防止货物散漏和泄漏及便于装卸；内包装(商品包装)指使用防潮、防震、隔绝气体的内衬物、密封罐或袋等的包装。按照货物的包装形式，一般有箱装、包捆装、袋装、桶装、裸装及特殊包装等。

第三节　世界主要运河和海峡

一、运河

运河是人工开凿的水道，它在国际航运中起着非常重要的作用。运河往往是航行中的咽喉地带，它们把许多重要海区和航线联系起来。运河还能大大缩短航程，提高航运经济效益。著名的国际运河有：苏伊士运河(Suez Canal)、巴拿马运河(Panama Canal)、基尔运河(Kieler Kanal)以及我国的京杭大运河等，如表 5-1 所示。

表 5-1 世界著名运河基本情况

运河	苏伊士运河	巴拿马运河	基尔运河	京杭大运河
地理位置	亚、非两洲分界线，苏伊士地峡	南、北美洲分界线，中美地峡	德国北部，日德兰半岛南部	中国的东部
所属国家	埃及	巴拿马	德国	中国
沟通的海洋(河流)	连接红海和地中海，沟通大西洋与印度洋	沟通太平洋和大西洋	沟通波罗的海和北海	五大水系(钱塘江、长江、淮河、黄河、海河)
建成年份	1869 年	1914 年	1895(1914 年改建)	开掘于春秋时期，完成于隋朝，繁荣于唐宋，取直于元代，疏通于明清(从公元前 486 年始凿，至公元 1293 年全线通航)，前后共持续了 1779 年
长度	195 千米	81.3 千米	98.7 千米	约 1747 千米，是世界上最长的运河
河宽	300～350 米	152～304 米	103 米	平均宽 45 米，最宽处 100 米
意义	是沟通欧、亚、非三大洲的重要海运航道，是世界国际贸易货运量最大的国际运河，大大缩短了东西方航程	被誉为"世界桥梁"，使两大洋之间的航程比绕行麦哲伦海峡缩短航程，国际贸易货运量仅次于苏伊士运河	是波罗的海通往大西洋的最短通道，号称世界上最繁忙的运河，是闻名世界的三大通航运河	是世界上开凿最早的运河，历史上是中国南北交通要道，是世界最长的运河，如今又作为"南水北调"的输水道

(一)苏伊士运河

苏伊士运河位于埃及境内，是连通欧、亚、非三大洲的主要国际海运航道，连接红海与地中海，使大西洋、地中海与印度洋联结起来，大大缩短了东西方航程。与绕道非洲好望角相比，从欧洲大西洋沿岸各国到印度洋缩短 5500～8009 千米；从地中海各国到印度洋缩短 8000～10 000 千米；对黑海沿岸来说，则缩短了 12 000 千米。苏伊士运河是一条在国际航运中具有重要战略意义的国际海运航道，每年承担着全世界 14%的海运贸易。

苏伊士运河全长约 195 千米，平均深度为 13 米。苏伊士运河从 1859 年开凿到 1869 年竣工。运河开通后，英法两国就垄断苏伊士运河公司 96%的股份，每年获得巨额利润。

从 1882 年起，英国在运河地区建立了海外最大的军事基地，驻扎了将近 10 万军队。第二次世界大战后，埃及人民坚决要求收回苏伊士运河的主权，并为此进行了不懈的斗争。1954 年 10 月，英国被迫同意把它的占领军在 1956 年 6 月 13 日以前完全撤离埃及领土。1956 年 7 月 26 日，埃及政府宣布将苏伊士运河公司收归国有。

1976 年 1 月，埃及政府开始着手进行运河的扩建工程。第一阶段工程 1980 年完成，运河的航行水域由 1800 平方米扩大到 3600 平方米(即运河横切面适于航行的部分)；通航船只吃水深度由 12.47 米增加到 17.9 米，可通行 15 万吨满载的货轮。第二阶段工程于 1983 年完成，航行水域扩大到 5000 平方米，通航船只的吃水深度增至 21.98 米，将使载重量 25 万吨的货轮通过。

1980 年 10 月 25 日，埃及第一条苏伊士运河海底隧道通车，从而大大缩短了往返运河两岸所需时间。这条在苏伊士以北 17 千米处的隧道，加上两边进口，共长 5.9 千米，隧道本身长 1.64 千米，隧道内公路宽 7.5 米，来往车辆往返并行，每小时可以通过 2000 辆汽车。这是经过苏伊士运河海底下连接亚洲和非洲的第一条陆地通道。

亚洲和欧洲之间除石油以外的一般货物海运，80%经过苏伊士运河。由于中东地区铺设了大量的输油管道，以及公路和铁路发展迅速，苏伊士运河面临着过往船只，特别是运油船逐年减少的局面，埃及通过对苏伊士运河上的过往船只收取的过境费收入也开始下降。1993 年 2 月 14 日，埃及决定拓宽和加深苏伊士运河，以增加外汇收入。运河加宽 30 米，加深 1～17 米，此项工程于当年年底完工。1996 年 7 月 24 日，苏伊士运河管理局决定进一步增加运河深度，从而吸引更多的大型油轮和货轮使用苏伊士运河，以确保埃及靠苏伊士运河所得的收入不会下降。

苏伊士运河收入是埃及政府主要的外汇收入来源之一，与旅游、侨汇和能源一起构成埃及经济的 4 大支柱，在 2010 至 2011 财年收入为 50.5 亿美元，比上财年增长 11.3%，创 3 年来新高。

(二)巴拿马运河

巴拿马运河位于美洲大陆中部，纵贯巴拿马地峡，是一条沟通太平洋和大西洋的船闸式运河。运河全长 81.3 千米，最窄处为 152 米，最宽处为 304 米。从运河中线分别向两侧延伸 16.09 千米所包括的地带，为巴拿马运河区，总面积为 1432 平方千米。

根据 1903 年美国与巴拿马签订的《巴拿马运河条约》，美国以一次付给 1000 万美元、

9年后每年再付租金25万美元的代价，取得开凿运河和"永久使用、占领和控制"运河和运河区的权利。1904年，巴拿马运河动工开凿，1914年8月15日正式通航。

巴拿马运河的开通使美洲东西海岸航程缩短了7000～8000海里，亚洲到欧洲之间的航程缩短了4000～5000海里。开通后的巴拿马运河极大地促进了世界海运业的发展。目前，巴拿马运河每年承担全世界5%的贸易货运，有1.4万艘船只从这里通过。因此，巴拿马运河素有"世界桥梁"的美誉。但对巴拿马来说，运河的开凿和通航却使自己丧失了主权和领土的完整。美国把运河区变成名副其实的"殖民飞地"，在运河区任命总督，施行美国法律，并设立"美国南方司令部"，驻有上万名美军，使巴拿马运河区成为"国中之国"。

为了废除不平等的"美巴条约"和收回运河区的主权，巴拿马人民进行了几十年不屈不挠的斗争。1977年9月，美国被迫与巴拿马签订新的《巴拿马运河条约》和《关于巴拿马运河永久中立和经营的条约》(1979年10月1日生效)。根据条约，自1999年12月31日起，巴拿马将全部收回运河的管理权和防务权，美军将全部撤出。1999年12月14日，美国向巴拿马政府移交运河主权的仪式在巴拿马运河的米拉弗洛雷斯船闸举行。至此，这条沟通太平洋和大西洋的"黄金水道"回到了祖国的怀抱。

巴拿马政府接管运河后采取了一系列的先进技术和管理办法，使运河的运营效率大大提高。但随着全球经济的发展，世界贸易活动以及货运量的大幅增加，越来越多的超大型船只投入运营，巴拿马运河现有的通航条件已不能适应发展的需要。目前，巴拿马运河船闸只有304.8米长、33.53米宽、12.55米深，只能允许巴拿马型船在几乎贴着墙壁的情况下通过，超巴拿马型船则必须绕走南美洲的合恩角。

为使巴拿马运河顺应时代的发展，巴拿马政府于2006年4月24日正式提出了总投资为52.5亿美元的运河扩建计划，并于同年10月就运河扩建举行全民公投。公投结果显示，超过78%的投票者支持运河扩建，运河扩建计划获得通过。

根据扩建计划，巴拿马政府将在运河的两端各修建一个三级提升的船闸和配套设施。新建船闸的宽度为55米，长度为427米，可以让超巴拿马级船只通过。运河扩建资金的大部分将通过收取运河通行费的方式来筹集。运河扩建后，每年将有1.7万艘船只从这里通过，运河的货物年通过量也将从现在的3亿吨增加到6亿吨。

2007年9月3日，巴拿马运河扩建工程正式开工。根据计划，整个扩建工程将于2014年巴拿马运河建成100周年时竣工，到那时，整个巴拿马运河扩建工程也将完工，超巴拿马型船和军舰可轻松通过巴拿马运河。

(三)基尔运河

德国的北海——波罗的海运河，位于联邦德国北部，西南起于易北河口的布伦斯比特尔科克港，东北至于基尔湾的霍尔特瑙港，横贯日德兰半岛。运河全长53.3海里，是连接北海和波罗的海的重要航道，故又名"北海——波罗的海运河"。基尔运河的开通极大地缩短了北海与波罗的海之间的航程，比绕道厄勒海峡——卡特加特海峡——斯卡格拉克海峡减少了370海里。

德国修建这条运河，原为避免军舰绕道丹麦半岛航行，建成后，北海到波罗的海的航程缩短了756千米。在商业上，现为北海与波罗的海之间最安全、最便捷和最经济的水道。1907年，德国开始对河床进行拓宽和加深工程，于1914年第一次世界大战爆发前几周完成，已能通行大型舰船。

第一次世界大战前，基尔运河属德国政府所有。第一次世界大战后，根据1919年的《凡尔赛和约》，实行运河国际化，但由德国进行管理。1936年希特勒推翻《凡尔赛和约》的有关规定，关闭了运河。第二次世界大战后，基尔运河又重新实现所有国家船只自由通航的规定。

如今，每年通过运河的舰船约65 000艘，其中60%属于德国。基尔运河是通过船只最多的国际运河，运输货物以煤、石油、矿石、钢铁为大宗。现在这条运河仍是波罗的海航运的重要路线。

(四)京杭大运河

京杭大运河，是世界上里程最长的人工运河，也是工程最大、最古老的运河之一，与长城并称为中国古代的两项伟大工程，闻名于全世界。京杭大运河全长约1747千米，是苏伊士运河的16倍、巴拿马运河的33倍，是中国重要的一条南北水上干线。京杭大运河北起北京(涿郡)，南到杭州(余杭)，经过北京、天津、河北、山东、江苏、浙江六省市，沟通了海河、黄河、淮河、长江、钱塘江五大水系。由于年久失修，目前，京杭运河的通航里程为1442千米，其中全年通航里程为877千米，主要分布在黄河以南的山东、江苏和浙江三省。

京杭大运河是中国古代劳动人民创造的一项伟大工程，是祖先留给我们的珍贵物质和精神财富，是活着的、流动的重要人类遗产。京杭大运河肇始于春秋时期，形成于隋代，发展于唐宋，最终在元代成为沟通海河、黄河、淮河、长江、钱塘江五大水系，纵贯南北的水上交通要道。在两千多年的历史进程中，京杭大运河为中国经济发展、国家统一、社会进步和文化繁荣作出了重要贡献，至今仍在发挥着巨大作用。京杭大运河便利了南北大量物资的运输交换，对中国南北地区之间的经济、文化发展与交流，特别是对沿线地区工农业经济的发展起了巨大作用，有助于中国的政治、经济和文化的发展。京杭大运河显示了中国古代水利航运工程技术领先于世界的卓越成就，留下了丰富的历史文化遗产，孕育了一座座璀璨明珠般的名城古镇，沉淀了深厚悠久的文化底蕴，凝聚了中国政治、经济、文化、社会诸多领域的庞大信息。

二、海峡

海峡是海洋中相邻海区之间较狭窄的水道,一般形式为在大陆与邻近的沿岸岛屿之间或两个大陆之间的狭窄水道,把比较宽广的海面或洋面联系起来。全世界海峡有 1000 多个,其中可供航行的海峡有 130 多个,经常用于国际航行的海峡有 40 多个,在国际航道上有航运价值的海峡主要有:英吉利海峡、马六甲海峡、霍尔木兹海峡、直布罗陀海峡、黑海海峡、曼德海峡、中国台湾海峡、望加锡海峡、龙目海峡、麦哲伦海峡等,其中又以英吉利海峡、马六甲海峡和霍尔木兹海峡最为繁忙。

(一)英吉利海峡

英吉利海峡(English Channel)介于欧洲大陆和大不列颠岛之间,连同东部的多佛尔海峡,总长 600 千米。英吉利海峡东窄西宽,东端最窄处仅 33 千米,西通大西洋,东北通北海,一般水深 25~55 米之间。英吉利海峡地处国际海运要冲,是世界上最繁忙的水道,人称"银色航道"。西欧、北欧等十多个国家与各国的海运航线几乎全部通过这里。每年通过海峡的船舶达 17.5 万多艘次,货运量 6 亿多吨。由于英吉利海峡地处西风带,海水自西向东流入,而海峡恰向西开口呈喇叭形,因而造成很大海潮,加上风大雾多,航道狭窄,所以经常发生事故。

(二)马六甲海峡

马六甲海峡(Strait of Malacca)位于马来半岛和苏门答腊岛之间,西北端通向印度洋的安达曼海,东南端连接南中国海。马六甲海峡全长约 1080 千米,西北部最宽达 370 千米,东南部最窄处只有 37 千米,是连接太平洋与印度洋的国际水道。马六甲海峡因沿岸有马来西亚古城马六甲而得名,现由新加坡、马来西亚和印度尼西亚三国共管。马六甲海峡地处赤道无风带,风力很小,海流缓慢,海峡底部较为平坦,对航运极为有利,北太平洋沿岸国家与南亚、中东和非洲各国间的航线多经过这里,每年通过海峡的船只约 10 万艘次。马六甲海峡是印度洋与太平洋之间的重要通道,连接了世界上人口甚多的三个大国:中国、印度与印度尼西亚。另外,马六甲海峡也是西亚石油到东亚的重要通道,经济大国日本常称马六甲海峡是其"生命线"。

(三)霍尔木兹海峡

霍尔木兹海峡(Hormuz Strait)位于阿拉伯半岛和伊朗南部之间,东接阿曼湾,西连波斯湾(简称海湾,阿拉伯人称为阿拉伯湾),是波斯湾通往印度洋的唯一出口。霍尔木兹海峡长约 150 千米，海峡最浅处水深 71 米，最宽处达 97 千米，最窄处 21 千米，形似"人"字形。多年来，每天都有几百艘油轮从波斯湾经此开出，将原油运往日本、西欧和美国等国，是国际石油运输通道，在国际航运中占有重要的地位。霍尔木兹海峡也因此成为一条闻名的"石油海峡"，是盛产石油的波斯湾的出海门户，在战略上和航运上具有十分重要的地位。

(四) 曼德海峡

曼德海峡(Bab el-Mandeb)，在世界最大的半岛阿拉伯半岛和非洲大陆之间，有一条狭窄的海上通道，北连红海，南接亚丁湾，被世人称为连接欧、亚、非三大洲的"水上走廊"，这就是著名的曼德海峡。曼德海峡宽 32 千米，水深 150 米，在入口处的丕林岛将海峡分成东、西两股水道。东水道宽约 3.2 千米，水深 29 米，是航行的要道；西水道多暗礁，不能通航。曼德海峡是红海中最狭窄的地段，是红海北上苏伊士运河及东边的亚喀巴湾，南通印度洋的咽喉要道，地理位置十分险要，颇具有战略意义。曼德海峡紧扼红海南端门户，自古以来就是沟通印度洋红海的一条活跃的商路，现为国际上主要的石油通道，西方国家称之为"世界战略的心脏"。

(五) 黑海海峡

黑海海峡(Strait of Black Sea)又称土耳其海峡，位于土耳其西北部的亚洲部分和欧洲部分之间，是亚洲和欧洲的天然分界线。黑海海峡自西而东由达达尼尔海峡、马尔马拉海和博斯普鲁斯海峡三部分组成，东连黑海，西通爱琴海，总长 361 千米。黑海海峡是黑海沿岸国家通向地中海，继而通往大西洋、印度洋的唯一通道，交通位置十分重要。目前，黑海海峡每天通过船舶为 100 多艘次，是世界上海运最繁忙的通道之一。

(六) 直布罗陀海峡

直布罗陀海峡(Strait of Gibraltar)位于欧洲伊比利亚半岛南端和非洲西北角之间，长约 90 千米，东深西浅，平均水深 375 米。直布罗陀海峡是地中海通往大西洋的唯一通道，被称为"地中海之咽喉"，具有重要的战略意义和交通地位。1869 年苏伊士运河通航后，尤其是波斯湾的油田得到开发之后，它的战略地位更加重要，成为西欧能源运输的"生命线"，是大西洋与地中海以及印度洋、太平洋间海上交通的重要航线，每天有千百艘船只通过，每年可达十万多艘，是国际航运中最繁忙的通道之一，有"西方海上生命线"之称。

(七) 麦哲伦海峡

麦哲伦海峡(Magellan Strait)是位于南美洲南端同火地岛之间的海峡，长 563 千米，宽 3～

32千米，1520年因航海家麦哲伦首先由此进入太平洋而得名。因为受火地群岛和南美洲大陆的遮蔽，麦哲伦海峡较德雷克海峡平静，可以被认为是太平洋与大西洋之间最重要的天然航道。在1914年巴拿马运河落成之前，麦哲伦海峡是两个海洋之间唯一的安全通道；但由于长期恶劣的天气，加上海峡狭窄，所以船只很难航行。

(八) 莫桑比克海峡

莫桑比克海峡(Mozambique Channel)是世界最长的海峡，位于非洲大陆东南岸和马达加斯加岛之间，海峡宽深、呈东北西南向，长1670千米，平均宽450千米，中部最窄处386千米，大部分水深2000多米，最深处3533米，岸线平直，有赞比西河注入。莫桑比克海峡多岛屿与珊瑚礁，主要有科摩罗群岛和欧罗巴岛等。莫桑比克海峡是南大西洋和印度洋间的航运要道，沿岸主要港口有科摩罗的莫罗尼，莫桑比克的纳卡拉、马达加斯加的马任加等。

(九) 望加锡海峡

望加锡海峡(Makassar Strait)是印度尼西亚群岛中段的海峡，位于加里曼丹与苏拉威西两岛之间，北通苏拉威西海，南接爪哇海与弗洛勒斯海。该海峡长约800千米，一般宽250千米，平均水深967米，既是南中国海、菲律宾到澳大利亚的重要航线，也是美国军舰来往于西太平洋和印度洋的最重要的航道，东岸乌戎潘当是优良的商港和军港，沿岸渔业发达。望加锡海峡是太平洋西部和印度洋东北部之间的重要通道，是东南亚区际近海航线的捷径，是世界上有重要军事和经济意义的海峡之一。

(十) 龙目海峡

龙目海峡(Lombok Strait)是印度尼西亚龙目与巴厘两岛之间的重要水道，位于印度尼西亚群岛的巴厘岛和龙目岛之间，北接巴厘海，南通印度洋，是印度尼西亚群岛之间的纽带，也是太平洋与印度洋海上航运的重要通道。它是因地壳断裂下沉而形成的，因而水道幽深、岸壁陡峭，南北长80.5千米，水深1200米以上，最深处达1306米，无暗礁。由于海流的强烈侵蚀冲刷，龙目海峡至今仍在继续加深加宽。龙目海峡是印度尼西亚群岛各海峡中最安全的水道，它可通行载重20万吨以上的大型船只。特别是近几年来，由于通过马六甲海峡的大型油船和舰艇越来越拥挤，加上沉船、流沙、淤泥经常使航道改变，很多大型船只无法通过，而且日益猖獗的海盗活动也给通过马六甲海峡的船只带来了很大的风险，因此，许多船只特别是超级巨型油船更愿意经由龙目海峡。龙目海峡由此成为世界性的海运门户，其战略地位与日俱增。

(十一)巽他海峡

巽他海峡(Sunda Strait)位于苏门答腊岛和爪哇岛之间，是沟通爪哇海与印度洋的航道，也是北太平洋国家通往东非、西非或绕道好望角到欧洲航线上的航道之一。巽他海峡长约150千米，宽22～110千米，水深50～80米，最大水深1080米。目前，该海峡已成为美国海军舰队往来于太平洋和印度洋之间的重要海上航道之一。

(十二)巴士海峡

巴士海峡(Bashi Channel)位于中国台湾岛和菲律宾吕宋岛之间，在国际航运中有着重要作用。巴士海峡平均宽185千米，最窄处只有95.4千米，水深大都在2000米以上，最深处5126米，海流平缓，便于航行。巴士海峡经常有热带风暴通过，给海峡和周围地区的航道、渔业以及农业、建筑物等造成巨大影响，但水面宽，水深适于舰船和潜艇水下活动，不仅是日本、美国石油航线和日本输入战略物资的必经之地，也是俄罗斯太平洋舰队和其远东地区南北航线的重要通道。

第四节 海洋运输航线

海洋运输航线(shipping route)是指船舶根据不同水域、潮流、港湾、风向和水深等自然条件及社会、政治和经济因素，为达到最大的经济效益所选定的可供船舶航行的通道。海洋运输航线被喻为"海上高速公路"。

一、海洋运输航线的分类

(一)按船舶营运方式划分

按船舶营运方式，海洋运输航线可划分为定期航线和不定期航线。

(1) 定期航线(regular line)。定期航线是指使用固定船舶，按固定船期和固定港口航行，并以相对固定的运价经营客货运输业务的航线。定期航线又称班轮航线，其经营以航线上各港口保有持续、稳定的往返客货为先决条件。

(2) 不定期航线(tramp shipping line)。不定期航线是与定期航线相对而言的，是临时根据货运的需要而选择的航线，是船舶、船期、挂靠港口均不固定，以经营大宗、低价货物运输业务为主的航线。

(二)按航程的远近划分

按航程的远近,海洋运输航线可划分为远洋航线、近洋航线和沿海航线。

(1) 远洋航线(cross ocean-going shipping line),指航程距离较远,船舶航行跨越大洋的运输航线,如远东至欧洲和美洲的航线。我国习惯上以亚丁港为界,把去往亚丁港以西,包括红海两岸和欧洲以及南北美洲广大地区的航线划为远洋航线。

(2) 近洋航线(near-sea shipping line),指本国各港口至邻近国家港口间的海上运输航线的统称。我国习惯上把航线在亚丁港以东地区的亚洲和大洋洲的航线称为近洋航线。

(3) 沿海航线(coastal shipping line),指本国沿海各港之间的海上运输航线,如上海至广州,青岛至大连等。

(三)按港口大小和货运量多少划分

按港口大小和货运量多少,海洋运输航线可划分为干线和支线。

(1) 干线(trunk line)。干线是指货运量大而集中的主干航线,如欧洲、地中海、澳大利亚及北美等航线为国际上的海运干线。

(2) 支线(feeder line)。支线又称补给线,指小港与大港之间的集散航线。

二、人类历史上三次伟大的航行

(一)郑和下西洋

西洋是古代中国人以中国为中心的一个地理概念。明朝时期的西洋是指文莱以西的东南亚和印度洋沿岸地区,文莱以东称为东洋。

自公元 1405 年始,明成祖朱棣(明永乐皇帝)派郑和率领两万七、八千人、200 余艘船只七次下西洋,出发地为中国苏州刘家港(今江苏太仓东浏河镇),历时 28 年,航程万余里,历经亚、非两大洲的 30 多个国家和地区,史称郑和下西洋。郑和七次下西洋,时间之早,人数之多,船舶之大,航程之远,影响之深,前无古人,后无来者。他的航行,宣告了世界大航海时代的来临。

郑和第一次下西洋,顺风南下,到达爪哇岛泗水岛;在中东方向,郑和船队最远航行到沙特阿拉伯的麦加;在非洲方向,郑和船队最远航行到莫桑比克的贝拉港;第七次下西洋到达非洲南端接近莫桑比克海峡,然后返航。当船队航行到古里附近时,郑和因劳累过度一病不起,于宣德八年(公元 1433 年)四月初在印度西海岸古里逝世。

(二)哥伦布发现美洲新大陆

克里斯托弗·哥伦布(Cristoforo Colombo)是西班牙著名航海家,地理大发现的先驱者,一生从事航海活动,在西班牙国王的支持下,先后四次出海远航,开辟了横渡大西洋到美洲的航路。

1492年8月3日,哥伦布受西班牙国王派遣,带着给印度君主和中国皇帝的国书,率领三艘100多吨的帆船,从西班牙巴罗斯港扬帆出大西洋,直向正西航去。经七十个昼夜的艰苦航行,于10月12日凌晨终于发现了陆地,哥伦布以为到达了印度。后来知道,哥伦布登上的这块土地,属于现在中美洲加勒比海中的巴哈马群岛,因此称其为西印度群岛。哥伦布的远航开辟了横渡大西洋到美洲的航路,是大航海时代的开端,改变了世界历史的进程。

(三)麦哲伦环球航行

1519年8月,葡萄牙航海探险家费迪南德·麦哲伦(Fredinand Magellan)率领探险船队从西班牙赛维利亚港出发南下,他跨大西洋抵达巴西东部,绕过麦哲伦海峡,横跨太平洋抵达菲律宾群岛。麦哲伦因和当地土著人发生冲突而死,之后其同伴继续西行经非洲好望角,到1522年9月6日抵达西欧,回到了西班牙,完成了人类第一次环球航行,成为世界航海史上的一大成就。

麦哲伦船队的五艘远洋海船最后只剩下"维多利亚"号远洋帆船,出发时的二百多名船员只剩下18名船员返回。麦哲伦船队以巨大的代价获得环球航行的成功,麦哲伦环球航行的成功开辟了新航线,证明了地球是圆球形的,世界各地的海洋是连成一体的。为此,人们称麦哲伦是第一个拥抱地球的人。

三、世界海运航线

(一)太平洋航线

1. 远东——北美西海岸航线

远东——北美西海岸航线包括从中国、朝鲜、日本、前苏联远东海港到加拿大、美国、墨西哥等北美西海岸各港的贸易运输线。从我国的沿海港口出发,偏南的经大隅海峡出东海,偏北的经对马海峡穿日本海后,或经清津海峡进入太平洋,或经宗谷海峡,穿过鄂霍茨克海进入北太平洋。

2. 远东——加勒比、北美东海岸航线

远东——加勒比、北美东海岸航线多经夏威夷群岛，至巴拿马运河后到达。从我国北方沿海港口出发的船只多半经大隅海峡或经琉球庵美大岛出东海。该航线受巴拿马运河的影响，船舶载重一般限制在 7.5 万吨级以下。

3. 远东——南美西海岸航线

远东——南美西海岸航线从我国北方沿海诸港口出发的船只，大多经琉球庵美大岛、硫黄列岛、威克岛、夏威夷群岛之南的莱恩群岛，穿越赤道进入南太平洋，中途可停经苏瓦和帕皮提，最终抵达南美西海岸各港。

4. 远东——东南亚航线

远东——东南亚航线是中国、韩国、日本货船去东南亚各港，以及经马六甲海峡去印度洋、大西洋沿岸各港的主要航线。东海、中国台湾海峡、巴士海峡和南海是该航线船只的必经之路，航线较为繁忙。

5. 远东——澳大利亚、新西兰航线

远东——澳大利亚、新西兰分两条航线。中国北方沿海港口及韩国、日本到澳大利亚东海岸和新西兰港口的船只，需走琉球久米岛、加罗林群岛的雅浦岛进入所罗门海、珊瑚湖；中澳之间的集装箱船需在香港加载或转船后经南海、苏拉威西海、班达海和阿拉弗拉海，后经托雷斯海峡进入珊瑚海。中国、日本去澳大利亚西海岸航线经菲律宾的民都洛海峡、望加锡海峡以及龙目海峡进入印度洋。

6. 澳、新——北美东西海岸航线

由澳、新——北美西海岸航线多经苏瓦、火奴鲁鲁等太平洋上重要航站抵达。火奴鲁鲁是美国夏威夷州首府和港口城市，又称檀香山。它地处太平洋中心，是太平洋海、空交通的枢纽和重要港口，被喻作"太平洋的十字路口"。此处是从美国西岸去澳大利亚和从巴拿马运河到远东的船舶航线和航空线的必经之地，至北美东海岸则需经社会群岛中的帕皮提过巴拿马运河而至。

(二)大西洋航线

1. 西北欧——北美东海岸航线

西北欧——北美东海岸航线是西欧、北美两个世界工业最发达的地区之间的原燃料和产品交换的运输线，两岸拥有世界最多的重要港口，运输极为繁忙，船舶大多走偏北大圆

航线。该航区冬季风浪大，并有浓雾、冰山，对航行安全有威胁。

2. 西北欧——加勒比航线，北美东海岸——加勒比航线

西北欧——加勒比航线多半出英吉利海峡后横渡北大西洋。它同北美东海岸各港出发的船舶一起，一般都经莫纳海峡、向风海峡进入加勒比海。除去加勒比海沿岸各港外，还可经巴拿马运河到达美洲太平洋岸港口。

3. 西北欧、北美东海岸——地中海、苏伊士运河——亚太航线

西北欧，北美东岸——地中海、苏伊士运河——亚太航线属世界上最繁忙的航段，它是北美、西北欧与亚太海湾地区间贸易往来的捷径。该航线一般途经亚速尔，马德拉群岛上的航站。

4. 西北欧、地中海——南美东海岸航线

西北欧、地中海——南美东海岸航线一般经西非大西洋岛屿的加纳利、佛得角群岛上的航站。

5. 西北欧、北美东海——好望角、远东航线

西北欧、北美东海——好望角、远东航线一般是巨型油轮的油航线，佛得角群岛、加拿利群岛是过往船只停靠的主要航站。

6. 南美东海——好望角——远东航线

南美东海——好望角——远东航线是一条以石油、矿石为主的运输线。该航线处在西风漂流海域，风浪较大，一般西航偏北行，东航偏南行。

(三)印度洋航线

印度洋航线以石油运输线为主，此外有大量大宗货物的过境运输。

1. 波斯湾——好望角——西欧、北美航线

波斯湾——好望角——西欧、北美航线主要由超级油轮经营，是世界上最主要的海上石油运输线。

2. 波斯湾——东南亚——日本航线

波斯湾——东南亚——日本航线东经马六甲海峡(20 万吨载重吨以下船舶可以通行)或龙目海峡、望加锡海峡(20 万载重吨以上超级油轮可以通行)至日本。

3. 波斯湾——苏伊士运河——地中海——西欧、北美航线

波斯湾——苏伊士运河——地中海——西欧、北美航线目前可通行载重约为 25 万吨级以下的油轮。

除了以上三条油运线之外，印度洋其他航线还有：远东——东南亚——东非航线；远东——东南亚——好望角——西非——南美航线；远东——东南亚——地中海——西北欧航线；澳新——地中海——西北欧航线；印度洋北部地区——欧洲航线。

四、世界集装箱海运干线

当前，世界上规模最大的三条集装箱航线是远东——北美航线，远东——欧洲、地中海航线和北美——欧洲、地中海航线。这三条航线将当今全世界人口最稠密、经济最发达的北美、欧洲和远东三个板块联系起来。这三大航线的集装箱运量占了世界集装箱水路运量的大半壁江山。

(一)远东——北美航线

远东——北美航线又可分为两条航线，即远东——北美西海岸航线和远东——北美东海岸、海湾航线。

(1) 远东——北美西海岸航线所涉及的港口主要包括远东地区的高雄、釜山、上海、中国香港、东京、神户、横滨等，以及北美西海岸的长滩、洛杉矶、西雅图、塔科马、奥克兰和温哥华等。涉及的国家和地区包括亚洲的中国、韩国、日本和中国的香港、中国台湾地区以及北美的美国和加拿大西部地区。这两个区域经济总量巨大，人口特别稠密，相互贸易量很大。近年来，随着中国经济总量的稳定增长，在这条航线上的集装箱运量越来越大。目前，仅上海港在这条航线上往来于美国西海岸的班轮航线就多达四十几条。

(2) 远东——北美东海岸海湾航线主要涉及北美东海岸地区的纽约新泽西港、查尔斯顿港和新奥尔良港等。这条航线将海湾地区连接起来，在这条航线上，有的船公司开展的是"钟摆式"航运，即不断往返于远东与北美东海岸之间；有的则是经营环球航线，即从东亚开始出发，东行线为太平洋——巴拿马运河——大西洋——地中海——苏伊士运河——印度洋——太平洋，西行线则反向而行。

(二)远东——欧洲、地中海航线

远东——欧洲、地中海航线也被称为欧地线，该航线是世界上最古老的海运航线，涉及的主要港口有荷兰的鹿特丹港，德国的汉堡港、不来梅港，比利时的安特卫普港，意大利的焦亚陶罗港，英国的费利克斯托港等。这条航线大量采用了大型高速集装箱船，组成

大型国际航运集团开展运输。这条航线将中国、日本、韩国和东南亚的许多国家与欧洲联系起来，促进了发达国家与发展中国家之间的贸易发展，贸易量与货运量十分庞大。

(三)北美——欧洲、地中海航线

北美——欧洲、地中海航线由北美东海岸、五大湖——欧洲航线，北美东海岸、五大湖——地中海航线和北美西海岸——欧洲、地中海三条航线组成。这一航线将世界上最发达与最富庶的两个区域联系起来，船公司之间在集装箱水路运输方面的竞争最为激烈。

除此以外，世界海运集装箱航线还有：远东——澳大利亚航线；澳、新——北美航线；欧洲、地中海——西非、南非航线。

第五节　港　　口

港口是综合运输系统中水陆联运的重要枢纽，是水上运输的起点与终点。随着海上运输的发展，港口的建设备受各国重视。港口是城市发展的增长点，具有社会经济发展促进效应，其发展也十分迅速。

一、港口的概念

港口是指具有一定面积的水域和陆域，具有水陆联运设备和条件，供船舶安全进出和停泊，旅客和货物集散并变换运输方式的场地。港口是水陆交通的集结点和枢纽，工农业产品和外贸进出口物资的集散地，船舶停泊、装卸货物、上下旅客、补充给养的场所。由于港口是联系内陆腹地和海洋运输的一个天然界面，因此，人们也把港口作为国际物流的一个特殊结点。

港口腹地又称港口吸引范围，即港口集散货物的地区范围，其大小受自然、社会和经济因素的影响。港口腹地的划分有助于了解港口腹地内的资源状况和经济潜力，是确定港口合理分工、进行港口布局和规划的基本依据。

港口腹地与港口间存在着相互依存、相互作用的关系。港口腹地经济越发达，对外经济联系越频繁，对港口的运输需求也越大，由此推动港口规模扩大和结构演进；港口的发展又为港口腹地经济发展创造条件，可促使港口腹地范围的进一步扩展。港口腹地有直接腹地(单纯腹地)和混合腹地(重叠腹地)之分，直接腹地指一港独有的腹地，该区域内所需水运的货物都经由本港；混合腹地指两个或两个以上的港口共同拥有的腹地，即数港吸引范围相互重叠的部分。如中国宁波港的直接经济腹地主要为浙江省，随着杭州湾大桥的通车，苏南的南通、张家港和太仓也成了宁波的重要腹地，通过浙赣、甬台温等铁路，其腹地已拓展至江西、湖南等长江中上游地区和福建北部。上海港的直接经济腹地为上海市、浙北和苏南地区，通过长江运输大动脉，间接腹地可以拓展到整个长江流域。厦门港的直接经济腹地为闽西南地区(泉州、漳州、龙岩和三明)，通过海铁联运，腹地可以拓展到潮州、梅州和揭阳等粤东地区及江西南昌、新余和赣州。广州港直接经济腹地为广东广州、佛山、东莞、中山和江门五个地区，拓展腹地为广东全省及广西、湖南和江西等部分地区。大连港的腹地是东北地区。天津港的腹地是东北、华北和西北地区。青岛港的腹地是主要是山东。北海港、钦州港和防城港的腹地是广西及西南地区。

二、港口的发展

历史资料证明，公元前 7000 年在地中海地区已有繁荣的航运。那时的港口只不过是在河流、湖泊区域，选择岸坡合适、水流缓慢、避风条件好、水面静稳之处，可以靠系船舶；海港更需要利用天然隐蔽的海湾或河口辟为港口，便于系泊船舶，这样，船舶可以躲避风浪，等待有利的风向和天气。当时，由于船舶的尺度小，吃水也很小，数量也不多，同时客、货运量不大，因此，对装卸速度的要求并不是很高。

15 世纪至 17 世纪，由于新大陆的发现和攫取殖民地而急剧发展的贸易和航运，导致必须建立大型港口。随着船舶数量的增加和规模的扩大，海港逐渐发展起来了。从世界港口发展的历程来看，港口主要伴随着航运的发展而发展。世界港口的发展大体经历了以下几代。

第一代港口功能定位为纯粹的"运输中心"，主要提供船舶停靠、海运货物的装卸、转运和仓储等。

第二代港口功能定位为"运输中心+服务中心"，除了提供货物的装卸仓储外，还增加了工业和商业活动，使港口具有了货物的增值功能。港口的功能已扩展到贸易领域和转口功能，即港口不再是为船舶从事装卸活动的场所，而且港口也是贸易活动的领地，为转口贸易提供便利条件。

第三代港口功能定位为"国际物流中心"，除了作为海运的必经通道，在国际贸易中继续保持有形商品的强大集散功能并进一步提高有形商品的集散效率之外，还具有集有形商品、技术、资本和信息的集散于一体的物流功能。港口采取完全商业化的发展态势，逐渐发展成为国际贸易的运输中心与物流平台，主要业务范围从货物装卸、仓储和船舶靠泊服务，货物的加工、换装及与船舶有关的工商业服务，扩大到货物从码头到港口后方陆域的配送一体化服务。港口逐步成为统一的、集运输与贸易一体化的经济共同体。

第四代港口始于 1999 年，联合国贸易与发展会议首先提出第四代港口的概念，其处理的货物主要是集装箱，发展策略是港航联盟与港际联盟，生产特点是整合性物流，成败关键是决策、管理、推广和训练等软因素。具有大型化、深水化和专业化的航道与码头设施，密集的全球性国际直达干线，内外便捷联结全球的公共信息平台，是第四代港口最主要的特征之一。第四代港口，是全球资源配置的枢纽。当前，国际发展的重要趋势是全球化，全球化的趋势就是资源在全球范围内的流动与共享。在这样的情况下，资源在全球范围内流动，就要靠海运来支撑，因为海运的运量最大，效率最高，成本最低，故港口周围就变成了资源配置的枢纽。

三、港口的组成

港口由水域和陆域两部分组成。

(一)水域

水域通常包括锚泊地、港池和进港航道。

1. 锚泊地

锚泊地是指有天然掩护或人工掩护条件能抵御强风浪的水域，船舶可在此锚泊、等待靠泊码头或离开港口。如果港口缺乏深水码头泊位，也可在此进行船转船的水上装卸作业。内河驳船船队还可在此进行编、解队和换拖轮作业。

2. 港池

港池是指直接和港口陆域毗连，供船舶靠离和进行装卸作业的水域。一般港池要有足够的面积和水深，要求风浪小和水流平稳。港池尺度应根据船舶尺度、船舶靠离码头方式、水流和风向的影响及掉头水域布置等确定。港池按构造形式分，有开敞式港池、封闭式港池和挖入式港池。开敞式港池内不设闸门或船闸，水面随水位变化而升降；封闭式港池内设有闸门或船闸，用以控制水位，适用于潮差较大的地区；挖入式港池在岸地上开挖而成，多用于岸线长度不足，地形条件适宜的地方。

3. 进港航道

进港航道是指海上或内河主航道和港池间供船舶进出港口的水道。要保证船舶安全、方便地进出港口，进港航道要有足够的宽度和水深，适当的方位，比较平稳的水流，以保证船舶安全、方便地进出港口。进港航道的布置同港口所在位置有密切关系。如果港口建在深水区，低水位(潮位)水深能保证船舶安全航行，只要在船舶进出港口最方便的线路上设置航标即可，此为天然航道。如果港口建在浅水区或港池是人工开挖的，天然水深不能满足船舶航行需要，则必须开挖人工航道。人工航道分单向航道和双向航道。大型船舶的航道宽度为 80～300 米，小型船舶的为 50～60 米。

(二)陆域

陆域是指港口供货物装卸、堆存、转运和旅客集散之用的陆地面积。陆域上有进港陆上通道(铁路、公路和管道等)、码头前方装卸作业区和港口后方区。前方装卸作业区供分配货物，布置码头前沿铁路、道路、装卸机械设备和快速周转货物的仓库或堆场(前方库场)及候船大厅等之用。港口后方区供布置港内铁路、道路、较长时间堆存货物的仓库或堆场(后方库场)、港口附属设施(车库、停车场、机具修理车间、工具房、变电站和消防站等)以及行政、服务房屋等。

四、港口的分类

港口分类方式众多，一般可按用途和所处位置划分。

(一)按用途划分

按用途划分，可将港口分为商港、工业港、油港、渔港和军港。

1. 商港

商港是指以一般商船和客货运输为服务对象的港口，具有停靠船舶、上下客货、供应燃(物)料和修理船舶等所需要的各种设施和条件，是水陆运输的枢纽。如我国的上海港、大连港、天津港、广州港和湛江港等均属此类，国外的圣彼得堡港、鹿特丹港、安特卫普港、神户港、伦敦港、纽约港和汉堡港也是商港。商港的规模大小以吞吐量表示。

2. 工业港

工业港一般是为临近江、河、湖、海的大型工矿企业直接运输原材料及输出制成品而设置的港口。日本的千叶港、大连地区的甘井子大化码头、上海市的吴泾焦化厂煤码头及宝山钢铁总厂码头均属此类。

3. 油港

油港是指专门装卸原油或成品油的港口。油港一般由以下几部分组成：靠、系船设备；水上或水下输油管线和输油臂；油库、泵房和管线系统；加温设备；消防设备；污水处理场地和设施等。为了防止污染和安全起见，油港距离城镇、一般港口和其他固定建筑物都要有一定的安全距离，通常以布置在其下游、下风向为宜。根据油港所在的位置和油品闪点的不同，最小安全距离分别有不同的规定，其范围从几十米到三千米不等。由于近代海上油轮愈建愈大,所以现代海上油港也随之向深水发展。俄罗斯的诺沃罗西斯克港(也称新罗西斯克港)属于油港,该港口共有九个原油泊位,有输油管连接到俄罗斯中部和西西伯利亚油田。

4. 渔港

渔港是指专供渔船和渔业辅助船停泊和使用的港口。此类港口可用于船舶傍靠、锚泊、避风、装卸渔获物和补充渔需及生活物资,并可进行渔获物的冷冻、加工、储运、渔船维修、渔具制造、通讯联络,以及船员休息、娱乐和医疗等,是渔船队的基地。秘鲁最大的海港卡亚俄港、舟山港的沈家门渔港与挪威卑尔根港并称为世界三大渔港。

5. 军港

军港是指为专供军用舰船使用的港口,通常建有码头、港池、进出港航道、锚地等设施,是供舰艇停泊、避风和获得战斗、技术、后勤等保障的海军基地的组成部分。

(二)按所处位置划分

按港口所处位置划分,可将港口分为海港、河港和河口港。

1. 海港

海港是指位于海岸、海湾或泻湖内的港口,也有离开海岸建在深水海面上的。位于开敞海面岸边或天然掩护不足的海湾内的港口,通常需修建相当规模的防波堤,如大连港、青岛港、连云港、基隆港和意大利的热那亚港等。供巨型油轮或矿石船靠泊的单点或多点系泊码头和岛式码头属于无掩护的外海海港,如利比亚的卜拉加港、黎巴嫩的西顿港等。泻湖被天然沙嘴完全或部分隔开,开挖运河或拓宽、加深航道后,可在泻湖岸边建港,如广西北海港。也有完全靠天然掩护的大型海港,如东京港、中国香港港和澳大利亚的悉尼港等。

2. 河港

河港是指位于江河沿岸的港口,广义包括位于湖泊、水库和内陆运河沿岸的港口。湖泊港和水库港水面宽阔,有时风浪较大,因此同海港有许多相似之处,如往往需修建防波堤等。前苏联古比雪夫等大型水库上的港口以及中国的南京港、武汉港和重庆港均属于河港。

3. 河口港

河口港是指位于河流入海口或受潮汐影响的河口段内的港口,可兼为海船和河船服务。

一般有大城市作依托，水陆交通便利，内河水道往往深入内地广阔的经济腹地，承担大量的货流量，故世界上许多大港都建在河口附近，如鹿特丹港、伦敦港、纽约港、列宁格勒港和上海港等。河口港的特点是，码头设施沿河岸布置，离海不远而又不需建防波堤，如岸线长度不够，可增设挖入式港池。

五、世界主要港口

世界港口众多，港口之间存在合作，更存在竞争。衡量港口发展水平、港口规模大小的一个重要指标就是港口吞吐量，它反映在一定的技术装备和劳动组织条件下，一定时间内，港口为船舶装卸货物的数量，以吨数来表示。

影响港口吞吐量的因素除了客观的区域因素(如腹地的大小，生产发展水平的高低，外向型经济发展状况和进出口商品的数量等)外，劳动组织与管理水平、装卸机械数量和技术水平、船型、车型、水文气象条件、工农业生产的季节性、车船到港的均衡性，以及经由港口装卸的货物品种与数量，也是影响港口吞吐能力的重要因素。

(一)新加坡港

新加坡港地处新加坡岛南端，西临太平洋与印度洋的航运要道马六甲海峡的东南侧，南临新加坡海峡的北侧，处于两大陆与两大洋之间的交通咽喉，有"东方十字路口"之称，是亚太地区最大的转口港，也是世界最大的集装箱港口之一，又称狮城、星洲或星岛。

新加坡港自然条件优越，水域宽敞，很少受风暴影响，水深适宜，吃水在13米左右的船舶可顺利进港靠泊，港口设备先进完善，并采用计算机化的情报系统，同时谋求用户手续的简化和方便。

近年来，新加坡港已成为世界上最繁忙的港口，有250多条航线来往世界各地，约有80个国家和地区的130多家船公司的各种船舶日夜进出该港，平均每12分钟就有一艘船舶进出，一年之内相当于世界现有货船都在新加坡停泊了一次，所以新加坡有"世界利用率最高的港口"之称。2011年该港口吞吐量为2994万标准箱，排名世界第二，仅次于中国上海港。

(二)巴生港

巴生港是马来西亚最大的港口，地理位置优越，位于该国首都吉隆坡西南43千米，马六甲海峡之东北岸，东距邻国的新加坡港211海里，是远东至欧洲贸易航线的理想停靠港，因此在航运市场中具有明显的竞争优势。巴生港实为吉隆坡之外港，吉隆坡这个马来西亚最大的城市的工业原料和生活用品的进出口均需经巴生港，使该港口吞吐量居马来西亚第一位。巴生港毗邻设有自由贸易区，其腹地广阔，产业发达，已发展成为区域性的配发中心。该港口主要出口货物为木材、胶合板、棕榈油、橡胶及农林产品等，进口货物主要有钢铁、大米、纸张、糖、小麦、机械、石油、化肥及化工产品等。

(三)丹戎帕拉帕斯港

丹戎帕拉帕斯港(简称 PTP)位于马来西亚半岛西南端的普拉宜河口，自然条件优越，其河谷水深达 15 米以上，其可供航运的河道长达 12.6 千米，宽有 250 米，可以满足目前世界上最大的集装箱船的靠泊作业。该港口是马来西亚最大的集装箱港口，被称为东南亚的"新枢纽港"、世界航运的"咽喉"。

PTP 港口的集装箱装卸和港口经营管理全部采用现代化的信息技术电脑网络系统，该系统与港口的各家用户均有密切联系。与该港连接的南北高速公路可直接通向泰国边界，全长 31.5 千米的港口铁路与马来西亚国家铁路枢纽相连接。PTP 港口属于马来西亚自由贸易区，港口还有 400 英亩的土地，专门用于集装箱货物配送、物流链服务管理和货物仓储，是开展集装箱拼箱业务、经营国际采购中心、地区物流配送中心与配送服务的最理想地方。

2011 年，PTP 港口的集装箱年吞吐量达到 739 万标准箱，排名居世界第 17 位，超过世界许多知名大港。PTP 港口的经营方式灵活多变，一切顺应客户的需求，相信在不久的将来，还会发展成为东南亚地区规模最大、集装箱运量最高的集装箱运输和中转枢纽港口。

(四)横滨港

横滨港位于东京湾西北部，港内风平浪静，航道水深 10 米以上，是一个天然良港。横滨港原是一个不出名的渔村，没有什么港口建设，最初只修建了两座码头，仅供停靠小船，稍大的船只能离岸锚泊，货物只能用驳船搬运。随着日本外贸和渔业的迅速发展，来往横滨港的船只越来越多。1889 年年初，日本政府投入大量资金，对横滨港的设施进行改建和扩建，致使通过该港进行的外贸额大量增加，并成为日本通向世界的最大国际贸易港。

横滨港是日本海港中距美国最近的一个，是日本最大的海港之一，美日海上贸易多以此为装卸港。近年来，横滨港的吞吐量大大增加，集装箱码头的发展也很快。日本政府一向重视横滨港的建设和发展，极力使之成为一个现代化的海港。

(五)东京港

东京港位于日本东京湾的西北部，处于日本政治、经济和文化中心的东京都地区的中心部位。东京港对面是同处一湾的千叶港和木更津港，沿湾岸往南紧连川崎港、横滨港和横须贺港。东京港是一个担负着特大城市产业活动和居民生活必需物资流通任务的大型商港,紧靠其后是有着1100多万人口的日本首都东京。由于东京港具有特殊的区位优势,加上交通发达,功能完善,开辟有众多的国际和国内海上航线,并直接与公路、铁路网相连接,已成为名副其实的有力支撑日本产业和人民生活的物流中心。

(六)釜山港

釜山港是韩国最大的商港,位于朝鲜半岛东南角、釜山湾内,临朝鲜海峡。由于有众多的岛屿和群山作为屏障,使得釜山港地势险要而隐蔽,成为一个天然良港。釜山港水域宽阔,是韩国的第一大贸易港口,也是朝鲜半岛上最大的国际港口,各种船舶可从釜山港起航出发前往世界各大港口。釜山是韩国海、陆、空交通枢纽,又是金融和商业中心,在国际贸易中发挥重要作用。釜山机场不仅与国内的汉城、大邱等城市,而且与国外的部分大城市都有定期航班。陆上有釜山至汉城及其他各地的铁路与高速公路通往全国,市区有与其东南方的绝影岛之间建有海底隧道和釜山大桥。

(七)香港港

香港港是全球最繁忙和效率最高的国际集装箱港口之一,也是全球供应链上的主要枢纽港。中国香港地处我国与临近亚洲国家的要冲,既在珠三角入口,又位于经济增长骄人的亚洲太平洋周边的中心,可谓占尽地利。香港港有15个港区,其中维多利亚港区最大,条件最好。维多利亚港是位于香港的香港岛和九龙半岛之间的港口和海域,平均超过10米深的港内航道,使大型远洋货轮可随时进入码头和装卸区,为世界各地的船舶提供了方便而又安全的停泊地,与美国的旧金山港和巴西的里约热内卢港并称为世界上最优良的三大海港。香港港的西北部有世界最大的集装箱运输中心之一的"葵涌货柜码头"。香港国际集装箱堆场的活动均以自动化系统进行计划、协调和监督,电脑系统存有每个集装箱的详尽资料,提供多种查询、报告及分析工具,协助管理集装箱储存。目前港口有80多条国际班轮,每周提供约500班集装箱班轮服务,连接香港港至世界各地500多个目的地。2011年港口吞吐量为2440万标准箱,排名世界第三。

(八)高雄港

高雄港位于中国台湾南部,毗邻高雄市市区,是台湾最大的港口,属大型综合性港口,有铁路、高速公路作为货物集运与疏运手段,是当今世界集装箱运输的大港之一。雄湾是一个狭长的小海湾,长12千米,宽1~1.5千米,入口宽仅100米,形状酷似一只口袋,湾内港阔水深,风平浪,为一个天然良港。港口内有矿砂码头、煤码头、石油码头、天然气码头和集装箱码头,承担台湾进出口货物的一半以上,为台湾最大的对外开放门户和货物集散中心。近年来由于受到区域内其他港口,包括传统大港香港港、釜山港以及新兴港口深圳盐田、上海洋山、浙江宁波、山东青岛之竞争挑战，高雄港吞吐量略有下滑。

(九)迪拜港

迪拜港位于阿联酋东北沿海，濒临波斯湾的南侧，是阿联酋最大的港口，中东地区的石油出口运输必经此港，有"中东的香港"之称。迪拜港地处亚、欧、非三大洲的交会点，是中东地区最大的自由贸易港，尤以转口贸易发达而著称。它是海湾地区的修船中心，拥有名列前茅的百万吨级的干船坞，主要工业有造船、塑料、炼铝、海水淡化、轧钢及车辆装配等，还有年产50万吨的水泥厂。长期以来，该港还是波斯湾南岸的商业中心，它有全国最大的迪拜国际机场，每天有定期航班飞往世界各地。该港主要出口的货物除石油外，还有天然气、铝锭、石油化工产品及土特产等，进口货物主要有粮食、机械及消费品。

(十)鹿特丹港

荷兰鹿特丹港是世界著名大港之一，是世界最重要的货物集散地之一，位于欧洲莱茵河与马斯河汇合处，距北海约25千米，有新水道与北海相连。与我国的上海港一样，是一个典型的河口港。鹿特丹港是连接欧、美、亚、非、澳五大洲的重要港口，素有"欧洲门户"之称。鹿特丹港港口海洋性气候十分显著，冬暖夏凉，船只四季进出港口畅通无阻。鹿特丹港有着现代化的港口设施，港口调度指挥也是依靠先进的设备和科学的方法，在出海口的荷兰角上有一个交通控制中心，建立于16世纪，当初的信号指挥调度已发展成为现在的无线电、雷达和先进的电子计算机系统控制，先进的设备和现代化的管理使船舶进入鹿特丹港，从来就不存在等泊位和等货物的问题。鹿特丹是荷兰的交通枢纽，铁路、公路纵贯东西南北，火车、汽车往来如梭，铁路通往西欧各国各主要大城市，公路也是如此，水陆交通融为一体，确保了鹿特丹的重要地位。鹿特丹港对西欧以及荷兰的经济发展起着举足轻重的作用。

(十一)安特卫普港

安特卫普港是比利时最大的海港，也是欧洲著名的大港之一。安特卫普港港口位于比利时北部斯海尔德河下游，西距入海口约90千米，入港航道平潮水深达14米，10万吨级海轮进出港自如，比利时全国海上贸易的70%是通过该港完成的。安特卫普港以港区工业高度集中而著称。安特卫普地处莱茵河三角洲的南翼，有发达的内河网与本国及欧洲的河网连接，还有发达的陆路交通网，有300多条公路的定期货运线和每天开出的100趟铁路列车，通往欧洲各国各大城市。西欧中心的港口位置和优越自然条件，完善的港口设施，使得安特卫普港在国际贸易中发挥着理想的中转港作用，每年平均有1771艘国际货轮来此挂靠，对外连接着800多个港口。

(十二)汉堡港

汉堡港位于不来梅东北部易北河岸,是德国最大的海港,也是欧洲的主要大港之一。汉堡港是德国通向世界的海上门户,被誉为"德国通往世界的大门"。世界各地的远洋轮来德国时,都会在汉堡港停泊。汉堡港港口始建于 1189 年,有 800 多年的历史。汉堡港是世界著名的自由港,在自由港的中心有世界上最大的仓储城,面积达 50 万平方米。汉堡港位于欧洲共同体、欧洲自由贸易联盟和经互会这个欧洲市场的中心,从而使它成为欧洲最重要的中转海港。汉堡港有约 300 条通往五大洲的定期航线,与世界 1100 多个港口保持联系,每月发船约 730 艘次。汉堡港是德国重要的铁路和航空枢纽,港内铁路线总长约 600 千米,通过易北河以及与之连接的运河沟通内陆各地,通过铁路网和公路网深入腹地,并能东到波兰和巴尔干半岛各国,南到瑞士和奥地利以及向西同工业高度发达的莱茵和鲁尔区相连,因而汉堡港是中欧重要的交通枢纽。

(十三)马赛港

马赛港位于法国南部,港口背山面海,没有强劲的潮汐和海流,航道安全,水深港阔,无急流险滩,万吨级轮可畅通无阻,西部有罗纳河及平坦河谷与北欧联系,地理位置得天独厚,是一个天然良港。马赛港始建于公元前 600 年,由希腊人开拓的一个古老城市,现已发展为法国最大的商业港口,地中海的最大商港,世界最大客运港之一。马赛港不仅是公路、铁路和航空的枢纽,而且工商业发达。马赛港共有马赛、拉沃拉和贝尔、卡隆特、圣路易和福斯五个港区,其中福斯港区为欧洲第二大油港,拥有世界第一流的天然气装卸设施和地中海第一流的集装箱码头,福斯港区还是法国海洋石油工业中心和最大的钢铁基地。

(十四)纽约港

纽约港是美国最大的海港,也是世界最大的海港之一,位于美国东北部哈得孙河河口,东临大西洋。纽约港是世界上天然深水港之一,有两条主要航道,一条是哈得孙河口外南面的恩布娄斯航道,另一条是长岛海峡和东河,由北方进港的船舶经过这条航道。

纽约港港湾内具有深、宽、隐蔽、潮差小、冬天不结冰、常年可通航等优点,从 20 世纪 80 年代开始,年吞吐量就在 1 亿吨以上,每年平均有 4000 多艘船舶进出,装卸作业的机械化和自动化程度很高,较早地应用电子计算机进行港口管理。纽约港腹地广大,公路网、铁路网、内河航道网和航空运输网四通八达,每天可接纳来自世界各地的货物。

(十五)洛杉矶港

洛杉矶港位于加利福尼亚州南部圣彼得罗湾西北岸,市区之南,是美国太平洋沿岸最大的港口,是美国第二大集装箱港。洛杉矶是美国西海岸的最大工业城市,著名的工业为飞机制造业和石油工业。洛杉矶主要港区在圣佩德罗湾,由东、西毗邻的洛杉矶港和长滩港组成,是全世界最繁忙的港口之一,也是最繁忙的集装箱运输港口之一。该海岸线总长 74 千米,水深 12~18 米,潮差不足 1.2 米,可供 18 万吨级以下的海轮出入,该港是美国三条横贯大陆铁路干线的起点,是北美大陆桥的桥头堡之一,并有南北向铁路与太平洋沿岸各大城市相连。

(十六)桑托斯港

桑托斯港位于巴西东南沿海的桑托斯湾内,地处沙维圣岛的东岸及圣多亚马罗岛的西岸,濒临大西洋的西南侧,是巴西最大城市圣保罗的外港。桑托斯港是巴西最大的海港,又是世界最大的咖啡输出港,还是玻利维亚及巴拉圭的中转港。巴西的咖啡产量居世界第一位,素有"咖啡国"之美称。桑托斯是世界最大的咖啡交易地,从而使该港得到较大的发展,交通运输发达,有公路及铁路通往国内各地。巴西的主要工业有炼油、化学、机械、水泥、冶金、食品及锯木等,全国有 1/3 的出口及 2/5 的进口经本港中转。圣保罗国际机场是全国最大的机场,也是世界最繁忙的航空港之一,每天有定期航班飞往世界各地。桑托斯港目前是拉丁美洲最大的海港。据预测,至 2013 年,桑托斯港港口吞吐量还将扩大一倍,届时,一个桑托斯港的吞吐量就可以达到巴西其他港口的吞吐总量。

(十七)开普敦港

开普敦港是南非主要的商港,位于该国西南,好望角之北,临大西洋南岸塔布尔湾,东至德班港 790 海里,至路易港 2280 海里,西北至沃尔维斯港 712 海里,至达喀尔港 3600 海里。该港港口有三大港池,向西北半数敞开,各有自己出入口,西部为维多利亚港池区,中部为邓肯港池区,东北部为新发展港池。开普敦港为南非最大的客运港,也是南非与欧洲贸易的主要门户之一,该港地理位置重要,是欧洲沿非洲西海岸通往印度洋及太平洋的必经之路。开普敦是南非的金融和工商业中心,主要工业有酿酒、烟草、炼油、化工、皮革、造船及造纸等,交通运输发达,有铁路可直达行政首都比勒陀利亚,公路与国内各地相通接。港口距机场约 20 千米,每天有航班飞往约翰内斯堡,再连接国外航班。2011 年度世界港口集装箱吞吐量排名,如表 5-2 所示。

表 5-2　2011 年度世界港口集装箱吞吐量排名

排　名	港　口	所属国家	集装箱吞吐量/万标箱
1	上海港	中国	3100
2	新加坡港	新坡	2994

续表

排 名	港 口	所属国家	集装箱吞吐量/万标箱
3	香港港	中国香港	2440
4	深圳港	中国	2257
5	釜山港	韩国	2154
6	宁波-舟山港	中国	1451
7	青岛港	中国	1374
8	广州港	中国	1332
9	迪拜港	阿联酋	1186
10	鹿特丹港	荷兰	1180
11	天津港	中国	1171
12	高雄港	中国台湾	970
13	巴生港	马来西亚	965
14	安特卫普港	比利时	890
15	汉堡港	德国	860
16	洛杉矶港	美国	847
17	丹戎帕拉帕斯港	马来西亚	739
18	长滩港	美国	669
19	厦门港	中国	613
20	大连港	中国	595

六、中国主要港口

新中国成立初期，我国港口数量少、设施差，主要依靠人抬肩扛进行装卸作业，港口吞吐量仅有1000万吨。目前，全国413个港口拥有生产用码头泊位3.1万个，较新中国成立初期泊位数161个，增长近193倍。到2011年年底，港口货物吞吐量达91亿吨，比新中国成立初期增长910倍。在2011年度世界港口吞吐量排名前10名的港口中，我国占有六席。

港口是国家的基础设施和对外门户，目前我国已建成了布局合理、层次分明、功能齐全、河海兼顾、优势互补、配套设施完善的现代化港口体系，形成了环渤海、长江三角洲、东南沿海、珠江三角洲和西南沿海五个港口群，构建了油、煤、矿、箱、粮五大专业化港口运输系统，具备靠泊装卸30万吨级散货船、35万吨级油轮和1万标准箱集装箱船的能力。

我国港口经营、发展的外部环境正发生着重大的改变，我国港口已从一穷二白发展为世界港口强国和集装箱运输大国。2011 中国十大港口吞吐量排名，如表 5-3 所示。

表 5-3   2011 年中国十大港口吞吐量排名表

排 名	港口名称	吞吐量/亿吨
1	宁波-舟山港	6.91
2	上海港	6.2
3	天津港	4.51
4	广州港	4.29
5	苏州港	3.8
6	青岛港	3.75
7	大连港	3.38
8	唐山港	3.08
9	秦皇岛港	2.87
10	营口港	2.61

(一)宁波-舟山港

宁波-舟山港位于浙江省东北海岸，南北沿海和长江"T"型运输结构的交汇点上，港口条件非常优越，星罗棋布的舟山群岛诸岛屿，是港口的天然屏障。宁波-舟山港是中国大陆著名的深水良港，港区涉及宁波市和舟山市。2006 年 1 月 1 日原宁波港和舟山港正式合并。目前港区主要分布在宁波镇海、北仑海岸，以及舟山岛南海岸。大型国际远洋船舶经虾峙门深水航道进出。该港口目前已成为集装箱远洋干线港、国内最大的矿石中转基地、国内最大的原油转运基地、国内沿海最大的液体化工储运基地和华东地区重要的煤炭运输基地。

(二)上海港

上海港位于长江三角洲前缘，居我国 18 000 千米大陆海岸线的中部、扼长江入海口，地处长江东西运输通道与海上南北运输通道的交会点，是我国沿海的主要枢纽港，我国对外开放参与国际经济大循环的重要口岸。上海市外贸物资中 99%经由上海港进出，每年完成的外贸吞吐量占全国沿海主要港口的 20%左右。上海港依江临海，以上海市为依托、长江流域为后盾，经济腹地广阔，全国 31 个省市(包括台湾省)都有货物经过上海港装卸或换装转口。上海港的主要经济腹地除了上海市以外，还包括江苏、浙江、安徽、江西、湖北、湖南、四川等省和重庆市。

上海港的水陆交通便利，集疏运渠道畅通，通过高速公路和国道、铁路干线及沿海运输网可辐射到长江流域甚至全国，对外接世界环球航线，处在世界海上航线边缘。2011年，上海港成为全球首个突破3000万标准箱吞吐量世界纪录的国际大港。

(三)天津港

天津港位于渤海湾上的海河入海口，处于京津城市带和环渤海经济圈的交会点上，是环渤海港口中与华北、西北等内陆地区距离最短的港口，是首都北京和天津市的海上门户，也是亚欧大陆桥的东端起点。

天津港是中国最大的人工海港，是我国对外贸易的重要口岸。近年来，通过不断的填海造陆，天津港陆域面积已达到107平方千米。目前，天津港航道最大可进出30万吨级船舶，水深最深达19.5米。天津港主要分为北疆、南疆、东疆、海河四大港区，天津港集团公司所属公用泊位94个，岸线长21.5千米。北疆港区以集装箱和件杂货作业为主；南疆港区以干散货和液体散货作业为主；海河港区以5000吨级以下小型船舶作业为主；建设中的东疆港区作为天津港未来发展的重点区域，是天津市发展港口经济和海洋经济的重要空间载体，是具有特色的大型综合性港区，总面积约30平方千米。

(四)广州港

广州港地处珠江入海口和我国外向型经济最活跃的珠江三角洲地区中心地带，濒临南海，毗邻香港和澳门，东江、西江、北江在此汇流入海。通过珠江三角洲水网，广州港与珠三角各大城市以及与香港、澳门相通，由西江连接我国西南地区，经伶仃洋出海航道与我国沿海及世界诸港相连。

广州港历史悠久，早在2000多年前的秦汉时期，广州古港就是中国对外贸易的重要港口，是中国古代"海上丝绸之路"的起点之一。1300多年前的唐宋时期，"广州通海夷道"是世界上最长的远洋航线。至清朝，广州成为中国唯一的对外通商口岸和对外贸易的最大港口。改革开放以来，社会经济的飞速发展使广州港发展成为国家综合运输体系的重要枢纽和华南地区对外贸易的重要口岸。

(五)苏州港

苏州港地处长江入海口的咽喉地带，背靠经济发达的苏、锡、常地区，东南紧邻上海，由原国家一类开放口岸张家港港、常熟港和太仓港三港合一组建成的新兴港口，原三个港口相应成为苏州港的三个港区，即张家港港区、常熟港区和太仓港区。

苏州港是上海国际航运中心集装箱枢纽港的重要组成部分，是江苏省最重要的集装箱干线港之一,是长江三角洲对外开放的重要依托,是长江中上游地区和西部大开发的重要平台,是江海河联运,内外贸货物运输、装卸与仓储、多功能综合性港口。

(六)青岛港

青岛港位于山东半岛南岸的胶州湾内,始建于1892年,具有120年历史。青岛港是我国重点国有企业,是中国第二个外贸亿吨吞吐大港,是太平洋西海岸重要的国际贸易口岸和海上运输枢纽。青岛港港内水域宽深,四季通航,港湾口小腹大,是我国著名的优良港口。青岛港主要由大港、中港和黄岛港组成。各港码头均有铁路相连,环胶州湾高等级公路与济青高速公路相接,腹地除吸引山东外,还承担着华北地区对外运输任务。青岛港也是晋中煤炭和胜利油田原油的主要输出港。

(七)大连港

大连港位居西北太平洋的中枢,港阔水深,冬季不冻,万吨货轮畅通无阻,是正在兴起的东北亚经济圈的中心,是该区域进入太平洋、面向世界的海上门户。大连港交通十分方便,哈大铁路线与东北地区发达的铁路网连接。公路有全国最长的沈大高速公路与东北地区的国家公路网络相连接。经东北铁路网和公路网,大连港还连接着俄罗斯和朝鲜,可通过西伯利亚大铁路,成为欧亚大陆桥的起点。

(八)唐山港

唐山港位于河北省唐山市东南沿海,是我国沿海的地区性重要港口,能源、原材料等大宗物资专业化运输系统的重要组成部分。

唐山港分为曹妃甸港区、京唐港区和丰南港区。三港区的基本定位和主要功能:曹妃甸港区是为服务曹妃甸循环经济示范区和大宗散货转运为主的大型综合性港区,为邻港冶金、石化、能源、装备制造、建材等大型重化工业服务,利用深水岸线资源优势,发展大宗原材料转运功能,并承担"北煤南运"的重要任务;京唐港区是为腹地经济发展所需各类物资运输服务的综合性港区,为唐山市及其他腹地的通用物资转运服务,并在唐山港煤炭运输中发挥辅助作用;丰南港区规划建设地点位于丰南沿海工业区,东与曹妃甸新区相连,西与天津滨海新区相连,北距沿海高速公路15千米,交通便利、区位优越。

(九)秦皇岛港

秦皇岛港地处渤海之滨,扼东北、华北之咽喉,是我国北方著名的天然不冻港。这里海岸曲折,港阔水深,风平浪静,泥沙淤积很少,万吨货轮可自由出入。秦皇岛港是世界第一大能源输出港,是我国"北煤南运"大通道的主枢纽港,担负着我国南方"八省一市"的煤炭供应,占全国沿海港口下水煤炭的50%。

(十)营口港

营口港是辽宁沿海经济带上的重要港口,沈阳经济区的唯一港口,也是东北地区及内蒙古东部地区最近的出海港。营口港现辖营口、鲅鱼圈、仙人岛和盘锦四个港区,形成陆域面积30多平方千米,共有包括集装箱、滚装汽车、煤炭、粮食、矿石、大件设备、钢材、成品油及液体化工品和原油9个专用码头在内的61个生产泊位,最大泊位为20万吨级矿石码头和30万吨级原油码头,集装箱码头可停靠第五代集装箱船。

目前,营口港已同50多个国家和地区的140多个港口建立了航运业务关系。装卸的主要货种有:集装箱、汽车、粮食、钢材、矿石、煤炭、原油、成品油、液体化工品、化肥、木材、非矿、机械设备、水果和蔬菜等。其中,内贸集装箱、进口矿石、进口化肥、出口钢材和出口非矿的装卸量均为东北各港之首。

通过以上知识的学习,我们了解了海洋运输及海洋运输的相关知识,掌握了海洋运输航线,这为我们解决导读案例1中提到的波斯湾石油和导读案例2中提到的巴西铁矿石的运输线路问题打下了基础。

导读案例1中提出的海湾地区石油外运通道问题,可以结合世界主要石油消费国来分析。在第二次世界大战前,石油生产主要集中在美国、欧洲和委内瑞拉,在20世纪60年代以前的一个世纪内,美国一直是世界上最大的石油生产中心,产量经常占世界的2/3左右,号称"石油帝国"。但20世纪60年代后,美国石油产量在世界上的地位日趋下降,而中东新兴产油区的地位日益上升,中东海湾地区成为世界主要的石油生产和输出地。

与世界石油生产地区相对集中的特点不同,世界石油消费地区分布极广。由于石油对现代工业、农业、交通、军事以及人民生活等各方面都有重要作用,因而石油的消费极为广泛。而由于石油生产地区的相对集中,故世界上绝大部分国家都需要进口石油。不过从消费量来看,美国、日本、中国和欧盟国家的消费量最大,而世界最大石油产区中东的消费量却很小。

美国是一个石油生产大国,但其石油消费量巨大,居世界第一位。从20世纪70年代中期开始,美国国内的石油生产逐步下降,这表明美国开始保留本国石油的资源,更多地使用国外的油气资源。石油是一种高产出多产品的有限的不可再生资源,而且产出石油和加工石油是有安全风险的,会对环境造成危害,所以美国大量从全世界进口石油。目前,美国石油主要来自于美洲及美属加勒比、非洲和海湾地区,美国曾发动两次伊拉克战争控制中东及阿拉伯国家。

物流运输地理

　　日本是世界油气资源贫乏国,但石油消费量大。日本的石油主要依靠进口,而进口主要来自中东地区。1971年以来日本从中东的石油进口量呈现"V"字型,20世纪90年代末出现回升,进口量基本保持稳定,中东进口占全部进口的比重始终保持在70%以上,而且在20世纪80年代下降到70%左右之后,近年来又回升到90%。近些年,日本也在降低石油在能源消费结构中的比重,在推进节能的同时,大力推进核能、太阳能和风能等清洁能源的发展。

　　随着中国经济自20世纪80年代以来的快速发展,对国外石油的需求也随之增长。中国自1993年起成为石油净进口国,到2002年能源消费位列全球第二,到2009年已成为继美国和日本之后的第三大石油进口国。在未来几年内,中国的石油消费预计还将不断增长。随着美国石油进口量的下降,中国将在2020年成为世界第一大石油进口大国。中国经济的崛起使对石油的需求不断增加,中国原油资源有限,需大量进口,且大部分来自中东地区,中东地区是未来石油增产的中心,也是今后中国进口原油的主要来源地。目前,中国也正力求从中东进口石油实现多样化,并致力于从俄罗斯、哈萨克斯坦以及东非和南美进口石油。

　　欧盟国家的石油主要依靠俄罗斯、乌克兰及北海地区,中东地区及非洲是其进口的主要来源,随着美国石油进口量因国内产量增长和汽车效率提高将下降,到2015年欧盟石油进口量将超过美国。

　　面对石油消费国众多且不集中,销售对象分布广,使中东地区石油的生产与其消费显著不平衡,所以产生了石油的运输。又因为这种运输运距长、运量大,所以海洋运输成为中东石油运输的主要途径。结合主要消费国,中东地区石油外运的线路如下。

1. 中东地区石油运往美国

(1) 波斯湾——阿拉伯海——印度洋——好望角——大西洋——美国。

(2) 波斯湾——苏伊士运河——地中海——直布罗陀海峡——大西洋——美国。

2. 中东地区石油运往日本

(1) 波斯湾——阿拉伯海——印度洋——马六甲海峡——太平洋——日本。

(2) 波斯湾——阿拉伯海——印度洋——龙目、望加锡海峡——太平洋——日本。

3. 中东地区石油运往中国

波斯湾——阿拉伯海——印度洋——马六甲海峡——太平洋——南中国海——中国沿海。

4. 中东地区石油运往欧盟国家

(1) 波斯湾——阿拉伯海——印度洋——好望角——欧盟国家。

(2) 波斯湾——苏伊士运河——地中海——直布罗陀海峡——欧盟国家。

导读案例 2 中提到为巴西淡水河谷公司设计铁矿石出口到中国的运输线路。铁矿石是大宗散货之一，铁矿石重量大、体积大，且运距长，从成本考虑选择海洋运输最适合。从巴西运至中国可以有以下几种路线。

(1) 巴西——巴拿马运河——太平洋——中国。

(2) 巴西——大西洋——直布罗陀海峡——苏伊士运河——印度洋——马六甲海峡——太平洋——南中国海——中国沿海。

(3) 巴西——南非合恩角——太平洋——中国。

(4) 巴西——大西洋——好望角——印度洋——龙目、望加锡海峡——太平洋——南中国海——中国沿海。

一般来讲，铁矿石船载重较大，多为 10 万吨以上，所以不能顺利通过巴拿马运河；如果经过直布罗陀海峡、苏伊士运河至印度洋，近年来索马里地区海盗活动猖獗，多数船舶宁可绕行；如果绕行南非合恩角，运输路程过长。所以经过分析，一般选择最后一条，绕行南非好望角经龙目、望加锡海峡的线路较合理。

本 章 小 结

国际海洋货物运输，是指使用船舶通过海上航道在不同国家和地区的港口之间运送货物的一种方式，简称海运。海洋运输与其他各种运输方式相比，具有运量大、投资少、成本低、通过性强、适货性强等特点。海洋运输的经营方式主要有班轮运输和租船运输两大类。船舶是海洋运输的交通工具，货物是海洋运输的对象，航线被喻为"海上高速公路"，港口是水上运输的起点与终点，是指具有一定面积的水域和陆域，具有水陆联运设备和条件，供船舶安全进出和停泊、旅客和货物集散并变换运输方式的场地。因此，船舶、货物、航线和港口是海洋运输的必备要素。本章重点介绍了船舶的构造和种类，货物分类和包装，世界主要运河和海峡；介绍了航线的分类、世界主要海运航线和集装箱运输航线；介绍了港口的概念、港口的组成和分类，世界和中国的主要港口。

复习思考题

一、名词解释

1. 海洋运输　2. 船舶　3. 船籍　4. 船旗　5. 方便旗船　6. 海洋运输航线　7. 港口

8. 港口腹地

二、问答题

1. 请说出海上运输的经营方式有哪些。
2. 干散货船根据船舶的吨位的分类有哪些？
3. 什么是方便旗船？方便旗船的存在对于登记国和船东有何意义？
4. 世界集装箱海运干线有哪些？
5. 港口按用途分为哪几类？

三、案例分析题

请为我国以下钢铁厂从澳大利亚黑德兰港进口铁矿石设计运输线路。

1. 太钢(太原钢铁厂)。
2. 包钢(包头钢铁厂)。
3. 济钢(济南钢铁厂)。

第六章　航空运输地理

【导读案例】

　　联邦快递是一家国际性速递集团，总部设于美国田纳西州，是全球最具规模的快递运输公司，为全球超过 235 个国家及地区提供快捷、可靠的快递服务。联邦快递设有环球航空及陆运网络，通常只需一至两个工作日，就能迅速运送时限紧迫的货件，而且确保准时送达。

　　联邦快递在 1971 年由前美国海军陆战队员弗雷德·史密斯创立，当时只使用 8 架小型飞机提供航空快递服务。进入 20 世纪 80 年代以后，由于企业大量采用 JIT(准时生产方式)的生产方式，翌日送达的要求逐渐增多，从而推动了航空快件运输的发展。1989 年联邦快递收购了飞虎航空，获得了飞虎航空在亚洲 21 个国家及地区的航线权。1995 年 9 月，联邦快递在菲律宾苏比克湾建立了第一家亚太运转中心。1996 年 3 月，联邦快递成为唯一享有直航中国权利的美国快递运输公司。2005 年 3 月，联邦快递率先开通了全球航空速递运输业内首条中国大陆直飞欧洲的航线，每日由上海飞往德国法兰克福。这条新航线也是联邦快递全新的西行环球航线的组成部分。2005 年 7 月，联邦快递宣布投资 1.5 亿美元于广州白云机场建设全新的亚太转运中心，计划将亚太运转中心迁至广州新白云国际机场。

　　现在联邦快递的服务辐射 230 多个国家及地区，全球约 14 万名员工，每个工作日大约有 340 万件包裹运送。在亚太地区，联邦快递拥有超过 1 万名员工，每星期可提供 26 班货机往返中国，提供业内无可比拟的跨太平洋空运速递服务。

　　现代的快递业务主要依靠航空运输，联邦快递不断购进飞机，扩大运输规模。它的运输王国中有波音、麦道空客等型号共 600 多架飞机。当空中巨无霸空客 A380 试飞成功后，联邦快递公司购买了 10 架，成为第一个购买该型号飞机的客户。联邦快递目前是空客 A310、波音 727、DC-10、MD-10 及 MD-11 机种的最大营运商。

(资料来源：http://www.fedex.com/cn)

　　以上案例介绍了航空快递的巨人——联邦快递。快递业是对航空运输依赖程度最高的物流分支产业。现代航空运输是社会生活和经济生活的一个重要组成部分，是目前发展最快的一种运输方式，具有运输速度快、航程远、能够跨越地理障碍、安全舒适等特点。本章介绍了航空运输的概念及航空运输业的发展，重点介绍了航空运输方式、航空运输管理体系及航空运输体系。飞机是航空运输的主要运载工具，本章介绍了飞机分类及世界著名飞机制造公司波音公司和空客公司。机场是提供飞机起飞、着陆、停驻、维护、补充给养及组织飞行保障活动的场所,也是旅客和货物的起点、终点或转折点,本章介绍了机场的分类和临空经济、临空经济区,世界和中国主要机场。飞机航线又称空中交通线,是航空运输的线路,本章介绍了航线的分类、航线的结构和世界及我国的主要航线。

【学习目标】

通过本章的学习,主要掌握航空运输的概念及航空运输的方式;了解世界和我国航空运输业的发展;掌握世界及我国主要机场及机场的三字代码;了解飞机和机场的分类方式;了解世界著名飞机制造公司和临空经济、临空经济区的概念;重点掌握航线的概念、分类方式及世界和我国主要航线及航线分布的特点。

第一节 航空运输概述

航空运输是现代社会生活和经济生活的一个重要组成部分,是目前发展最快的一种运输方式。航空运输具有快速、机动的特点,是现代旅客运输,尤其是远程旅客运输的重要方式,在国际贸易中是运输贵重物品、鲜活货物和精密仪器所不可缺的运输方式。

一、航空运输

航空运输是指使用飞机、直升机及其他航空器运送人员、货物及邮件的一种运输方式。航空运输的快速发展和它自身的特点相关,与其他运输方式相比,航空运输具有速度快、机动性大、舒适安全、货损率小、基本建设周期短、投资少等优点。航空运输的主要缺点是机舱容积和载重量都比较小,运载成本和运价比地面运输高。飞机飞行往往要受天气气候条件的限制,因而影响其正常、准点性。此外,航空运输速度快的优点在短途运输中难以显示。

二、世界和中国航空运输业的发展

航空运输始于1871年,当时普法战争中的法国人用气球把政府官员和物资、邮件等运出被普军围困的巴黎。1918年5月5日,飞机运输首次出现,航线为纽约—华盛顿—芝加哥,同年6月8日,伦敦与巴黎之间开始定期邮政航班飞行。

20世纪30年代有了民用运输机,航空设计和制造技术不断改进,航空工业的发展促进了航空运输的发展。第二次世界大战结束后,在世界范围内逐渐建立了航线网,以各国主要城市为起讫点的世界航线网遍及各大洲。从2003年年底世界航空运输业开始走向复苏,并在2004年取得了大幅增长。2005年,全球以机场处理的国际和内陆总货运量达4780万公吨，总客运量达 20.9 亿人次。2007 年，全球航空公司定期航班数目达到 2960 万架，创历史最高纪录，全球机场旅客吞吐量达 46.46 亿人次。但是到了 2008 年，全球航空运输业遭受世界性经济危机的重大冲击，受世界经济危机的影响，世界航空运输行业全年损失达 110 亿美元。随着近几年经济形势的好转，航空运输业逐步走出困境，成功渡过了 2008 年的金融危机，在 2010 年取得较好的业绩。但在 2011 年，受中东与北非地缘政治动荡、日本特大地震灾害和欧美主权债务风暴升级等因素的冲击，再次呈现了疲软态势。

中国从 1950 年 8 月开始开辟了第一条国内固定航线经营国内航班，至今已经历了 60 多年的发展。改革开放以来我国民航发展快速，规模不断扩大。2010 年，中国民航全行业实现利润 437 亿元，客运量达到 2.6 亿多人次，运输机队规模在不断扩大，国内、国际航线数量也在不断增长。改革开放极大地解放了生产力，为中国民航的持续快速发展提供了强大动力。目前，中国民航已建立了与社会主义市场经济和国际趋势相适应的行业管理与运行机制。

根据中国民航发展战略，到 2030 年，中国将全面建成安全、高效、绿色的现代化民用航空体系，实现从民航大国到民航强国的历史性转变。到 2020 年，中国民航将实现运输总周转量 1400 亿吨千米以上，旅客运输量超过 7 亿人次，旅客周转量在国家综合交通运输体系中的比重将达到 25%以上，机场数量达到 270 个以上，在地面交通 100 千米或 1.5 小时的车程范围内，全国 80%以上的县级行政单元较方便地得到航空服务。

我国制定了持续安全、大众化、全球化三大核心战略和运输航空、通用航空、机场发展、空管发展、保障系统、政府服务六大战略任务。为促进中国民航发展由"量"的增加到"质"的飞跃的转变、由"大"到"强"的转变，还需要在以下几个方面做出努力。

(1) 努力争取将民航强国战略纳入国家发展战略体系民航的发展关系国家和地方经济社会发展，关系国家军事和国防建设，关系国家航空工业成长，关系国家综合运输体系的建立。

(2) 提高空管保障能力，一方面加大空管基础设施建设；另一方面积极研究、应用新科技，包括建立空管国家重点实验室，加强空管技术研究，大力推进多点定位系统、航空电信网等成熟新技术的应用等。

(3) 实现与航空工业的战略合作，建立民航业与航空工业协调和决策机制，加强双方合作，互相促进，互相支持，填补航空工业技术空白，增强综合国力。

(4) 加强与联检部门合作，建立民航业与各联检部门的协调机制，完善落地签证等相关政策，简化出入境联检手续，再造联检流程。

(5) 深化行业管理体制改革，坚持市场化改革方向，建立适应市场经济要求的公平有序、充分竞争的航空运输市场体系，建立廉洁、高效、权威的政府管理体系，建立各系统协调顺畅的行业经济运行机制，完善行业投融资体制。

(6) 加大产业扶持力度，加大各级政府对民航建设与发展的投入。将"一金一费"专项资金规范为长期的稳定资金来源。加大对国际航空、支线航空、通用航空、科技教育和自主创新、节能减排的扶持力度。建立基本航空服务补贴机制，实施优惠的税收政策，扶持航空金融业务。

(7) 加大人力资源开发力度，建立多元化、开放式的教育培训体系和人才引进机制，重点扩大飞行、机务、空管、机场等专业人才培养能力和引进力度，逐步建立行业人才预警和储备机制，创新培育人才、吸引人才、凝聚人才和激励人才的体制机制，积极营造人才辈出、人尽其才的良好环境。

中国航空运输业正处在发展机遇期，方向明确，前景广阔，只有立足科学发展，持续深化改革，落实强国战略，才能建设和谐民航，实现我国由民航大国向民航强国的历史性跨越。

三、航空运输管理体系

经过一个世纪的发展，民用航空运输业在国际、国内以及企业内部已经形成一整套管理体系，以保证民用航空运输业正常、安全、健康地发展。

民用航空运输业具有国际性的特点。国际民用航空运输管理机构负责制定国际民用航空运输活动的行为规范，协助国际民用航空运输业务关系，以保障国际航空运输的航行安全和有序发展。因此，通过国际民航管理机构的协调与管理，世界各国民航运输企业在国际民航活动中实行统一的技术标准、航行规则、操作规程，执行统一价格体系、价格标准和票据规格，遵循统一的国际法规准则、公正处理国际航空事务等。

当今世界上有许多国际性航空组织，具有较大影响的主要有两大国际民用航空运输管理机构。一个是"国际民用航空组织 ICAO(International Civil Aviation Organization)"。ICAO 的作用是制定和监督执行有关航空运输飞行安全，维护国际航空运输市场秩序的标准，促进发展与和平利用航空技术，以保证飞行安全，在尊重主权的基础上公平发展。1974 年 9 月，中国在 ICAO 的大会上当选为理事国。另一个是"国际民用航空运输协会 IATA(International Aviation Transport Association)"。IATA 的主要任务是制定国际航空运输价格、运载规则和运输手续，协助航空运输企业间的财务结算，执行国际民用航空组织 ICAO 制定的国际标准和程序。

四、航空运输方式

航空运输的方式有以下几种。

(一)班机运输

班机运输是指定期开航的，定航线、定始发站、定目的港、定途经站的飞机运输。一般航空公司都使用客货混合型飞机，一方面搭载旅客，另一方面又运送少量货物。但一些较大的航空公司在一些航线上开辟定期的货运航班，使用全货机运输。

班机运输的特点有以下几方面。

(1) 班机由于固定航线、固定停靠港和固定开航时间，因此国际货物流通多使用班机运输方式，能安全迅速地到达世界上各通航的地点。

(2) 便利收、发货人可确切掌握货物起运和到达的时间，这对市场上急需的商品、鲜活易腐货物以及贵重商品的运送是非常有利的。

(3) 班机运输一般是客货混载，因此，舱位有限，不能使大批量的货物及时运出，往往需要分期分批运输，运输费用也较高。

(二)包机运输

包机运输是指航空公司按照约定的条件和费率，将整架飞机租给一个或若干个包机人(包机人指发货人或航空货运代理公司)，从一个或几个航空站装运货物至指定目的地的运输方式。包机运输适合于大宗货物运输，费率低于班机，但运送时间则比班机要长些。包机运输方式可分为整包机和部分包机两类。

整包机即包租整架飞机，是指航空公司按照与租机人事先约定的条件及费用，将整架飞机租给包机人，从一个或几个航空港装运货物至目的地。包机人一般要在货物装运前一个月与航空公司联系，以便航空公司安排运载和向起降机场及有关政府部门申请、办理过境或入境的相关手续。包机的费用一次一议，随国际市场供求情况变化，原则上包机运费是按每一飞行千米固定费率核收费用，并按每一飞行千米费用的80%收取空放费。因此，大批量货物使用包机时，均要争取来回程都有货载，这样费用比较低。

部分包机就是由几家航空货运公司或发货人联合包租一架飞机或者由航空公司把一架飞机的舱位分别卖给几家航空货运公司装载货物，用于托运不足一架整飞机舱位，但货量又较重的货物运输。

包机可以解决班机仓位不足的矛盾；货物全部由包机运出，节省时间和多次发货的手续；弥补没有直达航班的不足，且不用中转；减少货损、货差或丢失的现象；缓解空运旺季航班紧张状况。

但包机时间比班机长，尽管部分包机有固定时间表，往往因其他原因不能按时起飞。各国政府为了保护本国航空公司的利益，常对从事包机业务的外国航空公司实行各种限制，如包机的活动范围比较狭窄，降落地点受到限制，需降落非指定地点外的其他地点时，一定要向当地政府有关部门申请，同意后才能降落(如申请入境、通过领空和降落地点)。

(三)集中托运

集中托运可以采用班机或包机运输方式，是指航空货运代理公司将若干批单独发运的货物集中成一批向航空公司办理托运,填写一份总运单送至同一目的地,然后由其委托当地的代理人负责分发给各个实际收货人的运输方式。集中托运方式,可降低运费,是航空货运代理的主要业务之一。

(四)航空快递业务

航空快递业务又称速递、快运、快递业务,是专门经营该项业务的航空货运代理公司,派专人用最快的速度在货主、机场、用户之间运输和交接货物的运输服务业务,该项业务是国际上两个航空货代之间通过航空公司进行的。航空快递业务因具备快捷灵便、安全可靠、送交有回音、查询快而有结果等优点,近年来得到快速发展。其业务形式包括以下几个方面。

(1) 机场到机场。发货人在飞机始发站将货物交给航空公司,然后发货人发传真通知目的地的收货人到机场取货。

(2) 门到门 (又称"桌到桌")服务。由快递公司(或代理)派人到发货人所在地取货,直接送到机场交航空公司,然后通知目的地快件公司按时取货,并送交收货人,货送毕,将有收货人签字的回执送回发货人手中,或向发货人回传真告知货物交接时间和签收人姓名等情况。

(3) 委派专人送货。由快递公司派人随机送货,直至货物安全送达收货人手中。

机场到机场的服务形式比较简单,收费较低,但发、收货人都感到不方便。委派专人送货的服务形式周到,但费用较高。门到门服务形式综合以上两种优点,被航空公司、航空货代公司和航空快递公司广泛采用。

第二节 航空器与飞机制造

航空运输体系包括飞机、机场、空中交通管理系统和飞行航线四个基本部分,这些基本部分有机结合,分工协作,配合商务运行、机务维护、航空供应、油料供应、地面辅助及保障系统等辅助部分,共同完成航空运输的各项业务活动。

一、飞机的分类

飞机是航空运输的主要运载工具,按照不同的标准,有以下几种分类方法。

(1) 按用途不同,飞机可分民用航空飞机和国家航空飞机两大类。国家航空飞机可分为军队使用飞机、警察使用飞机和海关使用飞机等;民用航空飞机可分为民用飞机和直升机,民用飞机又可分为客机、货机和客货混合两用飞机。飞机按用途分类如图6-1所示。

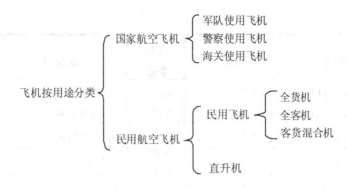

图 6-1　飞机按用途分类

(2) 按发动机的类型划分，飞机分为螺旋桨式飞机和喷气式飞机。螺旋桨式飞机包活塞螺旋桨式飞机和涡轮螺旋桨式飞机；喷气式飞机包括涡轮喷气式和涡轮风扇喷气式飞机。螺旋桨式飞机的引擎为活塞螺旋桨式，这是最原始的动力形式，它利用螺旋桨的转动将空气向机后推动，借其反作用力推动飞机前进，螺旋桨转速愈高，则飞行速度愈快；喷气式飞机机型的优点是结构简单、速度快，一般时速可达 500～600 英里，燃料费用节省，装载量大，一般可载客 400～500 人或 100 吨货物。

(3) 按发动机的数量划分，飞机分为单发动机飞机、双发动机飞机和多发动机飞机。多发动机飞机包括三发动机飞机、四发动机飞机、八发动机飞机等。

(4) 按飞机的航程远近，有近程飞机、中程飞机和远程飞机之分。近程飞机的航程一般小于 1000 千米，一般用于支线，因此又称支线飞机；中程飞机的航程为 3000 千米左右；远程飞机的航程为 11 000 千米左右，可以完成中途不着陆的洲际跨洋飞行。中程飞机和远程飞机一般用于国内干线和国际航线，又称干线飞机。

(5) 按客座数划分，飞机可分为大型宽体飞机、中型飞机和小型飞机。大型宽体飞机客座数在 200 座以上，飞机上有双通道通行；客座数在 100～200 座之间的为中型飞机，一般为单通道飞机；飞机的客座数在 100 座以下的为小型飞机，多用于支线飞行。各种飞机的代表机型，如表 6-1 所示。

表 6-1　各种飞机的代表机型

飞机类型	飞机型号	载客数	飞机类型	飞机型号	载客数
大型宽体飞机	波音 747	350～400 人左右	中型飞机	波音 737	130～160 人左右
	波音 767	280 人左右		空中客车 320	180 人左右
	波音 777	350 人左右		前苏联 TU5 飞机	150 人左右

续表

飞机类型	飞机型号	载客数	飞机类型	飞机型号	载客数
大型宽体飞机	空中客车 340	350 人左右	中型飞机	英国 BAE-146	108 人左右
	空中客车 300	280 人左右		M90(麦道 90)	150 人左右
	空中客车 310	250 人左右	小型飞机	国产 YN7(运 7)	50 人左右
	ILW 伊尔 86	300 人左右		前苏联 AN4(安 24)	50 人左右
	M11(麦道 11)	340 人左右		ATR(雅泰 72A)	70 人左右

(6) 按飞行的飞行速度，可以把飞行划分成亚音速、跨音速、超音速和高超音速四种。用马赫数(M 数)代替飞行速度值能直接、确切地描述飞行特性，马赫数(M 数)是飞机速度与当地声速的比值，飞行时的 M 数可由马赫数表读出。一般把 M<0.8 的飞行称为亚音速飞行，把 M 数为 0.8～1.2 的飞行称为跨音速飞行，把 M 数为 1.2～5.0 的飞行称为超音速飞行，把 M 数大于 5.0 的飞行称为高超音速飞行。

【知识拓展】

空中交通管理系统

空中交通管理系统是航空运输体系的组成部分，空中交通管理系统是为了保证航空器飞行安全及提高空域和机场飞行区的利用效率，而设置的各种助航设备和空中交通管制机构及规则。助航设备分仪表助航设备和目视助航设备。仪表助航设备是指用于航路、进场(指飞机在机场上空由地面管制人员指挥对准跑道下降的阶段。这个阶段飞机需要按规则绕机场飞行后直接对准跑道，飞机减速，放下襟翼和起落架)、机场的管制飞行，包括通信、导航、监视(雷达)等装置。目视助航设备是指用于引导飞机降落、滑行的装置，包括灯光、信号、标志等。空中交通管制机构通常按区域、进近、塔台设置。空中交通管制规则包括飞行高度层配备、垂直间隔、水平间隔(侧向、纵向)的控制等。空中交通管制方式分程序管制和雷达管制。

(资料来源：http://baike.baidu.com/view/486146.htm)

二、飞机制造公司

航空制造业是资金技术密集型产业，产品附加值极高。按照产品单位重量创造的价值来计算，船舶为 1、小汽车为 9、电视机为 50、电子计算机为 300、大型飞机为 800、航空发动机为 1400。航空制造业是一个高投入、高风险、高回报的高科技产业，经过一百多年的发展，航空制造业已经成为全球化程度很高的产业之一，具有很强的产业带动作用。据美国有关方面统计，向航空工业投资1万美元，10年后航空工业及其相关产业能产出80万美元的产值。

当前世界上有50多个国家拥有航空制造业，但规模相差悬殊。民用飞机方面，美国的波音公司和欧洲的空中客车公司技高一筹，特别是在干线飞机方面形成了对全球民机的垄断；军用飞机方面，美国和俄罗斯并驾齐驱，引领潮流。加拿大、巴西、中国、日本和乌克兰等国家也在某些种类的产品研制上取得了重大突破。下面重点介绍两大干线飞机制造巨头——波音公司和空中客车公司。

(一)波音公司

波音公司是全球航空航天业的领袖，也是世界上最大的民用和军用飞机制造商。波音公司成立于1916年7月1日，由威廉·爱德华·波音(William Edward Boeing)创建，是美国最大的飞机制造公司之一，原名波音飞机公司，1961年5月改为波音公司。

波音公司建立初期，以生产民用机和轰炸机为主，第二次世界大战后，开始兼营其他业务。目前还是以生产民用机为主，军用机分公司只从事一些老飞机的改进改型。今天世界上所使用的大约10 000架民用喷气客机中，40%以上是波音公司生产的。

在军用飞机方面，波音公司曾成功地研制了第二次世界大战中赫赫有名的B-17和B-29轰炸机，战后又生产了B-47和B-52轰炸机。其中B-52轰炸机从开始服役至今已有30多年，现仍是美国战略核攻击力量的主要运载工具之一。近年来，波音公司的业务中军机的比重在逐渐减少，研制了E-3"望楼"和E-4预警机、E-6通信中继飞机，CH-47"支奴干"和V-22"鱼鹰"倾转旋翼飞机，并参与研制了F-22"猛禽"先进战术战斗机、RAH-66"科曼奇"隐形武装直升机等。

在民用飞机方面，1956年，迫于当时已投入航线的英国"彗星"式喷气机的压力，波音公司决定把KC-135改成波音707，它是该公司第一架喷气式民航机，而且很快打入了民航机市场。从此波音公司在民用航空领域内一发不可收，先后发展了波音717、737、747、757、767、777系列飞机，提供从100座级别到500多座级别以及货运型号在内的各种民用运输机，全球同时在现役运营波音民用飞机有上万架之多。目前，波音公司开发的波音787系列飞机，已经于2009年12月首飞，2011年9月27日交付使用。

1997年8月5日，原波音公司与原麦道公司合并的程序已全部完成，新的波音公司正式营运。原波音公生产的80%为民用飞机，20%为军用飞机和太空方面的业务，而原麦道公司恰恰是一个大致相反的比例。原麦道公司曾经是世界上最大的军用机生产商，它70%的利润来自军用飞机，著名的F-15"鹰"、F/A-18"大黄蜂"就产自它的门下。两家合并，正是优势互补，相得益彰。

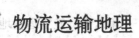
物流运输地理

合并后的新波音公司已成为世界上最大的航空航天公司，它的业务包括民用航空、国防防务和航天各方面，客户遍布世界 145 个国家和地区，公司的订单总值超过 1000 亿美元。新波音公司目前在全世界开设有 50 多个办公处，雇员近 24 万人，已经成为了一个名副其实的航空航天王国。

(二)空中客车公司

空中客车公司是一家国际合营公司，于 1970 年 12 月 18 日成立，在法国注册，属于法国法律所规定的经济利益集团性质的经济组织。该公司目前共有四个正式成员公司和两个协作成员公司。正式成员公司有法国航宇公司、联邦德国空中客车工业公司、英国航宇公司和西班牙的 CASA 公司；协作成员公司有荷兰的福克公司和比利时空中客车公司。

空中客车公司负责协调其成员在"空中客车"运输机系列产品的研制和生产工作，并统一负责产品的销售和售后服务工作，该公司本身并无生产工厂或研究试验设施。该公司有两家子公司，一家是航空培训中心，也是国际合营公司，负责"空中客车"各型飞机的驾驶员和维修人员的培训工作；另一家是北美空中客车工业公司，负责在北美洲的销售及售后服务业务。

20 世纪 50、60 年代，西方航空公司所采用的干线运输机，基本由英国、美国供应，其中美国占有绝对优势。20 世纪 60 年代，西欧各国看到世界空运的繁荣前景，其中 70%应属中短程航线，它们有意与美国争夺这个范围的民航机市场。西欧各国认识到，只有联合起来，自己的航空工业才能生存和发展，并争得广泛的国际市场。于是，法国、英国与联邦德国政府在 1967 年 9 月 26 日签订协议，决定分别资助本国公司研制 A300 客机。1974 年 5 月 A300 客机投入使用。

空中客车公司是世界上最先进、最舒适、最可靠的民用客机制造商。公司机种选型正确，技术经济性好，这是空中客车公司成功的关键。继 A300 客机之后，公司又推出 A310 客机，标准载客量 220 人的中短程双通道宽体客机；推出的 A320 客机，可与波音 737 系列和麦道 MD-80 系列进行竞争，满足航空公司低成本运营中短程航线的需求，优化了客舱布局，行李和货运装卸更方便、操作更灵活。A330 和 A340 客机则是为了填补载客 250～300 人远程运输机的 20 世纪 90 年代市场空白而推出，击败了前麦道公司的 MD-11，并提前波音 777 飞机 3 年交付，牢牢地占据了市场。A350 客机集中了空中客车公司的全部优势，被看作是适用于远程商业运营的最小的经济性飞机。A380 客机是欧洲空中客车工业公司研制生产的四发远程 550 座级超大型宽体客机，投产时也是全球载客量最大的客机。A380 客机为全机身长度双层客舱四引擎客机，采用最高密度座位安排时可承载 850 名乘客，在典型三舱等配置（头等、商务、经济舱）下也可承载 555 名乘客。A380 客机在投入服务后，打破波音 747 在远程超大型宽体客机领域统领 35 年的纪录，A380 客机的出现结束了波音 747

在大型运输机市场 30 年的垄断地位。

第三节 机 场

机场亦称飞机场、空港，较正式的名称是航空站。机场是提供飞机起飞、着陆、停驻、维护、补充给养及组织飞行保障活动的场所，也是旅客和货物的起点、终点或转折点。机场是由供飞机使用的部分(包括飞机用于起飞降落的起飞区和用于地面服务的航站区)和供旅客接送货物使用的部分(包括办理手续和上下飞机的航站楼地面交通设施及各种附属设施)组成。

一、机场的分类

机场一般分为军用和民用两大类，用于商业性航空运输的机场也称为航空港，我国把大型民用机场称为空港，小型机场称为航站。按机场规模和旅客流量可将机场分为三种类型。

(一)枢纽国际机场

枢纽国际机场是指在国家航空运输中占据核心地位的机场，这种机场无论是旅客的接送人数，还是货物吞吐量，在整个国家航空运输中都占有举足轻重的地位，其所在城市在国家经济社会中居于特别重要的地位，是国家的政治经济中心或特大城市省会。例如我国的北京首都国际机场、乌鲁木齐地窝堡国际机场、昆明巫家坝国际机场、深圳宝安国际机场、上海浦东国际机场、广州白云国际机场、香港国际机场、成都双流国际机场、哈尔滨太平国际机场、沈阳桃仙国际机场、重庆江北国际机场、武汉天河国际机场和天津滨海国际机场等。

(二)区域干线机场

区域干线机场所在城市是省会(自治区首府)城市、重要开放城市、旅游城市或其他经济较为发达的城市，人口密集，无论旅客的接送人数，还是货物吞吐量都相对较大。例如南昌昌北国际机场、宜宾宗场区域国际机场、无锡硕放区域国际机场等。

(三)支线机场

支线机场是除上面两种类型以外的民航运输机场。虽然它们的运输量不大，但其作为沟通全国航路或对某个城市地区的经济发展起着重要作用。例如上饶三清山机场、泸州蓝田机场、泉州晋江机场等。

二、临空经济

(一)临空经济与临空经济区

以航空运输(人流、物流)为指向的产业在经济发展中将形成具有自我增强机制的聚集效应，不断引致周边产业的调整与趋同，这些产业在机场周边形成了经济发展走廊、临空型制造业产业集群以及各类与航空运输相关的产业的集群，进而形成以临空指向产业为主导、多种产业有机关联的独特经济发展模式，这种以航空货流和商务人流为支撑的经济就称为临空经济。从 20 世纪 80 年代起，世界上的大型现代化机场，如爱尔兰香农机场、美国达拉斯沃斯堡机场、韩国仁川机场、丹麦哥本哈根机场等，都相继突破了传统的单一机场发展模式，呈现出向多功能、多层次、综合开发模式转变的趋势，充分利用航空运输资源，把临空经济作为城市发展的增长极。

临空经济区是指由于航空运输的巨大效应，促使航空港相邻地区及空港走廊沿线地区出现生产、技术、资本、贸易和人口的聚集，从而形成的多功能经济区域。临空经济区以发展临空产业为核心，包括先导产业和相关产业。先导产业指运输业(客运、货运)、民航综合服务业；相关产业指配套服务、传统的制造业、物流配送、商务餐饮、住宅开发和高新技术产业等。临空经济区大多以机场为地理中心，沿交通沿线向外发散式扩张，它具体存在于以机场为中心，以 10~15 千米为半径的范围内。

(二)临空经济的空间布局

根据航空运输对区域经济的辐射能力和两者的互动影响，临空经济的空间布局通常为圈层结构，即在机场周边分为四个区：空港运营区、紧邻空港区、空港相邻区和外围辐射区。

(1) 空港运营区：空港运营区的范围通常在机场周边的 1 千米范围内。空港运营区是机场所在的地区，包括机场的基础设施和与空港运营相关的行业，如飞机后勤服务、旅客服务、航空货运服务等，以及航空公司的办事机构，是直接服务于机场各方面的功能区。

(2) 紧邻空港区：紧邻空港区的范围通常在机场周边的 1~5 千米范围内。紧邻空港区主要是空港商业的活动地区，主要布局有空港工业园区、空港物流园区以及出口加工区等。另外，航空从业人员的住宅等生活服务设施也分布于这一区域。

(3) 空港相邻区：空港相邻区的范围通常在机场周边的 5~10 千米范围内，或在空港交通走廊沿线 15 分钟车程范围内，主要发展航空公司总部、金融保险机构和高科技产业、会展中心及跨国公司的总部等。

(4) 外围辐射区：外围辐射区的范围通常在机场周边的 10～15 千米范围内。临空经济的影响在这一区间将逐步衰减收敛，形成临空经济区的空间边界。

(三)临空经济的国内外发展状况

随着经济的发展和航空业的进步，世界各地的大型机场都先后推出临空经济区的建设计划，并且在整体规划上，呈现多元化、多层次、辐射广的态势。

1959 年，爱尔兰成立了香农国际航空港自由贸易区，它包括紧靠香农国际机场的香农自由工业区和香农镇，自由贸易区利用国外资金和原材料，大力发展出口加工业，这是临空经济区的早期形式。

从 20 世纪 60 年代起，日本政府就先后提出了在东京、大阪建设三大国际空港的课题，新东京国际空港(成田)、东京国际空港(羽田)、关西国际空港成为日本最重要的航空港。日本采用了研究——建设——再研究——再建设的方针，使得航空运输在日本得到了飞速的发展，形成了建设与发展的良性循环。最典型的是日本长崎县，依托长崎空港，在滨海区域规划兴建了一个临空经济区，建设一条商务办公街，建立系列航空关联产业开发区、自由贸易区、高级文化娱乐区、高级住宅区和高精尖端技术产业区。

荷兰阿姆斯特丹史基浦机场持续保持在欧洲机场客运量和货运量排名领先位置。该机场不仅仅作为航空旅客的集散点，而且作为航空城来综合管理，即构建高效枢纽，由航空、铁路和公路等多种运输形式互为补充。从航空港到航空港都市城的发展，丹史基浦机场将建立和发展机场城市来为利益相关者创建可持续发展价值，作为一个重要的目标。

在我国，北京顺义的临空经济现已形成了五大产业区，包括高科技产业区、现代制造业产业区、饮料产业区、现代服务业产业区和现代农业产业区，并且已具有相当规模，有一些著名的世界五百强企业也入驻此地。2005 年，顺义经济 70%来自与临空有关的产业，它的税收达到了 86%。凭借此条件，首都机场临空经济区是中国最具实力的临空经济区。

上海虹桥临空经济园区依托虹桥国际机场而发展，规划面积 2.8 平方千米，集高新技术产业、都市型工业等于一体。该机场对周围地区具有强大的辐射能力，经济和交通的发展已带动了周边的大片房地产业的兴起，充盈着巨大的商机，尤其是机场周边的可利用土地资源显得弥足珍贵。

成都作为西南人流、物流的集散地，已是西南最大的航空港，其吞吐量在全国已经位居第五。预计到 2010 年，双流机场旅客吞吐量可达 1750 万人次；货邮吞吐量将达到 48 万吨。到 2020 年，旅客吞吐量可达 3500 万人次，货邮吞吐量将达 107 万吨。成都双流机场临空经济区将以机场为龙头、以火车南站、公路货运站和府河成都港(在建)为基础，使其与高新区、教育科研商贸区、城南副中心紧密相连，通过整治机场路、新建临港路、扩建大件路和延伸川大路等，形成一个空、铁、水、陆四网合一的大联营、大通关格局，从而构

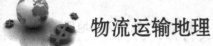

成一个"四网合一"的网络，并培育成西部最大的临空经济区。

此外，天津航空城的规划面积有100万平方米，将建设集机场作业、航空保税物流、民航产品生产制造、金融商贸会展和生态居住旅游服务等功能于一体的临空产业区。广州花都区充分利用新白云国际机场的带动效应，建设航空物流园区、机场商务区和高新技术产业园区。重庆航空城规划面积175平方千米，投资300亿元，将以现代服务业为重点，发展空港物流，培育国际商务、宾馆会展、宜居生态和高新制造等产业。

临空经济的出现表明一个国家的经济达到了一定水平，是国家经济生活的重要现象，是产业形态演变和运输方式变革的共同产物。一个经济贫穷的国家可能有航空现象，但很难有临空产业。一个国家或者地区的临空经济发展过程必然要经历从无到有、从萌芽到成熟的过程，在这一演变过程中，临空经济会呈现出不同的特征。在临空经济发展的初期起步阶段，航空港或者机场的功能与区域经济的结合比较弱，临空产业除为机场服务的航空服务业外，以传统的制造业为主，航空枢纽指向性弱；在临空经济发展的快速成长阶段，航空网络覆盖面扩大，机场综合型增强，临空经济区内的高新技术产业的比重迅速上升，产业的航空枢纽指向明显强化，机场功能与所在区域的融合性加强，临空经济的外向型产业逐步占据主导地位；在临空经济发展的成熟阶段，现代服务业和高新技术产业共同成为临空经济区的主要产业，航空制造业和航空服务业相结合成为航空产业集群，复合型的航空枢纽功能与区域经济完全融合，成为区域经济的增长点。

21世纪是航空的世纪。航空运输将全球的人流、物流、信息流和资金流高速地交织在一起，成为国家和地区参与国际经济竞争、与全球广阔的市场进行人员和商品交流的主要渠道。在经济全球一体化的背景下，为区域在全国甚至全球寻找市场机会和资源支撑奠定了基础。因此，航空运输不仅是一种运输手段，通过航空运输带动区域经济发展，最大限度地利用全球范围内的资源，将成为未来全球经济发展的主流形态和主导模式。大力发展航空运输，汇集国内、国际城市的能量和活力，促进航空运输与区域经济的动态交流，使其成为区域经济增长的动力源泉，对区域经济发展和参与国际竞争都具有极为重要的意义。

三、世界著名机场

(一)美国芝加哥奥黑尔机场

美国芝加哥奥黑尔机场位于芝加哥，是世界上面积最大、客运最繁忙的机场之一。该机场距离芝加哥市27千米，总共有6个跑道，并且有高速公路穿梭其中，美国所有的航空公司在这里都有自己的登机口，在这里平均不到3分钟就有一架飞机起降，年旅客流量达3000万～4000万人次，是世界上最大的枢纽机场之一。

(二)美国亚特兰大国际机场

亚特兰大机场,全称亚特兰大哈兹菲尔德-杰克逊国际机场,位于美国佐治亚州亚特兰大市中心南方约 11 千米处,是世界上登机口最多的机场,共有 6 个航站楼,拥有近 100 个近机位,这里是全球飞机数量最多的航空公司美国达美航空公司的总部,是世界最繁忙的机场之一。此外,达美航空和穿越航空都以此机场为主要枢纽。

(三)美国洛杉矶国际机场

美国洛杉矶国际机场距离洛杉矶市 20 千米,是太平洋上的航空枢纽,平均不到 2 分钟就有一架飞机起降,起降的频率使得该机场成为世界最繁忙的机场之一。它是美国联合航空公司的总部之一,美国航空公司的总部也坐落在此。这个横跨南加州海岸线的繁忙且超负荷的机场是美国通往亚洲的主要航空港,国际客流量每年在 1800 万左右。洛杉矶国际机场因其飞行传统以及太平洋沿岸迅速增长的客流量而闻名遐迩。

(四)英国伦敦希思罗国际机场

英国伦敦希思罗机场是全欧洲最繁忙的机场之一,距伦敦市中心 20 千米,是整个欧洲空中交通的中心,也是英国航空公司的总部,另外,英国米特兰航空公司,英国不列颠航空公司,英国 AIR 2000 航空公司的总部也在这里。由于该机场开出众多的跨境航班,因此以跨境的客量计算,希思罗机场的客流量是最高的。它连接了伦敦和整个世界,同时也是英国航空公司的要塞,维护了英航利润丰厚的跨大西洋航线。

(五)日本东京羽田国际机场

日本东京羽田国际机场位于东京市大田区东南端,多摩川河口的左岸,总面积 408 万平方米,与全国主要城市——札幌、福冈、大阪、广岛、那霸、青森等 37 个空港有航班往返,每天约有 230 个航班进出港,起降约 460 次,每年往来旅客人数约 6600 万人,占全国国内航空旅客人数(约 9300 万人)的半数以上。1978 年新东京国际航空港(成田航空港)建成后,羽田国际机场改为日本国内的航空运输中心。

(六)法国巴黎戴高乐国际机场

法国巴黎戴高乐国际机场坐落于巴黎,是欧洲主要的航空中心,也是法国航空公司的总部。它是以法国将军、前总统夏尔·戴高乐(Charles de Gaulle)的名字命名的,是世界上最大的机场之一,在巴黎市东北郊,离市中心 24 千米。戴高乐国际机场在设计上是一个创举,把停机坪安排在一个圆圈内,沿圆的外环建了个庞大的环形候机厅,分为24个小厅供不同航空公司使用。所以整个机场从外边看起来是个大圆盘,加油和维修装置都设在圆心。这种设计占地小,充分利用空间,而且旅客不怕找错机厅,绕着走就行了,十分方便。该设计为后来的许多机场所效仿。

(七)德国法兰克福国际机场

法兰克福国际机场位于德国美因河畔法兰克福,是德国最大的机场,也是全球各国际航班重要的集散中心。法兰克福国际机场是德国的国家航空公司——德国汉莎航空公司的一个基地。法兰克福国际机场比伦敦的希斯罗国际机场提供更多的飞行目的地,按乘客流量来算,法兰克福国际机场在欧洲位列第三位,排在伦敦的希斯罗国际机场和巴黎的戴高乐国际机场之后。

(八)迪拜国际机场

迪拜国际机场是中东地区最大的航空港,始建于1959年,当初机场只有一条1800米长的跑道,一个简易停机坪和一座窄小的候机楼。2000年年底,迪拜国际机场完成耗资5.4亿美元的改建和扩建,使迪拜国际机场的接待能力进一步提高,成为国际机场评比中的获奖专业户,客流量也大幅增加。目前来自100多家航空公司的班机在此有序地起飞降落,联通全球140多个目的地城市。2002年,迪拜国际机场的客运量已达1600万人次,是目前世界上成长最快的机场。预计到2015年,迪拜国际机场能接待1500万外来旅客。

(九)新加坡樟宜国际机场

新加坡樟宜国际机场位于新加坡樟宜,占地13平方千米,距离市区17.2千米。樟宜国际机场是新加坡主要的民用机场,也是亚洲重要的航空枢纽之一。该机场由新加坡民航局营运,是新加坡航空、新加坡航空货运、捷达航空货运、欣丰虎航、胜安航空、捷星亚洲航空和惠旅航空的主要运营基地。此外,它也是印度尼西亚鹰航空公司的枢纽和澳大利亚航空公司的第二枢纽,其中后者利用新加坡作为中途站来营运欧澳两地的袋鼠航线。袋鼠航线特指来往欧洲及澳洲或新西兰间的客运航线,这些航班通常都会在东南亚中停。

四、我国主要机场

机场是国家综合交通运输体系的重要组成部分,是民航最重要的基础设施之一。到2010年年底,我国颁证运输机场达到175个,机场航站楼总面积达到710多万平方米,其中北京首都国际机场、上海浦东国际机场和广州白云国际机场为复合型枢纽机场。我国"十二五"规划中提到,到 2015 年年末,全国民航运输机场数量将达到 230 个以上,覆盖全国 94%的经济总量、83%的人口和 81%的县级行政单元。从目前我国的机场布局来看,西部地区机场密度仅为每万平方千米 0.13 个,东部地区达到 0.5 个,东西部地区发展还不平衡。因此,在"十二五"时期,我国机场建设的目标就是优化布局、完善体系,基本建成布局合理、功能完善、层次分明、高效安全的机场体系。

(一)北京首都国际机场

北京首都国际机场简称首都机场,是中华人民共和国北京市主要的国际机场。北京首都国际机场位于北京市区东北方向,地理位置处在顺义区,距离天安门广场 25.35 千米。首都机场于 1958 年 3 月 2 日投入使用,是中华人民共和国时期首个投入使用的民用机场,也是中国历史上第四个开通国际航班的机场。北京首都国际机场是中国地理位置最重要、规模最大、设备最齐全、运输生产最繁忙的大型国际航空港。北京首都国际机场不但是中国首都北京的空中门户和对外交往的窗口,而且是中国民航最重要的航空枢纽,是中国民用航空网络的辐射中心,是当前中国最繁忙的民用机场,是中国国际航空(集团)公司的总部主运营基地。

天津滨海国际机场是首都机场的主要备降场,是中国北方航空货运中心乃至东北亚货运集散地。天津距离北京 120 千米,为把天津机场建设成为复合型国际化的交通枢纽,天津机场与首都机场有必要进行分工协作,根据各自的条件,完成功能定位,实现错位竞争发展。随着天津滨海新区的开发开放,为满足日益增长的国际、国内航空运输的需要,提高天津乃至整个环渤海地区民航运输业在国际、国内航空运输市场的竞争力,天津滨海国际机场发展定位为中国北方国际航空物流中心、大型门户枢纽机场。

(二)上海浦东国际机场

上海浦东国际机场是中国(包括港、澳、台)三大国际机场之一,与北京首都国际机场、香港国际机场并称中国三大国际航空港,是中国东方航空(集团)公司的总部主运营基地。上海浦东国际机场位于上海浦东长江入海口南岸的滨海地带,占地 40 多平方千米,距上海市中心约 30 千米,距虹桥机场约 52 千米。2011 年,浦东国际机场保障飞机起降 34.42 万架次,完成旅客吞吐量 4144.23 万人次,完成货邮吞吐量 310.86 万吨。浦东国际机场的航班量占到整个上海机场的六成左右,国际旅客吞吐量位居国内机场首位,货邮吞吐量位居世界机场第三位。通航浦东国际机场的中外航空公司已达 48 家,航线覆盖 90 余个国际(地区)城市、62 个国内城市。

(三)香港国际机场

香港国际机场是香港现在唯一运作的民航机场,于 1998 年 7 月 6 日正式启用。由于该机场位于新界的大屿山以北赤鱲角的人工岛,因此也称为赤鱲角国际机场。香港国际机场由香港机场管理局负责管理及运作,现有 89 家航空公司每日提供约 750 架次定期客运及全货运航班,来往香港及约 150 个遍布全球的目的地,其中约 76%的航班采用广体喷射机,此外,每周亦平均有约 31 架次不定期的客运和货运航机来往香港。香港国际机场是国泰航空、港龙航空、香港航空、香港快运航空、华民航空及甘泉航空的基地机场。香港国际机场是地区转运机场,全天 24 小时运作,每年处理旅客 5000 万以上人次及货物 400 万公吨以上,客运量和国际货运量都位居世界前列,多次获得全球最佳机场的殊荣。为满足日益增加的航空交通需求,香港国际机场正不断增添新设施及建筑,发展成亚洲的客货运枢纽。

(四)广州白云国际机场

广州白云国际机场地处白云区人和镇和花都区新华街道交界,距广州市中心海珠广场的直线距离约 28 千米,是中国广东省省会广州市的一座大型民用机场,是国内三大航空枢纽机场之一,在中国民用机场布局中具有举足轻重的地位,是中国南方航空(集团)公司的总部主运营基地及深圳航空的重点机场。该机场始建于 20 世纪 30 年代,最初主要用于军事目的,后来才改建成民用机场。改革开放后白云国际机场发展迅猛,其旅客吞吐量和起降架次曾连续 8 年位居全国第一。但由于旧白云机场位于市区中心,经过数次扩建但仍远远无法满足需求,择新址建设新机场势在必行。经过多年的准备,新机场最终选址距市区北部 28 千米的花都区新华街道及白云区人和镇的交界处,占地规模比原机场大近 5 倍。新机场建设历时 4 年,耗资 198 亿元人民币,于 2004 年 8 月 5 日零时正式启用,而服务了 72 年的旧白云机场也随之关闭。新白云国际机场是我国首个按照中枢机场理念设计和建设的航空港。新白云国际机场的启用,解决了对旧机场狭小、拥挤、靠近市区而扩建有限的争议,并消除了夜航的限制,得以 24 小时运作。这意味着中国南方航空可以最大限度地利用整夜的时间开行其洲际航线,这对其他航空公司也有同样的好处。2011 中国城市机场吞吐量排名,如表 6-2 所示。

表 6-2 2011 中国城市机场吞吐量排名

排名机场	机场名称	旅客吞吐量/万人次	增长率/%
1	北京首都机场	7394.8	13.1
2	广州白云机场	4097.6	10.6
3	上海浦东机场	4057.9	27.1

续表

排名机场	机场名称	旅客吞吐量/万人次	增长率/%
4	上海虹桥机场	3129.9	24.8
5	深圳宝安机场	2671.4	9.1
6	成都双流机场	2580.6	14.0
7	昆明巫家坝机场	2019.2	6.6
8	西安咸阳机场	1801.0	17.8
9	杭州萧山机场	1706.9	14.2
10	重庆江北机场	1580.2	12.6

五、机场三字代码

机场三字代码简称"三字代码",由国际航空运输协会(International Air Transport Association,IATA)制定。国际航空运输协会(IATA)对世界上的国家、城市、机场以及加入国际航空运输协会的航空公司制定了统一的编码。在空运中以三个英文字母简写航空机场名,称为"机场三字代码"或"三字代码"。世界各国机场三字代码,如表6-3所示。

表6-3 世界各国机场三字代码

国 家	机场名称	三字代码	国 家	机场名称	三字代码
加拿大	渥太华	YOW	伊朗	德黑兰	THR
加拿大	蒙特利尔	YMQ	科威特	科威特	KWI
加拿大	温哥华	YVR	伊拉克	巴格达	BGW
墨西哥	瓜达拉哈拉	GDL	阿联酋	迪拜	DXB
美国	华盛顿	WAS	土耳其	安卡拉	ANK
美国	阿特兰大	ATL	土库曼斯坦	阿什哈巴德	ASB
美国	芝加哥	CHI	埃及	开罗	CAI
美国	洛杉矶	LAX	苏丹	喀土穆	KRT
美国	纽约	NYC	利比亚	的黎波里	TIP
美国	西雅图	SEA	坦桑尼亚	达累斯萨拉姆	DAR
美国	旧金山	SFO	刚果	布拉柴维尔	BZV
委内瑞拉	加拉加斯	CCS	赞比亚	卢萨卡	LUN
巴西	巴西利亚	BSB	南非	开普敦	CPT
巴西	里约热内卢	RIO	中国	香港	HKG
秘鲁	利马	LIM	中国	北京	BJS

续表

国家	机场名称	三字代码	国家	机场名称	三字代码
智利	圣地亚哥	SCL	中国	上海	SHA
英国	伦敦	LON	朝鲜	平壤	FNJ
爱尔兰	香农	SNN	韩国	釜山	PUS
比利时	布鲁塞尔	BRU	日本	东京	TYO
荷兰	阿姆斯特丹	AMS	菲律宾	马尼拉	MNL
荷兰	鹿特丹	RTM	马来西亚	吉隆坡	KUL
丹麦	哥本哈根	CPH	新加坡	新加坡/樟宜	SIN
德国	柏林	BER	印度尼西亚	雅加达	JKT
法国	巴黎	PAR	越南	胡志明市	SGN
瑞士	伯尔尼	BRN	老挝	万象	VTE
瑞士	日内瓦	GVA	泰国	曼谷	BKK
西班牙	马德里	MAD	缅甸	仰光	RGN
葡萄牙	里斯本	LIS	柬埔寨	金边	PNH
意大利	罗马	ROM	印度	新德里	DEL
希腊	雅典	ATH	印度	孟买	BOM
奥地利	维也纳	VIE	巴基斯坦	伊斯兰堡	ISB
芬兰	赫尔辛基	HEL	巴基斯坦	卡拉奇	KHI
瑞典	斯德哥尔摩	STO	斯里兰卡	科伦坡	CMB
挪威	奥斯陆	OSL	澳大利亚	堪培拉	CBR
匈牙利	布达佩斯	BUD	澳大利亚	悉尼	SYD
波兰	华沙	WAW	新西兰	惠灵顿	WLG
俄罗斯	莫斯科	MOW	新西兰	奥克兰	AKL

第四节 航 线

飞机航线又称空中交通线，是航空运输的线路，是由空管部门设定飞机从一个机场飞抵另一个机场的通道。飞机的航线不仅确定了飞机飞行具体方向、起讫点和经停点，而且还根据空中交通管制的需要，规定了航线的宽度和飞行高度，以维护空中交通秩序，保证飞行安全。在一望无际的天空中，实际上有着我们看不见的一条条空中通道，它对高度、宽度和路线都有严格的规定，偏离这条安全通道，就有可能存在失去联络、迷航、与高山等障碍物相撞的危险。航线的确定需要具备一定的技术，需按照飞机性能等一定要求选定飞行的航线，同时必须确保飞机在航线上飞行的整个过程时，能时时刻刻与地面保持联系。

一、航线的种类

飞机航线可分为国际航线、国内航线和地区航线三大类。

(1) 国际航线：指飞行的路线连接两个或两个以上国家的航线。在国际航线上进行的运输是国际运输，一个航班如果它的始发站、经停站或终点站有一点在外国领土上都叫做国际运输。

(2) 地区航线：指在一国之内，各地区与有特殊地位地区之间的航线，如我国内地与港、澳、台地区的航线。

(3) 国内航线：是指在一个国家内部的航线。它又可以分为干线航线、支线航线和地方航线三大类。

干线航线是指连接北京和各省会、直辖市或自治区首府或各省、自治区所属城市之间的航线，如北京——上海航线、上海——南京航线、青岛——深圳航线等。支线航线则是指一个省或自治区之内的各城市之间的航线，支线是在大城市之间建立干线航线的基础上，辅以支线航线，由大城市辐射至周围小城市。

二、航线的结构形式

飞机航线的确定除了考虑安全因素外，还要考虑经济效益和社会效益，根据经济效益和社会效益的大小设计航线的结构形式。一般情况下，可采用城市对式、城市串式和中枢辐射式三种类型的航线结构。

城市对式结构的基本特点是两地间都为直飞航线，旅客不必中转；城市串式结构的特点是一条航线由若干航段组成，航班在途中经停获得补充的客货源，以弥补起止航站之间的运量不足；中枢辐射式结构由城市对航线和枢纽机场的辐射航线共同构成，通常要确定全国或区域范围内的中枢机场，它是区域内的航空客货集散地；与区外的其他中枢机场之间有便利的空运联系。中枢机场之间采用城市对式航线直飞，再以每个中枢机场为中转站建立其辐射航线。客流量较小的城市之间不采用对飞形式，而是分别把客货运送到中枢机场，通过中枢机场进行航班衔接、客货中转，实现相互之间的空中连接。相对于城市对式或城市串式航线网络结构来说，中枢航线结构具有如下很多方面的作用。

(1) 能更好地适应市场需求。多数国家的空运需求集中分布于少数大型中枢机场，而大多数中小型机场的空运需求量较少，这是空运市场的显著特点。中枢航线结构中的中枢机场正是考虑到这一特点而建立的。中枢机场之间的干线飞行一般采用大中型飞机，且可安排较高的航班密度，基本上能够满足空运主要市场的需求。辐射式航线的飞行，一般采用中小型飞机,一方面满足运量不大的市场需求,另一方面可适当增大航班密度,显示航空方便快捷的优势。

(2) 能刺激需求,促进航空运输量的增长。在中枢航线结构中,干线与辐射式支线连通后,使所有网络内的航站之间均可通航,这就增加了通航点,使大中小城市之间的空中联络更为畅通,这无疑能为旅客提供更大的便利,并促使一些潜在的空运需求转化为现实的需求。更进一步,由于在这种结构中,干线与支线功能明了并有机地连接在一起,大小机群与航线匹配,能使航空公司的运营效率提高、运营成本降低,从而可降低票价,进一步刺激市场需求。

(3) 有利于航空公司提高飞机的利用率、客座率和载运率。运量较少的机场之间采用对飞的形式,一方面使自身航线经营难以维持,另一方面又对中枢机场起到不必要的分流作用,降低了中枢机场之间的航班客座率和载运率。中枢航线结构的建立,可将原来小型机场对飞航线上的空运量转移到干线上来,从而提高了干线上的客座率和载运率;原来吞吐量较少的机场改用小型飞机运营,通过支线与中枢机场连接进而与干线连通。这样就避免了在运量较少的机场之间采用大中型飞机对飞而造成的运力过剩,同时,提高了小型飞机的客座率和载运率。在不增加运力的情况下大量增加航线数量和航班频率,又可以提高飞机的利用率。

(4) 有利于机场提高经营效益。中枢航线结构的建立,使得中枢机场能发挥规模经济效应,飞机起降架次和客货吞吐量的大幅度增加,将使航空业务收入和非航空性收入随之增加,单位运营成本降低。同时,中小机场也能通过起降架次和客货吞吐量的增加而改善财政状况,增强自我生存和发展的能力。

总之,中枢航线结构的建立和成功运营,能提高航空公司和机场的经营效益,促进航空运输业的发展,并有效带动地区经济的发展和繁荣。

三、世界主要航线

(一)北大西洋航线

西欧——北美间的北大西洋航线,集中分布于中纬地区的北大西洋上空,连接西欧、北美两大经济中心区,是当今世界最繁忙的航线。该航线主要往返于西欧的巴黎、伦敦、法兰克福、里斯本、马德里和北美的纽约、芝加哥、波士顿、费城、蒙特利尔等机场之间。

(二)西欧——中东——远东航线

西欧——中东——远东航线连接西欧的巴黎、伦敦、法兰克福、马德里、里斯本等主要机场和远东的香港、北京、东京、汉城等重要机场,并途经雅典、开罗、德黑兰、卡拉奇、新德里、曼谷、新加坡等重要机场，为西欧与远东两大经济中心区之间的往来航线。

(三)北太平洋航线

远东——北美间的北太平洋航线连接远东和北美两大经济中心区，是世界上最长的航线，也是世界重要的航线。它由北京、香港、东京、曼谷、马尼拉等重要国际机场，经过北太平洋上空，到达北美西海岸的温哥华、西雅图、旧金山、洛杉矶等重要国际机场，并可延伸至北美东海岸的机场。太平洋中部的火奴鲁鲁、阿拉斯加的安克雷奇是该航线的主要中继加油站。

除以上三条最繁忙的国际航线外，重要的航线还有：北美——澳新航空线、远东——澳新航线、西欧——东南亚——澳新航空线、北美——南美航空线、西欧——南美航空线。世界航线纵横交错，形成密集的航空网络，为国际贸易货物运输提供高速、便捷的服务。

四、中国航线

新中国成立后，于1950年7月1日开辟了北京——赤塔、北京——伊尔库茨克、北京——阿拉木图三条国际航线；于1950年8月1日开辟天津——北京——汉口——重庆和天津——北京——汉口——广州两条国内航线。中国航空运输业发展到今天，国际航线遍及世界各地，国内航线分布也越来越密集。

(一)中国国际航线

国际航线主要依据国家和地区政治、经济和友好往来，通过双方的民航协定而建，它是由两个或两个以上的国家共同开辟，主要担负国家间旅客、邮件和货物的运送，为国家对外政治、经济、文化联系和旅游服务。我国主要的国际航线分布特点如下。

(1) 中国的国际航线以北京为中心，通过上海、广州、乌鲁木齐、大连、昆明、厦门等航空口岸向东、西、南三面辐射。北京是我国最大的国际航空港，开辟有通往世界各大洲的十几条国际航线。

(2) 国际航线的主流呈东西向，向东连接日本、北美，向西连接了中东、欧洲。它是北半球航空圈带的重要组成部分。

(3) 中国的国际航线是亚太地区航空运输网的重要组成部分，它与南亚、东南亚、澳大利亚等地有密切的联系。

我国主要的国际航线有北京——东京、北京——新德里、北京——首尔、北京——旧金山、北京——纽约、北京——洛杉矶、北京——法兰克福、北京——巴黎、北京——苏黎世、北京——莫斯科、北京——卡拉奇、上海——法兰克福、上海——巴黎、上海——

洛杉矶、上海——大阪、上海——名古屋等。

(二) 中国国内航线

我国国内航空干线有北京——广州、北京——武汉、北京——上海、北京——哈尔滨、上海——昆明、上海——兰州、广州——哈尔滨、广州——厦门、广州——上海、广州——沈阳、成都——拉萨、成都——乌鲁木齐、成都——西安、成都——武汉、沈阳——南京、西安——重庆等。国内航线的分布特征如下。

(1) 我国国内航线集中分布于哈尔滨——北京——西安——成都——昆明一线以东的地区。其中又以北京、上海、广州的三角地带最为密集。从整体上看，航线密度由东向西逐渐减小。

(2) 我国的航线在大城市之间建立干线，以大中城市为中心向外辐射支线航线至周围小城市。

(3) 我国的主要航线多呈南北向分布，在此基础上，又有部分航线从沿海向内陆延伸，呈东西向分布。

(三) 中国地方航线

我国地方航线布局的特点如下。

(1) 著名旅游地区拥有航空运输，有力地促进了我国旅游事业的发展，如三亚、西双版纳、黄山、敦煌、九寨沟和桂林等均有航线。

(2) 沿海城市、边远地区城市都已通航，为实现我国经济开放和发展创造了重要的交通运输条件，如伊春、丹东和腾冲等均有航线。

本 章 小 结

航空运输是指使用飞机、直升机及其他航空器运送人员、货物、邮件的一种运输方式。航空运输因具备速度快、机动性大、舒适安全、货损率小、基本建设周期短、投资少等特点而发展迅速。航空运输包括班机运输、包机运输、集中托运和航空快递业务四种经营方式。飞机是航空运输的主要运载工具，按照标准不同，有不同的分类方式。本章介绍了飞机的不同分类及世界著名飞机制造公司波音公司和空中客车公司。机场是提供飞机起飞、着陆、停驻、维护、补充给养及组织飞行保障活动的场所，也是旅客和货物的起点、终点或转折点。机场一般分为军用和民用两大类，按机场规模和旅客流量可将机场分为枢纽国际机场、区域干线机场和支线机场三种类型。随着经济的发展和航空业的进步，世界各地的大型机场都先后推出临空经济区的建设计划，本章介绍了临空经济和临空经济区的概念，并介绍了世界和我国主要机场及机场的三字代码。飞机航线又称空中交通线，是航空运输的线路，航线可分为国际航线、国内航线和地区航线三大类。飞机航线的确定除了考虑安全因素外，还要考虑经济效益和社会效益，根据经济效益和社会效益的大小设计航线的结构形式，可采用城市对式、城市串式和中枢辐射式三种类型的航线结构。本章介绍了世界和我国主要航线及航线分布的特点。

复习思考题

一、名词解释

1. 航空快递业务 2. 航空运输体系 3. 机场 4. 临空经济区 5. 机场三字代码 6. 飞机航线

二、问答题

1. 航空运输的方式有哪些？
2. 按机场规模和旅客流量，可将机场分为哪几种类型？
3. 简述临空经济的空间布局。
4. 简述航线的分类情况。
5. 简述中枢航线结构的作用。
6. 世界主要航线有哪些？
7. 简述我国主要的国际航线分布特点。
8. 简述我国国内航线的分布特征。

三、案例分析题

总部设在德克萨斯州奥斯汀的戴尔公司于 1984 年由迈克尔·戴尔创立。戴尔的理念是：按照客户要求制造计算机，并向客户直接发货，这使戴尔公司能够更有效和明确地了解客户需求，继而迅速地作出回应。这种革命性的举措已经使戴尔公司成为全球领先的计算机系统直销商，跻身业内主要制造商之列。目前戴尔是全球名列第一、增长最快的计算机公司，全球有超过 40 000 名雇员。在美国，戴尔公司是商业用户、政府部门、教育机构和消费者市场名列第一的主要个人计算机供应商及最大的服务器供应商。

戴尔公司于 1998 年进入厦门，2001 年 5 月，戴尔中国的第一座工厂在厦门正式运营，该工厂距离机场仅 500 米左右，生产的产品主要面向中国、日本和韩国市场。安装就绪的计算机离开生产线之后，将被运往厦门宽敞漂亮的飞机场，空运到客户所在的地方。将一台组装好的计算机从中国直接空运到日本仅需3~4小时。从接到日本客户订单至交货，只需5个工作日。交货之迅速，连日本本地厂商都望尘莫及。

1. 结合航空运输的特点，分析戴尔计算机从在厦门工厂制造，到交货到客户手中的过程。

2. 从厦门空运到的日本的戴尔计算机可经哪些航空港和航线？

第七章 管道运输地理

【导读案例】

由陕西煤业化工集团有限公司投资70亿元,中煤武汉研究院设计的世界最长、运量最大的输煤管道,计划2012年年底前正式开工,2013年建成投运。这条目前世界上最长的输煤管道置身陕西地下1.2~1.6米,从榆林穿山越水727千米至渭南。

煤炭运输现有水运、公路和铁路三种方式。管道运输是将煤块碾碎后注水搅拌成浆,煤浆灌注管道后,经沿途若干泵站接力抽送至终点。管道输煤可以实现长距离、大运量、低成本地运输煤炭,管道埋没于地下,具有施工周期短、地形适应性强、不用开山打隧道、占用耕地少、无污染、无损耗等优点,而且自动化程度高。长距离管道输煤一直是我国煤炭界运输的一个梦想。然而,到目前为止,我国尚未建成一条长距离输煤管道。国际上也是如此,众多国际企业"试水"管道输煤的"无疾而终",似乎都表明管道输煤存在着尚未攻克的技术难题和巨大的投资风险,其商业化运作并不是一帆风顺。

据有关专家介绍,输煤管道起步规模不能太小,它的远距乘年运输量之和要大于20亿吨千米才经济合理。更关键的是管道运煤对技术要求很高,抽送煤浆最怕管道堵塞,所以煤浆的浓度要合适,煤浆的流速要均匀,速度2米/秒最合适,这些技术难关都需要攻克。目前,中煤武汉研究院输煤管道技术已成功突破,保持了全球领域绝对的领先地位。

当前我国煤炭运输仍以铁路为主,全国铁路煤运量一直占煤运总量的60%以上,煤炭运输量占铁路货运总量的49%以上。虽然铁路营运里程和运输能力连年来大幅提高,但依然难以满足不断增长的包括煤炭在内的各种物资的运输需求。该输煤管道建成,将大大缓解铁路运输煤炭难以满足需求的现状,一年可运煤达1000万吨。

(资料来源:http://www.cwestc.com/shownews.aspx?newId=226048)

管道物流运输系统是除传统的公路、铁路、航空及水路运输之外的第五类运输和供应系统。以上案例介绍了预计于2013年建成的世界上最长的输煤管道,输煤管道建成后将大大缓解铁路和公路运输煤炭的运力不足现状。管道运输具有运输量大、连续、迅速、经济、安全、可靠、平稳以及投资少、占地少、费用低并可实现自动控制等优点,在物流运输中发挥重要的作用。本章介绍了管道运输的概念、管道工程的构成、管道运输的种类,重点介绍了国际管道的发展和国际重要管道线及管道布局,我国管道运输业的发展历程和我国管道线及管道布局,最后介绍了管道物流的发展趋势。

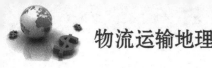

【学习目标】

通过本章的学习，主要掌握管道运输的概念、管道工程的构成及管道运输的种类；了解世界管道运输业的发展历程；掌握波罗的海管道运输系统、友谊管道系统、亚马尔欧洲天然气管道、"蓝溪"海底天然气管道、远东——太平洋石油管道系统、中东地区管道、北美管道、里海财团管道、里海地区管道等世界主要管道；了解我国管道运输业的发展历程；掌握我国原油管道、成品油管道、输气管道、海底管道、其他陆上管道以及周边国家通往我国的管道等管道布局；了解管道物流的发展趋势。

第一节 管道运输概述

一、管道运输

管道运输是使用管道作为运输工具输送货物的一种运输方式，所运货物包括原油、成品油、天然气(包括油田伴生气)、二氧化碳气体等流体货物和煤炭、铁、矿石等固体料浆。与其他运输方式不同的是，管道运输是运输通道和运输工具合二为一的运输方式，运输形式是靠物体在管道内顺着压力方向循序移动实现的。

管道运输是一种理想的运输方式，把运输途径和运输工具集中在管道中，具有许多突出的优越性。管道运输可省去水运或陆运的中转环节，从生产地直接运往需求地，缩短运输周期，降低运输成本，提高运输效率。

管道运输主要担负单向、定点、量大的流体状货物，这类货物以油气的运输为主。油气管道运输是局限性最小、最适宜运输石油及其产品的运输方式，因此，油气管道当之无愧地被称为能源大动脉。正因为上述管道运输的优势，原油管道在世界原油运输中的作用和地位才不可动摇。世界上70%以上的出口原油产自陆上油田，这些油田所产的原油必须先用管道输往港口终端再装船外运。除了中东和西非的一些海上油田直接在平台上装船外运以外，海上油田一般也是通过海底管道将石油运输到陆上油库，处理后再装船外运。所以，海运原油的数量虽多，却不能脱离管道运输而独立进行，可以说油轮运多少油，管道也运多少油。世界洲际贸易中也有大量商品原油是直接通过跨国管道输送的，如加拿大到美国，前苏联到德国，挪威经海底管道到德国等。洲内、国内陆地大宗原油运输(从油田到炼油厂)，基本上也都是采用管道运输的。

二、管道工程

管道工程是由管道线路工程和管道站、库工程以及管道附属工程三部分组成的。

管道线路工程是管道工程的主体，约占管道工程总投资的 2/3。管道的线路工程主要包括管道的本体工程、防腐工程和穿跨越工程等。本体工程是由钢管及管阀件组焊连接而成的；防腐工程包括外防腐绝缘层、阴极保护站及沿线测试装置等；穿跨越工程包括穿越铁路或公路、穿越峡谷工程、穿山隧道工程以及穿越不良地质地段工程等。此外，线路阀室和清管设施等也属于管道线路工程之列。

管道站、库工程按照管道站、库位置的不同，分为首站(起点站)、中间站和末站(终点站)；按照所输介质的不同，又可分为输油站和输气站。输油站包括增压站(泵站)、加热站、热泵站、减压站和分输站；输气站包括压气站、调压计量站和分输站等。对于输油管道来说，首站主要组成部分是油罐区、输油泵房和油品计量装置。首站的任务是收集原油或石油产品，经计量后向下一站输送。油品沿管道向前流动，压力不断下降，需要在沿途设置中间输油泵站继续加压，以便将油品送到终点，为继续加热则设置中间加热站。终点站又称末站，它可能属于输油管的转运油库，也可能是其他企业的附属油库。末站的任务是接受来油和向用油单位供油，所以有较多的油罐与准确的计量系统。一般原油都采用常温输送，而高凝固点的原油则需采用加热输送的方法。

管道附属工程主要包括管道沿线修建的通信线路工程、供电线路工程和道路工程。此外还有管理机构、维修机构及生活基地等设施。

三、管道运输的种类

(一)按货物性能分

管道按货物性能可分为固体管道(固体粉碎后加水成浆状)、气体管道、液体管道。运送固体货物的管道运输一般有以下几种方式。

1. 水力管道运输

水力管道运输是指把需要运送的粉末状或小块状的固体(一般是煤或矿石)浸在水里，依靠管内水流，浮流运行，管道沿线设有压力水泵站，维持管内水压、水速，管道起点设有调度室，控制整个管道运输，终点设有分离站，把所运的货物从水中分离出来，并进行入库前的脱水、干燥处理。这种水力管道运输的缺点是固体货物损耗较大，管道磨损严重，一些不能同水接触的货物受到限制。

2. 水力集装箱管道运输

水力集装箱管道运输的运输原理同水力管道运输一样，不同的是要预先用装料机把货物装在用铝合金或塑料制成的圆柱形集装箱内，然后让集装箱在水流中运行。管道终点设有接收站，用卸料机把货物从箱内卸出，空箱从另一管道回路送回起点站。这种运输的优点是货物和能源消耗以及管道磨损都较小。

3. 气力集装箱管道运输

气力集装箱管道运输同水力管道运输的主要区别是用高压气流代替高压水流，推动集装箱在管内运行。由于气流压力较大，集装箱大小和管道直径配合适宜，箱体沿管道壁顺气流运行，运输速度可达每小时 20～25 千米，管道两端设有调度室、装卸货站，用电子技术自动控制。气力集装箱管道运输除用来运输矿物、建筑材料外，一些国家还用来运送邮包、信件和垃圾。这种运输方式的主要缺点是动力消耗太大，集装箱耐压技术要求高。

4. 真空管道气压集装箱运输

真空管道气压集装箱运输是在管道两端设立抽气、压气站，抽出集装箱前进方向一端的空气，在集装箱后面送入一定气压的空气，通过一吸一推，使集装箱沿管道方向运行。这种运输方式对箱体和管壁的光滑度、吻合度要求较高，但动力消耗较小。

5. 电力牵引集装箱管道运输

电力牵引集装箱管道运输不用水流或气流推动箱体，而是靠电力传送带或缆索牵引集装箱在管内的水中漂浮前进。这种运输方法中的管道由于不承受压力，因此可用廉价材料制作管道。

(二) 按铺设工程分

管道按其铺设工程可分为架空管道、地面管道和地下管道。

(1) 架空管道是指架设在地面或水面上空的用于输送气体、液体或松散固体的管道，如图 7-1 所示。

图 7-1 架空管道

(2) 地面管道是指铺设在地面上用于输送气体、液体或松散固体的管道,如图 7-2 所示。

图 7-2　地面管道

(3) 地下管道是指敷设在地下用于输送液体、气体或松散固体的管道,这种管道最为常见。中国古代已使用陶土烧制的地下排水管道。现代的地下管道种类繁多,有圆形、椭圆形、半椭圆形、矩形、马蹄形等各种断面形式,采用钢、铸铁、混凝土、钢筋混凝土、石、塑料和玻璃钢等材料建造。

管道的铺设要参照地形状况,有时一条管道线路有两种甚至三种管道铺设方式。

(三)按货物种类分

管道按货物种类可分为原油管道、成品油管道、天然气管道、二氧化碳气管道、液化气管道、煤浆和其他矿浆管道等。

1. 原油管道

原油管道布局采用油矿或石油生产地与聚油塔、炼油厂和化工厂等用油地相连,也有通过水陆联运或管道输送到海港、内河码头装油船再运到用油地的。世界上的原油总运量中约有 85%~95%是用管道外运的。我国原油管道始建于 1958 年,即新疆克拉玛依油田开发后由克拉玛依油田到独山子炼油厂,全长 147.2 千米。我国大规模建设管道是于 20 世纪 70 年代随着石油工业的开发而相应发展的,管道原油运输量占管道总运输量的 90%以上,原油外运量的 70%以上是由管道运送的。我国输送能力最大的原油管道是大庆林源至铁岭的管道,该管道直径为 720 毫米,全长 516 千米,双管输油能力为 4500 万吨/年。最长的原油管道是山东的临沂至仪征的管道,其管道直径为 720 毫米,全长 665 千米。

2. 成品油管道

成品油管道可以是运送一种油品，也可以是运送多种油品，主要是由炼油厂通往化工厂、电厂、商业成品油库、海港或集散中心。我国成品油管道大部分都是管径小、距离近、输送油品单一的管道。如东北地区抚顺至鞍山、大连原油管道改造为成品油管道，管道直径为 529 毫米、全长 415.7 千米，输油能力 400 万吨，可输送两种以上成品油；还有青海格尔木至拉萨的非商业性管道改为商业用管道，管道直径为 159 毫米、全长 1080 千米。这两条成品油管道的投入使用，是我国成品油长距离输送网建设的良好开端。

3. 天然气管道

天然气管道是输送气田天然气和油田伴生气的输气管道，由开采地或处理厂输送到城市配气中心，是陆地上大量运输天然气的唯一方式。我国四川天然气田较为集中，全国现有天然气管道约 7000 千米，其中近 5000 千米在四川；伴生气主要产于辽河、中原等东部油田，管道约有 2000 千米。

4. 煤浆和其他矿浆管道

煤浆和其他矿浆管道是用来将粉碎后的煤或矿物加水成浆状后进行运输的管道。世界上第一条煤浆管道于 1970 年在美国建成投入使用，年输送能力为 450 万吨，目前我国仅在厂矿内部短距离、少量使用或试用。

管道作为一种新型的现代化的运输方式，将逐步扩大其使用范围：在建设方面，不仅地区成网、国内成网，国际跨国管道的发展也有相当的势头；在运输货种方面，由现有原油、成品油、天然气扩大到重油、二氧化碳、沙石等建筑材料等，由于各种性能的货种增加，相应的管道驱动方式多样，输送工艺会更加复杂等。今后管道运输的发展趋势是管道的口径不断增大，运输能力不断提高，管道的运输距离不断延长，运输物资种类不断增多。

第二节　世界管道运输线路

一、世界管道运输的发展历程

现代管道运输始于 19 世纪中叶的美国，最初试用铸铁管输油，因漏油严重未成功，1865 年修建近万米长的 50 毫米管径的熟铁管管道输送原油成功。第二次世界大战期间，美国率先敷设了长距离大口径原油管道。到了 20 世纪 50 年代，由于石油开发的发展，各产油国开始大量兴建输油管道和输气管道。世界上第一条实用运输管道是美国于 1957 年在西弗吉尼亚州建成的水力输煤管道，全长 110 千米，管道直径为 254 毫米，每年运输 100 万吨煤。

20世纪70年代，各国相继兴建许多长距离大口径输油管道和输气管道，如前苏联和波兰等5国共同兴建的友谊输油管道、美国纵贯阿拉斯加管道、横贯加拿大输气管道等，它们的长度均超过几千千米，甚至近万千米，管径已由数百毫米增大到1000毫米以上。20世纪80年代，苏联兴建的原油管道、天然气管道，最大管径已达1420毫米。经过几十年的发展，管道运输已成为工业国家重要的运输技术，不仅用来运输各类矿物、煤炭、石油、天然气、工农业产品、邮包、信件和垃圾，还有人研究准备把它用于旅客运输。管道运输是国民经济综合运输的重要组成部分之一，也是衡量一个国家的能源与运输业发展水平的标志之一，管道的发展前景不可限量。

二、世界主要管道运输线路

目前，世界已建成管道总长达200万千米以上，其中输气管道占六成以上，原油和成品油管道共占三成。世界管道总长超过了世界铁路总长，成为能源运输的主要方式之一。但世界管道的分布不均衡，主要集中在俄罗斯、欧洲、中东和北美地区，一些发展中国家管道运输还处于起步阶段。

(一)波罗的海管道运输系统

20世纪90年代初，独立后的波罗的海三国对过境的俄罗斯石油制订了高昂的运费，俄罗斯为此每年损失数亿美元。为降低对爱沙尼亚、立陶宛和拉脱维亚等输送管线的依赖，俄罗斯从1997年正式开始建设波罗的海管道运输系统。该管道东起雅罗斯拉夫尔，西到波罗的海边的普里摩尔斯克港，全长709千米，将俄罗斯季曼-伯朝拉地区、西西伯利亚、乌拉尔和伏尔加河沿岸等地区生产的石油运至列宁格勒州的普里摩尔斯克港，然后再用油轮运至欧洲主要的石油贸易和加工中心，2006年4月工程全部竣工，石油年输送规模达到6500万吨的最大设计量。俄罗斯能源界人士认为，该管道运输系统有助于维护俄罗斯的经济和战略利益，它的建成使俄罗斯可以主要通过本国港口出口石油，这不仅节省了俄罗斯石油出口的过境费用，还减轻了石油出口对相关国家过境服务的依赖性。该系统的运营商是国有的俄罗斯石油管道运输公司。

(二)友谊管道系统

俄罗斯原油向欧洲出口主要是通过友谊管道系统。1959年，苏联、捷克斯洛伐克、匈牙利、波兰和民主德国等经互会成员签署了共同建设友谊管道的协议，并于1964年建成该管道。其主干线从俄罗斯中部伏尔加河沿岸的萨马拉州开始向西延伸，途经8个州，最终从布良斯克州进入白俄罗斯。主干线在白俄罗斯的莫济廖夫市形成北部支线和南部支线，北部支线从白俄罗斯延伸至波兰和德国，南部支线从白俄罗斯经乌克兰延伸至斯洛伐克、捷克和匈牙利，管道单线长度近8900千米，管道直径820～1220毫米，年输油1亿吨。此外，该输油管道从俄罗斯布良斯克州的乌涅恰市还分出一条经过白俄罗斯通往立陶宛和拉脱维亚的支线。

近年来，随着俄罗斯石油产量的增加，友谊管道的运输量还在不断增加。通过友谊输油管道，德国每天进口约50万桶石油，约占其日石油消费量的20%；波兰每天进口约53万桶石油；捷克每天进口约10万桶石油，约占其日石油消费量的一半；斯洛伐克和匈牙利每天进口石油分别约为7.6万桶和13.5万桶。

(三)亚马尔欧洲天然气管道

亚马尔欧洲天然气管道总长71 000千米，通过该管道将俄罗斯西西伯利亚亚马尔半岛的天然气经白俄罗斯和波兰运输到德国和其他欧洲国家市场。该管道亚马尔半岛至波兰西部边界部分长4107千米，在波兰与白俄罗斯境内分别长665千米和575千米，后入德国管道网西向、西南向单线长1695千米，包括对亚马尔半岛气田的开发，该管道的总成本达400亿美元，因此，这是世界上投资最大的工程之一。1999年，该管道一期工程从莫斯科东北部托尔若克加压站经白俄罗斯、波兰至德国边境段完工。为了绕过乌克兰，同时通过传统路径出口欧洲，俄罗斯欲将亚马尔管道的波兰段与现存的斯洛伐克天然气管道网对接。1999年10月，亚马尔欧洲天然气管道德国段的"iagal"管道投入使用，使俄罗斯天然气工业股份公司控制的管线并入德国天然气管网，形成能优化运输流向和交换运输量的战略枢纽，从而提高了销售效率，减少了运输环节。

亚马尔欧洲天然气管道的建立保证了俄罗斯向欧洲稳定供应天然气，优化俄天然气出口流向，并且绕过乌克兰。在这之前，俄罗斯每年通过乌克兰境内的管道向欧洲输送大约1200亿立方米天然气，约占俄罗斯对欧洲出口天然气总量的80%，乌克兰曾多年非法截留过境天然气，且乌克兰管道系统的技术设备已老化，不利于安全供气。因此，亚马尔欧洲管道的建立推动了俄罗斯与中欧国家在天然气贸易领域的伙伴关系，带来了丰厚的经济、政治和外交收益。该管道经过白俄罗斯，有利于巩固俄白联盟，也加强了波兰、斯洛伐克等过境国在欧洲乃至国际天然气市场上的分工地位。同时，该管道也优化了俄罗斯天然气工业股份公司的出口流向，有利于俄罗斯能源外交多元化战略的实施。1999年，明斯克至波德边界段投入使用，部分天然气从乌克兰转向波兰，从两个地点独立向捷克天然气管道供气，优化了捷克天然气运输公司的过境输气系统，提高了向欧洲供气的灵活性和主动性，加强了能源经济活动在欧洲共同经济空间的形成，推动了俄欧能源的合作。欧盟把这项天然气管道工程作为跨欧洲运输系统中的优先项目。欧洲各国为了保证燃料动力原料的安全供给，于1994年12月在里斯本签署了《能源宪章条约》。根据该条约，签约国有义务保障发展运输投资和允许燃料动力资源从自己国家过境，消除各种障碍，为能源投资创造牢固、平等和有利的条件。

(四)"蓝溪"海底天然气管道

由土耳其、意大利和俄罗斯联合修建的"蓝溪"海底天然气管道经过乌克兰东部，由北至南穿越黑海至土耳其。该管道全长1213千米，于2000年2月开工兴建，经过5年多的时间于2005年11月17日竣工。这条被命名为"蓝溪"的黑海海底天然气管道总投资32亿美元。来自土耳其、俄罗斯和意大利的数千名专家参与了项目建设，并且该项目是在三个国家的政府、人民与机构的合作下得以实现的。俄罗斯通过这条管道每年向土耳其输送160亿立方米的天然气，满足了土耳其国内80%的天然气需求。"蓝溪"管道是一项独特的科技与工程的结晶，该工程不仅使土耳其成为沟通东、西方能源的通道，同时也将对欧洲建立一个庞大的能源区域发挥重要的作用。"蓝溪"管道在能源领域开创了一个新的合作前景，此外，它还促进了土、俄关系的发展。

(五)远东——太平洋石油管道系统

2004年12月31日，俄罗斯政府总理颁布政府令，宣布同意修建从东西伯利亚泰舍特至太平洋港口的输油管道系统。2005年4月26日，俄罗斯工业和能源部长赫里斯坚科颁布决定，沿泰舍特——斯科沃罗季诺——纳霍尔卡分段建设东西伯利亚-太平洋管道系统。该管道线路全长约4284千米，建设投资约115亿美元(不含港口建设投资)，年输油量为3000万吨，远期年输油量将达到8000万吨。该管道的修建从"安大线"到"安纳线"再到"泰纳线"，围绕这条石油管线，中、日、俄三国曾展开能源较量。

按中俄两国最初的设想，这条即将开工建设的石油管线会有一个与中国城市大庆相关的名字——"安大线"。中俄当初的共同想法是，这条石油管线西起俄罗斯伊尔库茨克州的安加尔斯克油田，向南进入布里亚特共和国，绕过贝加尔湖后，一路向东，经过赤塔州，进入中国，直达大庆。"安大线"有三分之一铺设在中国领土。

但久拖不决的"安大线"设想却让半路杀出的日本搅了局。2002年年底，承担"安大线"管道技术经济论证的俄罗斯石油运输公司突然声称要放弃"安大线"，改修一条从东西伯利亚经过远东地区到太平洋港口的石油管道(安纳线)，该方案被称为"新远东方案"。在"安大线"几近夭折的时刻，俄罗斯考虑到体现本国利益最大化的出发点，2003年2月，俄罗斯能源部部长尤素福夫主持召开会议，最终出台了一个折中的方案：将"安大线"和"安纳线"两条线合并为一条线，这"第三种方案"就是现今的"泰纳线"。"泰纳线"以东西伯利亚的泰舍特为起点，途经贝加尔湖北部，然后沿着贝加尔——阿穆尔大铁路和中俄边境地区，一直通往俄罗斯的远东港口纳霍德卡的石油管道。该线全部在俄罗斯境内，"安大线"的影子体现为在安加尔斯克——纳霍德卡干线上建设一条到中国大庆的支线,其中到中国的管道线路将优先开工。

与"安纳线"方案相比,"泰纳线"方案有两处明显变化:一方面,这条石油管道的起点不是安加尔斯克,而是泰舍特,方案设计者之所以把石油管道的起点挪到泰舍特,是为了最大限度地靠近东西伯利亚和亚库特的油田,泰舍特今后将成为东西伯利亚地区石油外运的集散地;另一方面,这条管道改变了"安纳线"方案中紧贴贝加尔湖北侧的设计,而是向北再后撤150千米,这就避免了石油管道对贝加尔湖生态的可能影响。

(六)中东地区管道

中东地区号称世界石油宝库,从20世纪60年代后期到80年代初,中东地区石油总出口量的90%~95%均经世界闻名的石油海峡——霍尔木兹海峡。霍尔木兹海峡是海上航运的唯一出口,峰值时每天通过海峡的油船和其他商船达300余艘,霍尔木兹海峡也因此成了一条关系许多国家兴衰的战略要地。为减少对霍尔木兹海峡的依赖,并缩短前往欧洲的航程,海湾各国自20世纪80年代开始向外修建石油管道。20世纪80年代初,沙特阿拉伯在其境内修建了一条长距离输油管道,该管道东起波斯湾岸的阿卜凯克,西至红海沿岸的延布港,将沙特阿拉伯的油田和红海相连接。该管道长1200千米,管道直径1219毫米,于1987年建成,建成后1988年一年的输油量达1.1亿吨,大大缓解了波斯湾海运的压力,是世界运量最大的石油管道。

另外一条中东地区比较重要的管道是从伊拉克北方油田基尔库克,到土耳其的地中海港口城市杰伊汉的跨国石油管道。该管道在2003年伊拉克战争爆发后被迫关闭。在伊拉克战争前,该管道每天的输油能力高达90万桶,2003年8月该管道短暂重启时,曾导致国际油价每桶暴跌1美元左右。

(七)北美管道

北美洲是世界上天然气资源最丰富、天然气消费量最大的地区之一。美国第一条天然气管道在1872年就开始建设,至今已经有140多年历史。到20世纪90年代初,北美洲共有天然气干线管道53.5万千米,为全球140多万千米输气干线的38%,其中美国为45.8万千米、加拿大6.4万千米、墨西哥1.3万千米;全球554座地下储气库中,北美就有424座,占76%。2005年,全世界生产天然气2.76万亿立方米,仅美国就消费了6335亿立方米,占全球消费量的33%。正因为北美地区的天然气管道建设时间长、建设规模大,加上政府对管道安全有完备的监管标准,北美地区也积累了丰富的管道建设和运营经验。

除了天然气管道外,北美洲有两条世界上最长的输油管道。一条是贯穿加拿大和美国的原油输送管道,它起自加拿大的埃德蒙顿,向南穿行2856千米到达美国纽约的布法罗,沿管道全线分布着一系列的油泵站，它们保持管道内每天有3000多万升的原油流量；另一条是于1977年竣工的美国著名输油管道，从北极圈内的普拉德霍湾延伸到阿拉斯加南岸的瓦尔迪兹，跨阿拉斯加，该输油管道长约1287千米，管道直径为1220毫米，途中穿过3条山脉、300多条大小河流和将近640千米的冻土地带，是美国最大的现代化输油管道。这条管道当年输油量达4000万吨以上。

美国是世界上的石油消费大国和生产国之一，为向非产油区供应石油，美国修建了29万千米的输油管道，是管道技术最先进的国家。第二次世界大战期间，美国修建了当时世界上最长的两条长距离管道，一条是成品油管道，该管道全长2745千米，从得克萨斯州到新泽西州；另一条是原油管道，该管道全长2158千米，管道直径为600毫米，从得克萨斯州到宾夕法尼亚州。第二次世界大战后，美国的管道运输业更是发展迅速，国内各类管道总长度居世界首位。

加拿大的油气管道也很发达，输油管道总长度超过3.5万千米，密集管网把产油区与消费区相连，并与美国境内管网相连。世界上著名的天然气管道从埃德蒙顿到蒙特利尔，横贯整个加拿大，全长达9099千米，管道直径为500～1000毫米，中间设有46座压气站，年输气量达300亿立方米。

(八)里海财团管道

里海财团(CPC)由俄罗斯、哈萨克斯坦、阿曼政府和一个由石油生产商组成的财团共同成立。该管道于2001年年底开始运行，连接哈萨克斯坦的田吉兹油田和俄罗斯的新罗西斯克港，通过黑海出口俄罗斯和哈萨克斯坦的原油。管道全长1580千米，年输油能力2800万吨，将来会增加到6700万吨。

(九)里海地区管道

里海和中亚有着丰富的油气资源，石油地质学家们声称，伊朗、哈萨克、阿塞拜疆、土库曼和俄罗斯等沿里海国家的油田储量达170亿桶，相当于欧洲北海油田的规模，接近委内瑞拉石油储量的1/3。由于该地区尚有许多地块还没有采用先进的三维地震法进行勘探，因此，专家们估计，里海盆地的石油最终可能达到2000亿桶，占世界总储量的近15%，是阿拉斯加大陆架北坡石油储量的33倍，足以满足美国未来30年甚至更长时期的能源需求。此外，该地区的天然气储量占到世界总量的50%，虽然这些储藏量无法与波斯湾相比，但却远远大于整个欧洲已探明的500亿桶储量，成为继西西伯利亚和波斯湾之后的世界第三大储藏区，在今后15～20年内的出油量将与波斯湾的规模相当。

正是这些石油资源，使该地区成为美国和其他西方工业国家新的战略利益地区，引来包括美国、俄罗斯等大国在内的各大力量激烈争夺。多年来，里海大量的油气资源都是通过俄罗斯运送到国际市场的，巴库——格罗兹尼——新罗西斯克这条要通过车臣地区的管道线，通过完善的管道系统流向西北，到达俄罗斯和欧洲市场。

2005年5月开通的里海石油管道为里海沿岸国家找到了新的石油出口渠道，使俄罗斯丧失了中转站作用以及"过境费"。里海石油管道工程由土耳其、阿塞拜疆和格鲁吉亚三国合建，得到美国支持，股份有以上三国、挪威、意大利、法、日等国的石油公司，管道建设于2002年6月开工，全长1760千米。管道始于阿塞拜疆的巴库经格鲁吉亚的第比利斯，最终到达土耳其的杰伊汉，工程总耗资39亿美元。该管道在土耳其境内的长度为1070千米，在阿塞拜疆为445千米，在格鲁吉亚为245千米。这条管道每年将把5000万吨产自阿塞拜疆里海地区的原油送达杰伊汉港口，然后由此转运到世界市场。阿塞拜疆可从石油运经该国时获得税收和石油占地使用费，格鲁吉亚和土耳其将收取石油"过境费"每年达3亿美元。

第三节 中国管道运输线路

一、我国管道运输的发展历程

管道在中国是既古老又年轻的运输方式。早在公元前3世纪，中国就创造了利用竹子连接成管道输送卤水的运输方式，可以说是世界管道运输的开端。到19世纪末，四川自流井输送天然气和卤水的竹子管道长达200多千米。20世纪40年代初期，我国铺设的石油管道是从印度边境通到我国云南昆明的，由于该管道质量较差，效率很低，使用时间不长便弃之不用了。新中国成立以后，随着我国石油工业的发展，我国的管道运输也有了较大的发展，管道运输在我国石油运输方面起了很大的作用，并将会随着我国石油工业的发展而日益发展。

1958年，我国建成了第一条全长为147千米的原油管道，将新疆克拉玛依的原油输至独山子。1963年，我国建成第一条输气管道，将四川南部的天然气输送至重庆市。1970年，大庆油田原油产量突破2000万吨，依靠火车运油远远满足不了大庆油田快速发展的需要。为了解决大庆油田被迫限产、关井的难题，国务院于1970年8月3日决定展开东北"八三工程"会战，掀起了中国第一次建设油气管道的高潮。经过5年奋斗，于1975年建成了庆抚线、庆铁线、铁大线、铁秦线、抚辽线、抚鞍线、盘锦线和中朝线8条管线，总长2471千米，率先在东北地区建成了输油管网。

20世纪90年代以来，我国天然气管道得到快速发展，天然气消费领域逐步扩大，城市燃气、发电、工业燃料和化工用气大幅度增长。2004年投产的西气东输工程横贯中国西东，放射型的支线覆盖中国许多大中城市，并于2005年通过冀宁联络线与陕京二线连通，构成我国南北天然气管道环网，忠县——武汉输气管道也于2004年年底建成投产。到2005年，我国初步形成西气东输、陕京二线、忠武线三条输气干线，川渝、京津冀鲁晋、中部、中南、长江三角洲五个区域管网并存的供气格局。

我国海底油气管道建设还不到20年时间，管道数量不多，但技术上都达到了国际先进水平。此外，我国还自行设计建成了山西省尖山矿区——太原钢铁厂铁精粉矿浆管道，管道全长102千米，管道直径229.7毫米，精矿运量200万吨/年，矿浆重量浓度63%～65%，另外还建有长距离、大口径、高压力煤气管道。

到2009年，中国已建成原油管道1.7万千米，成品油管道1.4万千米，天然气管道3.1万千米。油气管道总长超6万千米，比2001年年末的4万千米已增长了50%，中国已逐渐形成了跨区域的油气管网供应格局。

截至2010年年底，我国已建油气管道的总长度约为8.5万千米，其中天然气管道4.5万千米，原油管道2.2万千米，成品油管道1.8万千米，形成了横跨东西、纵贯南北、覆盖全国、连通海外的油气管网格局，我国已成为管道运输的大国。随着中国经济的持续快速发展和能源结构的改变，石油、天然气和成品油运输管道的建设将进一步提速。2011年6月，西气东输二线干线的建成投产，实现与西气东输一线、涩宁兰线、陕京管线和冀宁联络线等已建管道的联网，构成近4万千米的"气化中国"的能源大动脉。随着中国石油企业"走出去"战略的实施，中国石油企业在海外的合作区块和油气产量不断增加，海外份额油田或合作区块的外输原油管道也得到了发展。出于对中国能源供应的保证，中国长距离油气管道建设并未因为金融危机而降低速度。预计"十二五"期间，全国将新增油气管道7.4万千米，其中，天然气管道4.5万千米、原油管道0.9万千米、成品油管道2万千米，总投资约3500亿元。到2020年，中国长距离油气管道的建设里程将至少达到10万～15万千米，由于中国的油气资源分布不均，进口油气量越来越大，中国需要加大投资建设油气管道的力度，未来10年将迎来中国修建跨国油气管线的高潮。

二、中国管道布局

(一)原油管道

1. 东北管网

东北管网干线建设始自1970年，至1975年基本结束，它奠定了中国原油管道从勘察设计、工程建设到运行管理的基础。东北管网以辽宁铁岭为枢纽，包括将大庆油田与东北、华北地区大型炼油厂连接起来的庆抚线(大庆——抚顺)、庆秦线(大庆——秦皇岛)、庆大线(大庆——大连)，这三大管道干线总长达2181千米，并有多条复线、支线，是我国最长的原油管道之一。另外还有抚沈线(抚顺——沈阳)、中朝线(辽宁丹东——朝鲜新义州)、盘锦线(盘锦——锦西)等短距离管道和吉林输油管道等。

2. 华北管网

华北管网包括秦京线(秦皇岛——北京房山)、任沧线(河北任丘——沧州)、任京线(任丘——北京)、河石线(河间——石家庄)、阿赛线(内蒙古阿尔善——赛汉塔拉)、沧河线(沧州——河北河间)、津燕线(天津——北京燕山)、沧津线(沧州——天津)及大港油田外输管道等。

3. 西北管网

西北管网包括克独线(新疆克拉玛依——独山子)、克乌线(克拉玛依——乌鲁木齐)、库鄯线(库尔勒——鄯善)、塔轮线(新疆塔中——轮南)、轮库线(轮南——库尔勒)、花格线(青海花土沟——格尔木)、马惠宁线(甘肃马岭——宁夏惠安堡——宁夏中宁)等。

4. 华东、华中管网

华东、华中管网是以山东临沂为枢纽,包括将胜利油田与华东地区大型炼油厂相连接的东临线(山东东营——临沂)、鲁宁线(山东临沂——江苏仪征),其中1975年开始建设、1978年建成投产的鲁宁线全长667千米,是华东管网的主干线。另有东辛线(东营——辛店)、东黄线(东营——黄岛)、临济线(临沂——济南)、临濮线(临沂——河南濮阳)、临沧线(临沂——河北沧州)、中洛线(河南濮阳中原油田——洛阳)、魏荆线(河南魏岗——湖北荆门)等。华东、华中管网亦有多条复线、支线。

1998年中国石油、石化行业大重组以后,原来侧重于炼化的中国石化于20世纪末开始自行设计建造管线,除距离相对较短的沧河线、沧津线、津燕线等外,2002年,以甬沪宁管网的开工建设为标志,中国石化拉开了大规模建设长距离管道的序幕。已于2003年、2004年先后建成投产的仪金线(仪征——南京金陵石化)、甬沪宁线(宁波——上海——南京),使华东管网首次实现了向长江以南的延伸。其中,全长645千米的甬沪宁线是我国最长的进口原油管道,它构成了华东管网新的另一大主干线。

此外,为满足沿长江各大炼油厂对原油的需求,中国石化还建成从江苏仪征到湖南岳阳长岭炼油厂,全长近1000千米的仪长管道。

(二)成品油管道

成品油管道建设在我国起步较晚。中国第一条长距离成品油管道是1973年开工建设、1977年建成的格拉线(青海格尔木——西藏拉萨),全长1080千米,年输送能力25万吨,由中国人民解放军总后勤部组织修建。格拉线是我国海拔最高的输油管道,也是我国首条采用顺序输送工艺的管线,可顺序输送汽油、柴油、航空煤油和照明煤油等不同品种的油品,供军民两用。格拉线的建设不仅有利于边防战备，也为西藏的经济发展注入了生机。

近年来，我国成品油管道得到了较大发展，管输比例逐年增加：1995年建成全长246千米的抚顺石化至营口鲅鱼圈成品油管道，1999年建成全长185千米的天津滨海国际机场和北京首都国际机场的管道。目前已在西北、西南和珠三角地区建成了骨干输油管道。西部管道西起乌鲁木齐市，途经新疆、甘肃两省区28个市(县)，终点到达兰州市，全长1858千米，原油干线与成品油干线同沟敷设，合并建站，全部采用密闭顺序输送工艺，并成为全线无人操作、有人值守的数字化信息管道，输送成品油1000万吨；西南成品油管道首站从广东茂名开始，跨越广东、广西、贵州和云南4省区37个市县，最终到达云南昆明，全长1691千米，设计管输量1000万吨/年，2005年投油试生产。尽管如此，我国尚未形成区域性的成品油管道供应网络，而且，我国成品油管道按照炼化企业分布和区域需求进行的网络布局还未完成，还处在建设的起步阶段，将迎来一个建设高峰期。

我国的成品油管道主要有兰成渝管道、北京成品油管道、港枣成品油管道、兰郑长成品油管道、洛郑驻成品油管道和石太成品油管道等。

兰成渝管道起于甘肃兰州，经成都，止于重庆，总长1250千米，是我国迄今为止海拔落差和施工难度最大成品油管道，2002年9月29日进油投运。

北京成品油管道工程是以燕山石化为起点，连接长辛店、黄村、通州、顺义和沙河五大油库的全封闭式环城输油管线。它是国内第一条环城输油管线，输油管道全长183千米，年设计输量285万吨，管道直径300毫米，管道于2007年投运。

港枣成品油管道北起天津大港石化，南至山东省枣庄市，干支线全长647千米，中间设有德州、济南、肥城和兖州等分输站，输送能力300万吨/年，由中国石油投资建设。2007年6月1日，港枣成品油管道建成投产，目前已累计向山东内陆地区输送成品油31.84万吨。港枣成品油管道的建成和运行大大改善了山东省成品油供应紧张的局面，促进了山东省经济的发展。

兰郑长成品油管道起自乌兰成品油管道兰州末站，途经甘肃、陕西、山西、河南、湖北和湖南6省，止于长沙，管道全长2422千米，设计压力为8.0～13兆帕，设计输送量为1000万吨/年，2007年8月开工建设，2008年建成投产。该管道是中国石油实现"西油东送"战略的开篇之作。它的建设，有利于缓解兰州成品油的外运压力，降低运输成本，加快形成"北油南调"、"西油东送"的成品油运销网络，可实现资源与市场的对接，促进东西部地区的协调和可持续发展。

洛郑驻成品油管道起自洛阳石化总厂，途经洛阳、郑州、许昌、漯河和驻马店等15个市区县，管道全长425千米，设计输油量为390万吨/年，由中国石化投资建设，2007年9月2日，洛郑驻管道顺利投产。该管道是河南省内建成的第一条成品油长输管道，它的建成结束了河南这个能源需求大省没有长距离成品油管道的历史，对于缓解洛阳石化产品铁路运输压力具有重要的战略意义。

石太成品油管道起自石家庄,经过石家庄、阳泉、晋中、太原4市和13个县区,全长316千米,设计输送量340万吨/年,由中国石化投资建设,2006年6月开工,2007年10月工程顺利投产,该管道是华北成品油管网的重要组成部分,它的建成在很大程度上缓解了冀晋两省成品油供应紧缺的矛盾,解决了冀晋两省成品油供应过程中运距长、运价高、公路铁路运力紧张等问题,为两省成品油市场供应提供了可靠的资源保障,促进了管道沿线地区的经济发展。

(三)输气管道

我国长距离输气管道主要包括输送天然气、液化石油气和煤气等气体的管道。输气管道在我国起步最晚,但发展速度却很快,特别是天然气管道,近年来发展势头极其强劲。

我国已建成的天然气管道主要有川渝地区输气管网、涩宁兰线(青海涩北——西宁——兰州)、塔轮线(新疆塔中——轮南)、轮库线(轮南——库尔勒)、鄯乌线(鄯善——乌鲁木齐)、陕京线(陕西靖边——北京)、靖西线(靖边——西安)、陕宁线(靖边——宁夏)、中济线(河南中原油田——山东济南)、中沧线(中原油田——河北沧州)、沧淄线(河北沧州——山东淄博)、海南线(海南东方——洋浦——海口)等。其中,1996年开工、1997年建成的陕京线全长918千米,是我国第一条长距离、大口径和高度自动化的输气管道。2000年开工、2001年建成的涩宁兰线全长953千米,是我国在青藏高原上建设的第一条长距离、大口径的输气管道。除天然气管道外,我国还建设了一些煤气管道,其中1993年建成投产的哈依煤气管道(哈尔滨——依兰),全长249千米,是我国和亚洲最长的煤气管道。

我国目前在建的天然气管道,主要是全长900千米的陕京二线、干线全长719千米的忠武线(重庆忠县——湖北武汉)和西气东输线(新疆轮南——上海),它们均为中国石油投资建设。其中,最引人注目的是西气东输线。

西气东输工程是我国距离最长、口径最大的输气管道。全线采用自动化控制,供气范围覆盖中原、华东和长江三角洲地区,西起新疆塔里木轮南油气田,向东经过库尔勒、吐鲁番、鄯善、哈密、柳园、酒泉、张掖、武威、兰州、定西、西安、洛阳、信阳、合肥、南京和常州等大中城市,东西横贯新疆、甘肃、宁夏、陕西、山西、河南、安徽、江苏和上海9个省市区,全长4200千米,年输气能力200亿立方米。管道于2001年年底开工建设,2004年1月1日全线贯通并投产,正式向上海和长江三角洲及沿途各地的工业和居民供气,是我国和亚洲最长的天然气管道。

2011年6月30日,备受关注的中亚——西气东输二线工程干线全线贯通送气,是目前世界上最长的天然气管道工程,其建成投产为我国能源版图的构建又增添了一条重要动脉,来自土库曼斯坦阿姆河右岸的天然气,在横穿我国15个省份后直达珠三角。该工程总投资约1422亿元人民币，由一条干线和八条支干线组成，干线全长4918千米，支线全长约3667千米，管径1219毫米。它西起新疆霍尔果斯，东达上海，南抵广州、香港，横贯我国东西两端，年输气能力300亿立方米，可稳定供气30年以上。截至2011年5月28日，西气东输二线工程干线已累计接输中亚天然气超过100亿立方米，与国内其他天然气管道相连的投产段已惠及我国18个省区市，约1亿人受益。而随着2012年其他几条支干线的贯通，我国将有5亿人受益。

中亚——西气东输二线工程与中俄油气管道、中缅油气管道、海上LNG战略通道一起，构建起我国四大油气战略通道。该工程的建成投产，不仅有效缓解了珠三角、长三角和中南地区天然气供需矛盾，而且还实现与西气东输一线、涩宁兰线、陕京管线、冀宁联络线等已建管道的联网，进而形成我国主干天然气干线管道网络，构成近4万千米的"气化中国"的能源大动脉。

西气东输二线又连接着塔里木气田、准噶尔气田、吐哈气田和长庆气田，它们随时向西气东输二线提供约150亿立方米的应急保安气源，又与先前建成的西气东输管道、陕京管道等联成一张"气网"，随时可以调剂气源。

天然气是清洁高效的能源，天然气消费量的提升，对于完善我国一次能源消费结构，实现环境和资源的可持续发展具有重要意义。同时，西气东输二线的贯通，将推动沿线城市用清洁燃料代替部分电厂、窑炉、化工企业和居民生活使用的煤气和煤炭，在提升百姓生活质量的同时，也将有效改善我国的大气环境。据专家测算，从中亚引进的天然气每年可替代7680万吨标准煤，减少二氧化碳排放量1.3亿吨，减少二氧化硫、氮氧化物和工业粉尘等有害物质排放量246万吨，对改善我国能源结构和环境质量将发挥举足轻重的作用。

(四)海底管道

除了陆上管道外，我国在海底管道建设方面也取得了一定成绩。我国已建成的海底管道总长2000多千米，主要用途是将从海上油气田开采的油气资源输往陆上。

我国第一条海底输油管道，是中日合作开发的1985年建成投产的渤海埕北油田内部海底管道。我国已建成的比较大的海底输油气管道有以下几条。

(1) 锦州20-2凝析气田至陆上海底管道：1992年建成投产，全长48千米，它将天然气和凝析油进行混输，是我国第一条长距离油气混输的海底管道。

(2) 渤西气田至天津海底管道：1998年建成投产，全长46千米。

(3) 渤海绥中36-1海上油田至陆上海底管道：2001年建成投产，全长70千米，是我国第一条输送稠油的长距离海底管道。

(4) 东海平湖油气田至上海的两条海底管道：1998年建成投产，其中，输天然气的管道长367千米，管径333毫米，是我国第二长的海底输气管线；输原油的管道长303千米，管径 255 毫米，是我国最长的海底输油管线。

(5) 南海崖城 13-1 气田至香港的海底输气管道：1995 年建成投产，全长 778 千米，管径 305 毫米，每年向香港供气 29 亿立方米，它是我国和亚洲最长的海底管道，也是世界第二长的海底输气管道。

海底原油管道中，已于 2012 年建成投用的中国石化甬沪宁管网杭州湾海底原油管线全长 53.5 千米，管径 711 毫米，是我国已建成的口径最大的长距离海底原油管线，也是我国在强潮流区海湾建设的第一条大口径、长距离海底输油管线。

我国近期将建设的比较大的海底管道项目，还有从东海春晓气田向浙江输气的海底管线，从南海气田向海南、广东和广西输气的海底管线等。

(五)其他陆上管道

其他陆上管道包括输送化工原料、煤浆、水等其他介质的管道。如中国石化建设、已于 2003 年投用的金扬线(南京金陵石化——扬子石化)，就是金陵、扬子两家炼厂间互相供应石脑油、分子筛料等化工原料的管线。

(六)周边国家通往中国的管道

1. 中哈石油管道

中哈原油管道建设的最初设想始于 2003 年 6 月。当时，国家主席胡锦涛在访问哈萨克斯坦期间，中石油与哈萨克斯坦国家石油公司签署了协议，开始原油管道分段建设投资论证研究。规划中的中哈原油管道全长 3088 千米，从哈萨克斯坦境内里海岸边的阿特劳出发，经过肯基亚克与阿塔苏，最终到达我国新疆的独山子，总投资为 25 亿～30 亿美元，设计年输油量不低于 2000 万吨。2004 年 9 月，管道一期工程正式开工，并在次年的 12 月份建成。

2006 年 5 月 25 日，一股来自于哈萨克斯坦的原油抵达中石油新疆阿拉山口计量站。这标志着中国历史上首条跨国输油管道——中国至哈萨克斯坦原油管道正式开始对华输油，也标志着中国首次实现以管道方式从境外进口原油。在一期每年 1000 万吨输油工程投产后，中哈管道二期工程接踵而至，2009 年 9 月肯吉亚克——库姆科尔段投入运营。

哈萨克斯坦石油资源丰富、经济平稳，中国与之合作意义重大。一方面实现了国家与国民经济的对接，使两国经济发展互为促进；另一方面，哈萨克斯坦与新疆接壤，中哈石油管道的建设必将使新疆成为中国油库，其中的部分投资转化为对当地产品的现实需求，也有利于相关产业的发展，对于中国的可持续发展意义重大。另外还可以减轻中国对中东石油的依赖，使中国的供油线路更加安全，可以获得长期、稳定的原油供应。

中国此举既可参与开采哈萨克斯坦的石油，又可通过铺设输油管道与中亚地区现有的和正在计划或修建中的石油输送管道网络接轨，建立一个通向中东和里海地区石油的陆上输送管道，从而站到"泛亚全球能源桥梁"的战略位置上。

2. 中亚天然气管道

在中哈原油管道之外，另外一条输气管道同样引人注目。中国历经10年的努力，先后与土、乌、哈三国签订了上游气田产品分成合同、天然气购销协议、政府间过境协议等一系列法律文件，修建中亚天然气管道提上日程。

2008年6月，中石油正式开工建设中亚天然气管道。该管道起自土库曼斯坦和乌兹别克斯坦两国边境，中途穿越乌兹别克斯坦和哈萨克斯坦，在新疆霍尔果斯进入中国，全长1801千米，也是迄今全球规划上最长的天然气管道。中亚天然气管道在进入中国后，与西气东输二线相连，最终将天然气送往长三角、珠三角地区。

2011年6月30日，中亚——西气东输二线工程干线全线贯通送气，是目前世界上最长的天然气管道工程，年输气能力300亿立方米。

3. 中俄石油管道

中俄石油管道是俄罗斯西伯利亚至太平洋石油管道(泰纳线)的支线。中俄石油管道起自俄罗斯远东原油管道斯科沃罗季诺分输站，穿越中国边境，止于大庆末站，管道全长999.04千米，俄罗斯境内72千米，中国境内927.04千米。管道设计年输油量1500万吨，最大年输油量3000万吨。中俄原油管道俄罗斯境内段和中国境内段分别于2009年4月和5月开工建设。2010年9月27日中俄原油管道全线竣工。2011年1月1日5时48分，中俄原油管道投入运行，俄罗斯的原油开始进入中方境内位于漠河县兴安镇的首站储油罐内，标志着中国东北方向的原油进口战略要道贯通，每年1500万吨、期限20年的中俄原油管道输油合同开始履行。

中俄原油管道几经周折，历时10余年。在铺设原油管道之前，中国由俄罗斯进口石油主要靠铁路运输。原油管道开通后，不仅输送量大幅提高，运输成本也将大大降低。作为中国油气进口的四大通道之一，中俄原油管道建成投产对提高中国能源供给水平等将发挥重要作用。俄罗斯科学院远东研究所副所长谢尔盖·卢贾宁说："中俄石油管道的运行标志着俄罗斯的能源输出战略正在从传统的西方转向东方，对于俄中两国加强合作具有重大意义。"

4. 中缅石油天然气管道

近些年，中缅石油天然气管道备受关注。该管道项目于2010年3月26日正式敲定，中缅两国政府方面正式签署《关于建设中缅原油和天然气管道的政府协议》。

2010年10月，中缅石油天然气管道将步入全面施工阶段，总造价约25亿美元，包括

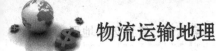
物流运输地理

一条独立的输油管道和一条独立的输气管道。中缅石油天然气管道在缅甸境内全长771千米，中国境内全长1631千米，管道将从缅甸西海岸马德岛出发，经缅甸若开邦、马圭省、曼德勒省和掸邦，从云南德宏傣族景颇族自治州瑞丽市进入中国，最后通到昆明，管道设计输气能力达2200万吨/年。中缅石油天然气管道输送的是缅甸西海天然气，经保山、大理、楚雄、昆明和曲靖进入贵州，最终到达广西南宁，年输气120亿立方米，管道全长2806千米。

中缅石油天然气管道的建设，无论对于中国还是对于缅甸来说，都具有十分重要的意义。对中国来讲，从地缘战略上看，缅甸是中国的邻邦，中缅关系的好坏直接关系中国的周边安全问题，以及同周边国家的友好合作。此外，从中国能源安全方面来讲，中方的能源运输线中，石油进口的四分之三都是通过马六甲海峡，这是一个大瓶颈，马六甲海峡是一个形状狭长的海峡，海盗长期出没，同时由于是浅滩，也比较容易出现问题，加上其他一些力量的控制，一旦出了问题，将可能对我国造成重大影响，所以，尽快开启陆地上的石油走廊十分重要。中国同中亚之间、中国同俄罗斯之间的石油管道建设都有这方面的意义。从中国国内能源市场来看，对国内能源布局也很有意义，可以解决西南地区石油供应问题，也就没有必要再从沿海港口运送石油上岸，然后再运到西南，这对西南地区发展来说，是一个很大的推动。

中缅石油天然气管道的建设也关乎缅甸的经济振兴，缅甸政府对该项目是站在战略高度上看待的，对缅甸来说，这也是维护自身战略利益和主权所必需的。作为中缅的友好邻邦，中国对缅甸的重要性不可替代，管道建设运行得越好，对缅甸的益处就越大。

三、管道物流运输的发展趋势

在城市，配送物流是保证城市正常运转的重要组成部分，配送内容包括机关单位物资供应、市民消费品配送、对商场店铺的货物配送以及各类商务办公物品的流转等。配送方式主要是通过各类车辆。但是，在目前的信息化时代，这些传统的交通运输方式在工业发达的地区和一些大城市早已超过了其所能承受的最大极限，从而也给仍然依赖于传统交通运输方式的城市物流配送体系带来很大影响。据ADAC(全德汽车俱乐部)的资料，由交通问题导致目前德国每年的经济损失约为1000亿欧元。在中国，城市的交通拥堵、环境污染以及电子商务的物流瓶颈等也都是困扰大城市的首要问题，以地面车辆为主要方式的城市配送物流是造成城市交通拥挤和大气污染的主要根源，而且在网上购物和电子商务日益普及的今天，原始的上门配送方式无论在速度上还是形式上，都显得有些不合时宜。

发展城市地下物流以及管道物流是一个新的思路，把管道物流从今天只能配送液体、气体等物质向配送固体物质(包括日用品的运输供应和城市垃圾的外运等)延伸,把地面上以车辆配送为主要形式的物流转向地下和管道中,是一个具有划时代意义的研究与发展领域。为此,许多国家正在研究管道物流系统,特别是城市地下管道物流运输系统,更是一个新颖的研究领域。通过实施地下管道物流,可以极大地减少城市环境污染,给人们留下明媚的阳光、清洁的空气和宽敞的空间,还可以大大提高物流配送速度和运行效率,适应电子商务和网上购物发展的要求,改善人们的生活质量。

采用管道运输和分送固、液、气体的构想已经有几百年的历史了,现有的城市自来水、暖气、煤气、石油和天然气输送管道、排污管道可以看作管道物流的原始形式。但这些管道输送的都是连续介质,管道物流运输形式还可以是固体货物的输送管道,这类管道物流运输形式可分为气力输送管道和浆体输送管道。

在20世纪,开始通过管道采用气力或水力的方法来运输颗粒状的大批量货物,气力管道输送是利用气体为传输介质,通过气体的高速流动来携带颗粒状或粉末状的物质进行运输,可输送的物质种类通常有煤炭和其他矿物、水泥、谷物、粉煤灰以及其他固体废物等。第一个气力管道输送系统是1853年在英国伦敦建立的城市管道邮政系统。1972年,日本的住友株式会社将管道运输的应用领域进一步扩大,建立了一条货物运输管道,用于从一个石灰石矿向水泥厂运送石灰石,从1983年开始,其年输送能力达到200万吨。近年来,管道气力输送开拓了一个新的应用领域——管道废物输送。欧洲和日本的许多大型建筑系统都装备了这种自动化的垃圾处理管道,位于美国奥兰多的迪斯尼世界乐园也采用了这种气力管道系统,用于搜集所产生的垃圾。

在管道气力输送中,最重要的是吹动固体颗粒需要较高的气流速度,特别是固体颗粒直径或密度较大时就更是如此。在气力输送中,管道的磨损和能量消耗也是较高的。因此,管道气力输送的经济、实用的输送距离通常是很短的,一般不超过1千米。在特殊情况下,如美国在建造胡佛大坝和大古力水坝时,就采用了大约2千米长的气力管道来输送水泥,这是相当长的气力输送管道。气力输送管道多见于港口、车站、码头和大型工厂等,用于装卸大批量的货物。美国土木工程师学会曾在报告中预测:在21世纪,废物的管道气力输送系统将成为许多建筑物(包括家庭、医院、公寓和办公场所等)常规管道系统的一部分,可取代卡车,将垃圾通过管道直接输送到处理厂,这种新型的垃圾输送方法有望成为一个快速增长的产业。

浆体输送是将颗粒状的固体物质与液体输送介质混合,采用泵送的方法运输,并在目的地将其分离出来。输送介质通常采用清水。

浆体管道一般可分为两种类型,即粗颗粒浆体管道和细颗粒浆体管道,前者借助于液体的紊流使得较粗的固体颗粒在浆体中成悬浮状态并通过管道进行输送,而后者输送的较细颗粒(一般为粉末状)，有时可均匀悬浮于浆体中。和气力输送类似，粗颗粒浆体管道的能耗和对管道的磨损都较大，通常只适用于特殊材料(如卵石或混凝土)的短距离输送；而细颗粒浆体管道则相反，由于能耗低、磨损小，在运输距离超过 100 千米时，其经济性也比较好。如美国的 Black Mesa 煤浆输送管道总长 438 千米，管道直径为 456 毫米，每年从亚利桑那州的一个煤矿运输 460 万吨的煤到内华达州的一个发电厂，该管道系统从 1970 年一直成功地运行到现在。有专家预测，这种方法将来可应用于从自来水厂或污水处理厂向污泥处理厂或污泥填埋场输送污泥，这方面的应用虽然目前还没有，但将来可能会变得非常普遍。

以上应用实例只能看作是管道物流的初级形式，而地下管道物流配送系统应该是目前管道物流系统的最高级形式，运输工具按照空气动力学的原理设计，下面采用滚轮来承受荷载，在侧面安装导向轮来控制运行轨迹，所需的有关辅助装置直接安装于管道中。运输工具由传统的三相电机驱动，在无人驾驶的条件下可以在直径约为 2 米的地下管道线路中运行，同时通过雷达监控系统对其进行监控。在系统中单个运输车的运行是自动的，通过计算机对其进行导向和控制。尽管运输车之间不通过任何机械的方法进行连接，但在运输任务较大时，也可以使它们之间的距离很小，进行编组运输，其最小间距可以通过雷达控制系统控制在 2.0 米。在这一控制系统中，运输车可以自由地出入每一个运输编组而不会导致运行速度的降低。在正常情况下，通过这种系统可以实现 36 千米/时的恒定运输速度。这种地下管道快捷物流运输系统，将和传统的地面交通和城市地下轨道交通共同组成未来城市立体化交通运输系统。其优越性在于：可以实现污染物零排放、对环境无污染，且没有噪声污染；运输工具长寿命、不需要频繁维修；可实现高效，智能化、无中断物流运输；系统运行能耗低、成本低；运行速度快、准时、安全；可以构建电子商务急需的现代快速物流运输系统，不受气候和天气的影响等。该系统的最终发展目标是形成一个连接城市各居民楼或生活小区的地下管道物流运输网络，并达到高度智能化，人们购买任何商品都只需点一下鼠标，所购商品就像自来水一样通过地下管道很快地"流入"家中。

总之，地下管道物流运输系统是除传统的公路、铁路、航空及水路运输之外的第五类运输和供应系统。由于近年来相关技术的不断成熟(如电子技术、电子商务、地下管道的非开挖施工技术等)，该领域的研究也越来越受到重视，西方许多发达国家正积极开展这方面的研究，可以说，21 世纪大力发展和全面推动城市地下管道物流系统建设的技术条件已经成熟。我国应抓住这一契机，积极开展该领域的研究，建立城市地下管道物流系统的总体概念，指出我国城市地下管道物流系统的发展前景及技术可行性，制订出我国城市地下管道物流系统的发展模式及阶段性发展规划，确立相应的关键技术并争取国家立项研究。

本 章 小 结

管道运输是使用管道作为运输工具输送货物的一种运输方式，所运货物包括原油、成品油、天然气(包括油田伴生气)、二氧化碳气体等流体货物和煤炭、铁、矿石等固体料浆。与其他运输方式不同的是，管道运输是运输通道和运输工具合二为一的运输方式，运输形式是靠物体在管道内顺着压力方向循序移动实现的。管道运输是一种理想的运输技术，把运输途径和运输工具集中在管道中，具有许多突出的优越性。管道运输具有运量大、占地少、管道建设周期短、投资少、管理方便、运输安全可靠、运输成本低、效益好和连续性强等优点，当然也有灵活性差的不足。管道工程是由管道线路工程与管道站、库工程和管道附属工程三部分组成的。管道按货物性能可分为固体管道(固体粉碎后加水成浆状)、气体管道和液体管道，运送固体货物的管道运输，一般有水力管道运输、水力集装箱管道运输、气力集装箱管道运输、真空管道气压集装箱运输和电力牵引集装箱管道运输等几种方式。管道按其铺设工程可分为架空管道、地面管道和地下管道；管道按货物种类可分为原油管道、成品油管道、天然气管道、二氧化碳管道、液化气管道、煤浆和其他矿浆管道等。

现代管道运输于 19 世纪中叶始于美国。本章重点介绍了波罗的海管道运输系统、友谊管道系统、亚马尔欧洲天然气管道、"蓝溪"海底天然气管道、远东——太平洋石油管道系统、中东地区管道、北美管道、里海财团管道和里海地区管道等世界主要管道。我国于 1958 年建成了第一条全长为 147 千米的原油管道，将新疆克拉玛依的原油输至独山子；1963 年建成了第一条输气管道，将四川南部的天然气输至重庆市。本章重点介绍了我国原油管道、成品油管道、输气管道、海底管道、其他陆上管道及周边国家通往我国的管道等管道布局，最后介绍了管道物流的发展趋势。

复习思考题

一、名词解释

1. 管道运输 2. 水力管道运输 3. 电力牵引集装箱管道运输 4. 原油管道 5. 成品油管道 6. 天然气管道

二、问答题

1. 管道按其铺设工程可分为哪几类？
2. 简述管道工程的构成。

3. 简述西气东输工程。

三、案例分析题

楚雄——攀枝花成品油管道起自昆明——楚雄——大理成品油管道楚雄分输站，油源为昆明炼油厂，途经云南、四川两省，止于攀枝花金江油库的成品油管道，管道全长214千米，管径273毫米，设计压力8兆帕，设计输量100万吨/年，设置楚雄分输泵站、攀枝花末站两座站场。管道在攀枝花市境内全长约5千米，与中缅管道攀枝花天然气利用项目同步建设，计划2014年年初建成投用。目前，中国石油攀枝花销售分公司正抓紧实施金江油库配套改造。整个项目建成后，攀枝花将成为攀西地区最大的成品油储备中心和物流中心。项目建成投用后，将满足该市成品油市场需求，提高成品油运输安全性，降低运输成本，同时释放成昆铁路运输压力，更好地促进地区经济发展并辐射周边，为攀枝花打造区域性中心城市奠定了基础。

1. 结合案例说明管道运输的优越性。
2. 该管道的建成对于我国建设成品油管道供应网络有哪些影响？

第八章 区域物流地理

【导读案例】

> 临沂市位于山东省东南部,是山东省面积最大的市,是历史上著名的革命老区(又叫做沂蒙山区)。之前的临沂市既不是消费基地,也不是大型生产基地,更谈不上交通枢纽,发展物流产业条件较差。但是当地政府通过放眼全国,打造物流之路,提出以现代物流市场为导向,以上游和下游客户为中心,以经济效益为纽带,以共赢共胜为目的,通过打造"华东商贸物流城"的思路,打破地域行业界限,突破管理体制障碍,在全市形成经营有序、管理有效、资源高度共享的现代化物流管理与运作机制,突显全市物流产业发展的一体化和整体效益的最大化,使临沂市从小小的批发城逐步发展成全国知名的综合商贸城。
>
> 如今的临沂市,有"商贸城"、"物流之都"、"小商品城"的美称,连续三年跻身全国十大批发市场前三名。近年来随着经济的腾飞,公路交通网络密集,信息高速公路便捷,一座座物流城拔地而起,30万商贸大军熙来攘往,千万吨物流从周边地区延伸到全国乃至全球,成为临沂发展区域经济的有力支撑。临沂全市商业发达,是连接南北重要的物流城、商贸城,现在仅次于浙江义乌,居全国第二,有"南义乌,北临沂"之称。
>
> (资料来源:http://finance.sina.com.cn/rou/20090205/2203582211.shtml)

以上案例以典型化特征概括了区域物流发展政策对当地物流业发展的重要作用。中国物流策划研究院常务副院长兼专家委员会主席王之泰在《区域经济和区域物流发展》中指出,中国是一个非常大的国家,全国性的物流政策、物流环境条件、物流基础设施的建设固然是非常重要的事情,但是,地区的差异性决定各地区的物流发展会有很大不同,按照地区的实际情况发展现代物流是我们应当特别关注的事情。

【学习目标】

通过本章的学习,主要掌握全国九大物流区域、全国性物流节点城市及其对应关系;九大物流区域现代物流业基本空间布局和重点发展区域;九大物流区域现代物流业发展的阶段、水平和特点;九大物流区域中各重点物流区域的发展定位和规划目标;了解十大物流通道,区域性物流节点城市;九大物流区域中除重点物流区域以外的地区现代物流业发展概况;九大物流区域物流基础设施规划建设情况。

第一节 华北物流区域

华北物流区域位于北方沿海,其核心区域京津冀地区处于环渤海城市群的中心位置,是我国北方经济最发达的地区,物流业发展水平也相对较高,但由于华北物流区域分属三个省级行政单位管辖,物流一体化和基础设施统一规划的推进相对于其他沿海物流区域还处于落后水平。

一、北京市

北京市物流业将以科学发展观为主题,以加快转变发展方式为主线,贯彻落实"人文北京、科技北京、绿色北京"的战略,以服务中国特色世界城市建设为目标,按照"便民利民、促进发展,服务全国、辐射世界"的发展宗旨,加快推进物流业结构调整与创新,更加注重物流系统运行效率的提高和服务保障能力的增强,进一步完善高效、集约、低碳的城市物流体系,提升物流业发展的现代化、国际化水平,打造具有广泛国际影响力的物流中心城市。

北京市物流业服务于北京高端产业功能区、工业开发区以及专业集聚区的建设与发展,在五环和六环周边新建和改造相对集中、功能完善、规模化的物流中心或配送中心,引导物流资源集聚,形成多个"组团式"的专业物流设施空间布局。

(一)东部组团

东部组团服务于通州经济技术开发区、电子商务总部基地等产业园区,以及机电、都市工业、新能源新材料和文化创意等产业,在潞城、张家湾、宋庄等地重点发展电子电器、食品饮料和图书音像等专业物流集聚区。

(二)东南组团

东南组团服务于北京经济技术开发区、中关村科技园区和金桥科技产业基地等产业园区,以及电子信息、生物医药、环保及新能源新材料等产业,在马驹桥、十八里店、亦庄和黑庄户等地重点发展电子、医药、快速消费品及家用电器等专业物流集聚区。

(三)南部组团

南部组团服务于中关村科技园区大兴生物医药基地、大兴经济开发区等产业园区,以及生物医药、机械制造、印刷包装、服装等产业,在大庄、黄村和西红门等地重点发展医药、快速消费品、食品冷链、农产品、纺织服装和快递等专业物流集聚区，配合北京新机场建设，合理规划预留物流发展的设施空间。

(四)西南组团

西南组团服务于中关村科技园区丰台园、北京石化新材料科技产业基地、北京窦店高端现代制造业产业基地等产业园区，以及石油化工、机械制造、电子信息、生物医药、新能源新材料和汽车及配件等产业，在房山区燕山、窦店、阎村等地和丰台区五里店、榆树庄、白盆窑等地重点发展农产品、石化、汽车、钢材、医药、图书及服装等专业物流集聚区。

(五)西北组团

西北组团服务于中关村国家自主创新示范区核心区，包括中关村科技园区昌平园、未来科技城、国家工程技术创新基地、中关村生命科学园、中关村永丰高新技术产业基地等高科技园区，北京八达岭经济开发区、北京新能源汽车设计制造产业基地和北京工程机械产业基地等产业园区，以及汽车、新材料、生物医药、环保和新能源等优势产业和新兴产业，在南口、马池口、沙河和清河等地重点发展汽车、工程机械、新材料、生物医药和农产品等专业物流集聚区。

(六)东北组团

东北组团服务于北京天竺综合保税区、北京天竺空港经济开发区、北京汽车生产基地、北京林河经济开发区、北京雁栖经济开发区等产业园区，以及汽车、装备制造、都市工业、临空经济等产业，在首都机场周边、赵全营、高丽营、李桥和庙城等地重点发展航空物流、保税物流、会展物流及电子、汽车、食品饮料、农产品和快递等专业物流集聚区。

二、天津市

天津市将形成以滨海新区为核心、以国际物流为特色、以多业联动为重点的精益高效物流服务体系，定位为中国北方国际物流中心，天津现代物流业将形成"两带三区"的空间发展格局。

(一)沿海物流发展带

沿海物流发展带以天津港为原点、以沿海产业带为延展方向，建设一批口岸型国际物流基地、沿海产业型物流园区，以及功能互补的物流服务网点，形成物流基地、物流园区和网点相互依托、协调发展的空间格局。

(二)京津物流发展带

京津物流发展带以天津港为原点,以京津唐产业带为延展方向,依托航空航天、生物制药和新能源新材料等重点产业集聚区,规划建设一批大型产业物流基地、若干个物流中心,形成集聚发展、连通快捷和服务产业于一体的物流产业带。

(三)北部物流聚集区

北部物流聚集区位于宝坻区、蓟县形成的服务于新型生态农业以及现代商贸的物流聚集区。

(四)南部物流聚集区

南部物流聚集区位于津南区、西青区形成的服务于新型工业产业及高端电子信息产业,具有产业联动效应的物流发展聚集区。

(五)西部物流聚集区

西部物流聚集区位于西青区、静海县形成的服务于钢铁、冶金、建材及现代商贸的物流发展聚集区。

三、河北省

河北省依据中心城市的功能定位、经济发展水平和基础设施等条件,以港口带动、产业推动、消费拉动、交通枢纽联动等模式,重点建设石家庄、唐山、廊坊、邯郸和张家口五个区位优势明显、基础设施完善、物流规模较大、市场发育良好的物流枢纽城市。

(一)石家庄物流枢纽

石家庄市为全省政治科教文化中心,全省重点建设的首善之区,是全国二级铁路枢纽和京津冀三大铁路编组站之一,铁路货运量居全国第三位,公路客货运量居华北地区第三位,是全国25个公路主枢纽城市之一,城市工业以医药、纺织、食品主导型加工制造业为主,是辐射华北南部、影响中国北方的商贸中心,商品市场成交额居全国前十位。

石家庄物流枢纽依托石家庄市交通便利、人才集中、产业发达等比较优势,发挥其商贸经济发达,各类商品市场数量多、规模大、辐射面广的作用,围绕装备制造、生物技术和医药、电子信息和通信装备、纺织服装、精细化工、现代商贸等物流需求易于释放的产业，以培育第三方物流为重点，以基础设施、信息网络和优惠政策为支撑，加快建设国际物流园区和商业物流、医药物流、农产品物流、中储物流、航空物流和再生资源回收利用物流六大物流中心，增强现代物流业辐射能力，扩大现代物流业发展规模，构筑起适应跨国公司全球经营战略需求的国际物流体系和多样化服务的市区配送体系，增强对国内外市场的辐射功能。石家庄物流枢纽的功能定位是华北重要商埠和陆路交通枢纽，建成全国重要的区域性物流中心和全国二级物流节点城市。

(二)唐山物流枢纽

唐山市是钢铁、建材、能源、化工和机械主导型重化工业城市。曹妃甸深水大港的建设，标志着唐山市即将成为中国北方地区国际性能源原材料运输枢纽港，承担起能源原材料海路运输的主通道和战略物资中转物流中心的职能。

发挥唐山市冶金、化工、建材、煤炭、陶瓷和装备制造等产业的比较优势，依托曹妃甸港区和京唐港区港口经济和临港产业，整合现有运输资源，优化运输企业结构，完善面向企业生产需要的能源和原材料仓储、运输、配送等服务功能，发展外向型物流产业，建成河北省物流资源由内陆发展型向陆港结合的外向型转变的重要通道。唐山物流枢纽依托唐山作为东北与京津市场中转站的区位优势，完善配送、加工、包装和展示等服务功能，以能源原材料为主，积极参与全国及国际物流分工，建成我国北方最大的矿石、原油、建材和能源物流区，影响和带动腹地战略物资流通的中转配送中心。唐山物流枢纽的功能定位是以进口矿石、进口原油、钢铁、建材、煤炭和液化天然气(LNG)等大宗商品为主要品种的国际性能源原材料集疏枢纽港，国家商业性能源储备和调配中心，建成区域性物流中心。

(三)廊坊物流枢纽

廊坊市是依托京津两特大城市发展起来的中等卫星城市，在承接京津两市城镇功能疏散和产业转移方面发挥着重要作用。

廊坊物流枢纽发挥毗邻京津、交通便利的区位优势和成本竞争优势，依托现代商贸、城郊型农业、旅游业和补充配套型服务业，大力发展以京津为主要目标市场、与京津国际化物流体系相互补充的现代物流业，形成进出京津市场货物的中转枢纽，除满足自身发展所需要的仓储、配送等物流服务外，进一步完善京津往来货物的集散、进出口货物分流等功能。廊坊物流枢纽功能定位是面向京津、连接国内外、国际物流资源进出京津市场的重要物流节点，建成地区性物流中心。

(四)邯郸物流枢纽

邯郸市为连接晋冀鲁豫的历史文化名城，全国著名的钢铁、纺织基地。邯郸物流枢纽发挥区位、交通网络和产业优势,依托冶金、纺织、能源、建材、农产品、食品加工和现代商贸等产业基础,建成北方重要的工业品物流中心,使之成为晋、冀、鲁、豫四省货物集散枢纽,为永年标准件生产基地、邯郸纺织品基地、馆陶金凤禽蛋基地及周边省市货物中转提供仓储、运输、配送、加工等全程物流服务。其功能定位是立足晋冀鲁豫四省、辐射全国的综合物流枢纽城市,建成地区性物流中心。

(五)张家口物流枢纽

张家口市地处京、冀、晋、蒙四省市交界,是河北省区域中心城市。张家口物流枢纽依托地处京、冀、晋、蒙交界的区位优势,挖掘中俄、中蒙贸易的重要通道和物资集散的潜力,借助于"黄金岛"区域综合开发,围绕装备制造、特色农业、食品加工、能源原材料以及旅游业,发挥连接东部经济带与中西部资源主产区重要纽带的作用,大力发展面向京津冀晋蒙、畅通国际贸易的现代物流业。

四、物流基础设施

北京市作为全国航空、铁路、公路枢纽,物流通道建设几近完备,目前主要进行物流中心、物流基地等基础设施建设。天津市以海港和空港为重点,突出欧亚大陆桥通道对天津市物流业发展的带动作用。河北省加强交通网络建设,以建立智能型现代综合交通运输体系为目标,协调发展铁路、公路、航空和管道运输,逐步形成分工合理、优势互补、多式联运的现代运输网络。

华北区域物流基础设施建设表现在以下几方面。

陆路通道。完善公路路网结构,构建"五纵六横七条线"高速公路网架,大力发展农村公路,改造升级干线公路,加快高速网络建设,形成市市通达高速公路、市县通达高等级公路、乡(镇)通等级公路的公路网络。铁路扩能提速改造,建设与国铁连接以及为大型企业服务的地方铁路和专用线。依托陆路通道,华北物流区域拓展和延伸运输服务和代理的业务范围,提高物流服务质量和效率。

海运通道。调整优化港口结构,拓展港口功能,明确港口定位,形成唐山港、秦皇岛港和黄骅港分工合理、优势互补的港群体系;重点建设曹妃甸港区矿石、原油、煤炭和液化天然气等大型专业化码头,改扩建唐山港京唐港区、秦皇岛港散杂货和集装箱码头,加快建设黄骅港三期工程;增强港口的物流集疏、通关和加工增值等功能,建设一批立足于港口优势、服务于临港产业、辐射周边区域的综合物流园区。

航空通道。合理布局省内机场,发展支线航空。完善改造石家庄机场和山海关机场设施,建设邯郸、承德、秦皇岛(民用)和张家口等支线机场,基本形成以石家庄为中心的干线和支线结合的航线网络。大力发展国际航空货运和航空快递，拓展航空过境、中转和直达运输等各类服务。

管道运输通道。发挥管道运输的独特优势，抓住国家调整能源布局的机遇，配合国内油气资源开发和油气进口，完善省内管道网络，加快发展天然气、石油和煤炭等各类管道运输。积极推进与陕京二线配套的省级天然气干线及支线建设，实现全省天然气管道的网络化，加快河间——石家庄原油管线、石家庄——太原成品油管线等项目建设，形成较完善的原油、成品油和天然气管线网络。

"十二五"期间华北物流区域还将着眼完善现代化综合运输网络，加快建设物流功能完善、集疏运通畅的港群服务体系和以铁路、公路主干线为支撑的陆运服务体系。按照建造北方深水大港的总体要求，加快建设曹妃甸港区大型专业化原油、矿石、煤炭和液化天然气码头，布局建设京唐港区矿石、集装箱、散杂货泊位。加快黄骅港综合大港建设，实施综合港区二期工程，有序地推进集装箱、矿石、煤炭、通用散杂货、油品及液体化工泊位建设。支持秦皇岛港搬迁改造，引导煤炭下水能力逐步向曹妃甸、黄骅转移，重点建设集装箱、杂货码头和泊位。加快推进承秦、张唐、邯黄铁路建设和迁曹、朔黄铁路扩建，改造沧州铁路枢纽建成三大港口至蒙东、蒙西通道和河北中南部、晋中南、豫北及鲁西北出海通道。推进石家庄、邯郸机场扩建和北戴河、承德、张家口、邢台等机场建设，加快沧州机场前期工作。完善区际、城际、城市、机场、港口和城乡快速交通运输网络，构建环首都、沿海"一小时"和环省会"两小时"交通圈，形成秦皇岛——曹妃甸新区——天津滨海新区——沧州渤海新区快捷公路通道，强化与辽宁沿海、黄河三角洲地区的公路连接。加快疏港公路建设，进一步强化港口与腹地的交通联系。促进普通干线公路网向新城区、产业集聚区、重点景区延伸，加快县乡道路改造，完善农村公路网络。

第二节　东北物流区域

东北物流区域规划范围是辽宁省、吉林省、黑龙江省和内蒙古自治区东部的呼伦贝尔市、兴安盟、通辽市、赤峰市和锡林郭勒盟。物流空间布局以沈阳、大连两座城市为中心，包括辽宁沿海经济带、沈阳经济区、哈大齐工业走廊、长吉图经济区四个重点区域。

依据城市所处的区位、交通条件、产业特点、物流辐射范围以及承担的货运量和增长潜力，东北地区共有 6 个重点物流城市，包括全国性物流节点城市沈阳和大连、区域性物流节点城市哈尔滨和长春、具备区域辐射力和服务能力的蒙东地区交通枢纽城市通辽和亿吨港口城市营口。

一、辽宁沿海经济带

辽宁沿海经济带由大连、丹东、锦州、营口、盘锦和葫芦岛6个沿海城市组成,辽宁沿海经济带是东北老工业基地振兴和我国面向东北亚开放合作的重要区域,是东北地区物流发展的龙头。

大连市将拓展物流网络,搭建高效物流平台,建设一批辐射面广、流量大的优势货品及集装箱物流基地,形成一批各具特色的分拨和配送中心,加快构建东北亚国际物流中心。大连市现代物流业发展的定位如下。

(1) 辽东半岛综合性物流中心。
(2) 东北经济区国际物流中心。
(3) 环渤海地区中转物流和南北水运物流的主枢纽。
(4) 东北亚地区国际物流的主通道。

以大连港为核心,整合港口资源,优化港口功能分工,打造现代化港口集群,构筑大连东北亚国际航运中心,形成以大连港、营口港为主要港口,锦州港、丹东港为地区性重要港口,葫芦岛港、盘锦港为一般港口的分层次布局。

大连港以远洋干线集装箱运输为主,兼顾近洋和内贸集装箱运输,形成集装箱运输干线港。营口港、锦州港和丹东港以内贸和近洋航线集装箱运输为主,并承担向周边集装箱干线港的供给运输,形成集装箱运输支线港。

煤炭运输系统以锦州港为内蒙古东部地区煤炭下水港,大连港、营口港和丹东港等港口为煤炭接卸港,主要为沿海电厂等企业服务。

进口原油运输系统形成以大连港为主、营口港和锦州港为辅的接卸港布局。

沿海铁矿石运输形成以大连港和营口港为主,锦州港和丹东港为辅的接卸港布局。

散粮运输形成以大连港为主,营口港、锦州港为辅的粮食装船港布局,根据沿海粮食加工工业的布局和发展需要,在大连港、营口港、锦州港和丹东港布局建设粮食接卸设施。

辽宁沿海经济带港口分工情况,如表8-1所示。

表8-1 辽宁沿海经济带港口分工

港 口	定 位	集装箱运输	煤 炭	原 油	铁矿石	散 粮
大连港	东北亚国际航运中心	集装箱运输干线港	接卸	主要接卸	主要接卸	主要装船
营口港	地区主要港口	内贸和近洋航线	接卸	辅助接卸	主要接卸	辅助装船
锦州港	地区重要港口	为主的集装线运输	下水	辅助接卸	辅助接卸	辅助装船
丹东港	地区重要港口	线港	接卸	辅助接卸		

营口市(营口——盘锦)作为沈阳经济区最近的及东北地区重要的出海口物流城市,重点建设营口口岸物流园区。

二、沈阳经济区

沈阳经济区以沈阳为中心,由沈阳、鞍山、抚顺、本溪、营口、阜新、辽阳和铁岭 8 座城市构成,是东北地区重要的工业城市群和辽宁省经济发展的核心区域。

该地区物流业发展总体定位是:依托综合交通枢纽地位构建辐射东北、通达全国、面向东北亚的现代物流基地;形成以沈阳为中心,鞍山、抚顺、本溪、营口、阜新、辽阳和铁岭为支撑,连接国内外城市及口岸的物流大通道。

沈阳市现代物流三层次发展定位是沈阳经济区物流网络的核心城市、国家级物流枢纽城市及东北地区物流中心城市、东北亚地区重要的国际物流节点城市。

(1) 沈阳经济区物流网络的核心城市。充分发挥沈阳经济区产业基础雄厚、经济资源丰富等诸多优势,结合沈抚同城化、沈本一体化、沈铁工业走廊建设,将沈阳市打造成该区域交通组织和调度中心、物流采购和分拨中心,形成沈阳经济区城市间货物配置的核心节点。

(2) 国家级物流枢纽城市及东北地区物流中心城市。发挥沈阳市位于环渤海经济圈和东三省经济走廊接合部的区位优势,利用全国最大的铁路枢纽、高密度的高速公路网和航空网,以及紧邻东北亚航运中心等得天独厚的交通优势,构建连接省内外的物流通道体系,形成服务于全国的物流信息平台、国内最优的发展环境、物流人才培育基地和国内外知名物流企业总部集聚城市,成为覆盖东北区域的物流运营管理和货物分拨中心。

(3) 东北亚地区重要的国际物流节点城市。利用全省"五点一线"经济带建设,构筑完善的出海物流通道和航空物流通道,建设沈阳综合保税物流中心、东北亚航运腹地物流中心以及铁路集装箱物流中心等为基本架构的沈阳国际物流节点体系,成为连接欧亚大通道的重要节点城市。

三、长吉图经济区

长吉图地区是指吉林省的长春市、吉林市部分区域和延边州。1992 年,在联合国开发计划署的倡导下,中、俄、朝、韩、蒙五国共同启动了图们江区域合作开发项目。在合作各方的积极推动下,图们江区域合作机制不断健全,合作领域不断拓展,合作方式不断创新,为进一步推进中国图们江区域国际合作以及东北地区的对外开放打下了坚实基础。中国政府于 2009 年制定了《中国图们江区域合作开发规划纲要——以长吉图为开发开放先导区》,将长吉图培育成基于图们江、面向东北亚的开放载体,形成我国沿边开放开发的重要区域、我国面向东北亚开放的重要门户、东北亚经济技术合作的重要平台和东北地区新的重要增长极。

该地区物流业发展的总体定位是：依托区域综合交通网络，构筑长春、珲春为两极，吉林、敦化、延吉为重要物流节点，依托珲春——阿尔山、哈尔滨——大连、东部通道等交通干线，西接内蒙古、北连绥芬河及满洲里、南通大连及丹东港，形成双向流动的现代物流网络。

长春市定位为东北地区中部物流中心城市、长吉图物流枢纽城市，发展方向是重点发展汽车及零部件、医药、粮食和农产品等物流，建设区域性物流中心和对俄日韩国际物流中心。在长吉重点建设汽车、石化、农产品、建材和冶金等专业物流园区，在延龙图和珲春重点建设面向东北亚的国际物流基地。

四、哈大齐工业走廊

"哈大齐工业走廊"是指由黑龙江省的省会哈尔滨市经大庆市到齐齐哈尔市，这三个城市形成一条直线，从哈尔滨到大庆，从大庆到齐齐哈尔，各100余千米，因此辟建于高速公路两侧的是一条约长200千米的工业走廊。

"哈大齐工业走廊"除哈大齐三市外，还包括沿途的肇东和安达两个县级市。"龙头"是哈尔滨市松北区。哈尔滨突出高新技术，大庆以石油、天然气和化工产业为主，齐齐哈尔以装备制造为主，而肇东和安达则以农业副产品加工、轻工业等为主。

该地区物流业发展的定位是：充分发挥区位优势和综合运输条件，运用现代物流技术和管理理念，充分整合存量资源，合理建设增量资源，构筑以物流中心为骨干节点、以各产业开发区配套物流系统为支撑的为工业走廊重点产业服务的物流体系，发展物流产业群，同时服务于周边经济带农产品流通、对俄贸易、商贸等领域，逐步建成对内连接黑龙江省及东北经济区乃至全国，对外辐射东北亚地区的核心枢纽物流系统，带动黑龙江省物流产业快速发展。

五、通辽市

通辽市发挥交通枢纽优势，围绕煤化工、有色、玉米深加工等基地建设，积极对接大连、营口港，扩大通辽内陆港、集装箱中转站经营规模，建设大型综合性物流园区，发展煤炭、矿产品、化工产品、农畜产品等专业物流，形成我国东北经济区重要的物流基地。

六、物流基础设施

东北地区物流基础设施建设基础较好，今后还要不断完善公路、铁路和水运等基础设施条件，提高主要物流通道的通行能力和辐射能力。其主要任务如下。

提升哈尔滨——长春——沈阳——大连(营口)及沈阳——北京等主轴物流通道的通行能力，进一步拓展主轴通道的辐射范围，增强主轴通道与沿海港口和边境口岸的联系。增加大连港、营口港航线的数量和密度，提升海铁联运能力。加强内陆港体系建设，提升港口对内陆腹地的服务能力。

提升满洲里——哈尔滨——绥芬河、阿尔山——白城——长春——延吉(图们、珲春)横向物流通道的通行能力。建设和完善边境口岸物流基础设施，加强双边合作，提高过货能力和效率。开展"江海联运"、"陆海联运"和"借港出海"，创新发展"中——外——中"内贸货物国际物流运作模式。

畅通东部物流通道(鹤岗——佳木斯——牡丹江——图们——通化——丹东——大连)，提高东部铁路的运能和通达水平，提升东部公路等级，加快东部通道出海口丹东港扩能改造。

加强蒙东地区、蒙古国与辽吉黑三省连通的西部通道规划建设。畅通伊敏——伊尔施——阿尔山——乌兰浩特——白城——通辽——锦州通道，建设锡林浩特——赤峰——绥中通道，规划研究白音华——赤峰——朝阳——锦州及珠恩嘎达布其——巴彦乌拉——新邱(阜新)——锦州通道，提升二连浩特——集宁、齐齐哈尔——白城——通辽——锦州及霍林郭勒——通辽——沈阳——丹东通道的运输能力。

第三节　山东半岛物流区域

以青岛为中心的山东半岛物流区域包括港口群物流区域和黄河三角洲高效生态经济区物流区域。

港口群物流区域包括青岛、烟台、日照、威海及潍坊部分地区，是山东半岛蓝色经济区的主体，是发展国际物流的主要通道，具有发展现代物流的条件和优势。它充分发挥港口设施功能完备、经济外向度高和发展潜力大的优势，重点发展外向型和辐射型物流，继续加快疏港铁路和公路的规划和建设，提高港口的集疏运能力；以发展现代物流为重点，加快沿海港口大型矿石、油品泊位建设，强力推进内河航道、港口建设，提高综合通过能力和内河港航整体实力；鼓励港口与大物流企业、临港物流园区的合资合作，实现有机结合、互动发展，推动港口腹地"无水港"体系建设，实现港口腹地向全国、全世界扩展，为山东半岛蓝色经济区的高效生态产业、高端产业和临港产业服务，为全省及全国产业发展和对外贸易服务。

黄河三角洲高效生态经济区物流区域以东营、滨州为核心，以莱州市、潍坊市寒亭区、

物流运输地理

寿光市、昌邑市、乐陵市、庆云县和高青县为重点，发展服务于黄河三角洲高效生态经济区的高效生态物流，成为连接山东半岛、京津冀、辐射东北亚的物流枢纽。它依托交通枢纽、中心城市和重要货物集散地，完善物流基础设施，重点建设东营、滨州、潍坊、莱州4个临港物流基地，大力发展临港产业，促进临港物流业快速发展；发挥油盐化工、纺织、造纸、装备制造和农副产品加工等产业的优势，引导企业主辅分离，物流业务外包，积极发展专业化物流，支持产业提高核心竞争力；依托胜利油田和中海油，重点发展辐射全省的石油管道物流；建设一批高效生态特色物流园区、物流中心和配送中心；积极推广现代物流管理技术，建立和完善物流网络和信息平台，提高物流信息化和标准化水平，引导物流企业向专业化、规范化和国际化发展。

该区域物流业发展的主要任务是：围绕海洋经济主题，积极发展沿海和远洋运输，推进水陆联运、河海联运，培植壮大港口物流业，加快构建现代化的海洋运输体系；大力推行港运联营，把港口与沿海运输和疏港运输结合起来；有效地整合港口物流资源，大力培育大型现代物流企业集团，发挥好保税港区、出口加工区和开放口岸的作用；规划建设一批现代物流园区和大宗商品集散地，重点建设青岛、日照、烟台、威海四大临港物流中心，积极推进东营、潍坊、滨州、莱州等临港物流园区建设，打造以青岛为龙头的东北亚国际物流中心。

一、青岛市

青岛市以建设东北亚地区综合航运枢纽和国际物流中心为目标，发挥青岛港为龙头的港口群带动作用，依托布局合理和功能配套的物流基础设施，构建起辐射东北亚地区的国际物流服务体系，形成具有国际竞争力的物流中心；加快建设港口物流、空港物流、铁路物流和陆路物流四大系统；加强港口与陆路运输的协调，发展公铁水联运、国际集装箱多式联运；构建现代物流业发展框架，物流发展水平达到国内领先，在山东省的物流业发展中起龙头示范作用。

二、烟台市

烟台市依托烟台港、烟大铁路轮渡、铁路和高等级公路网的优势，加强公路、铁路、港口与民航的相互连接，发展成为面向内陆腹地、东北三省和东北亚的重要物流枢纽城市；重点推进汽车甩挂运输、保税物流、农村物流和中韩车载物流试点工作；重点发展钢铁、食品、机电产品、高新技术产品和服装等大宗出口商品的物流。

三、潍坊市

潍坊市充分发挥作为山东半岛物流枢纽城市的作用，继续推进"青烟潍物流一体化"发展，协调建立青岛港、烟台港与潍坊港物流发展一体化战略协作关系；重点支持鲁东物流中心、滨海物流港建设，努力打造服务环渤海、辐射全国的现代临港物流基地；依托寿光地区蔬菜基地、全国重要的纺织工业基地、国家级半导体照明特色产业基地的优势，重点发展农产品物流、纺织品物流和半导体物流。

四、威海市

威海市建立以港口为依托，以航空、铁路和公路为基础的港口物流节点城市，服务于区域内橡胶轮胎、造船修船、纺织和海洋食品等行业物流发展。发挥威海作为中国大陆距韩国最近的沿海城市的地缘优势，推动中韩陆海联运汽车运输，发展成为全省乃至全国对韩国经贸物流的集散地。

五、日照市

日照市建立以铁路、公路为基础的港口物流节点城市，大力发展煤炭、矿石、钢铁、木浆、大宗货物商品及进出口物流基地，服务于国家东西通道的集疏运。发挥以日照港为新亚欧大陆桥头堡与国内西北地区联盟的经济带作用，建立西北地区新疆、陕西、甘肃和宁夏等能源及物资调入和进出口的港航物流周转基地，促进山东省蓝色经济区与西北地区双向物流体系的建设。

六、东营市

东营市发挥处于京津唐与山东半岛两大经济区及黄河经济带与环渤海经济圈接合部的地理优势，抓住黄河三角洲开发国家战略、天津滨海新区开发建设和半岛城市群经济跨越发展的新机遇，构建立足黄河三角洲、面向晋冀和环渤海地区、海陆空相结合的物流运输网，形成区域性物流中心和环渤海经济圈的重要物流城市。它依托胜利油田和中海油，重点建设和发展辐射全省的石油管道和化工物流，大力发展现代物流业，使其成为资源型城市经济结构转型升级的引擎与支柱。

七、滨州市

滨州市充分发挥纺织、造纸、有色金属、汽车零部件、交通装备、通用航空器和油盐化工等产业优势,依托港口、铁路与高等级公路,积极发展专业物流、农产品物流、城市配送,形成对接天津滨海新区、融入济南城市圈、辐射环渤海经济圈和半岛城市群、服务黄河三角洲经济区的鲁北物流中心。

八、物流基础设施

山东半岛物流基础设施条件好、建设起点高,当前的发展任务是优化布局、强化枢纽、完善网络、提升功能、发挥组合优势和整体优势,构建海陆相连、空地一体、便捷高效的现代综合交通网络。

(一)港口

以青岛港为龙头,优化港口结构,整合港航资源,加快港口公用基础设施及大型化、专业化码头建设,培植具有国际竞争力的大型港口集团,形成以青岛港为核心,烟台港、日照港为骨干,威海港、潍坊港、东营港、滨州港和莱州港为支撑的东北亚国际航运综合枢纽。青岛港要以国际集装箱干线运输、能源和大宗干散货储运集散为重点,依托青岛前湾保税港区,拓展港口物流、保税、信息和商贸等服务功能,建设成为现代化的综合性大港和东北亚国际航运枢纽港。烟台港要进一步巩固提升区域性能源原材料进出口口岸、渤海海峡客货滚装运输中心、陆海铁路大通道重要节点和我国北方地区重要的集装箱支线港的地位,加快西港区建设,提高烟台保税港区建设水平,发展成为环渤海地区的现代化大型港口。日照港要提高大宗散货和油品港口地位,进一步扩大集装箱业务,服务大宗散货中转储运和集装箱支线运输。威海港要建成环渤海地区的集装箱喂给港和面向日韩的重要港口,东营港、潍坊港、滨州港和烟台港莱州港区要加强深水泊位、航道和防波堤等公用基础设施建设,完善功能,提高吞吐能力,形成分工明确的黄河三角洲港口群。

(二)铁路

以山东省铁路主骨架为依托,扩大路网规模,完善路网结构,提高路网质量,打通环海、省际铁路大通道,加快重点铁路项目建设,构筑沿海快速铁路、港口集疏运和集装箱便捷货物铁路运输、大宗物资铁路运输和省际客货铁路运输体系,形成功能完善、高效便捷的现代化铁路运输网络。规划建设济南——烟台——威海动车直通工程;青岛——烟台——威海——荣成城际等山东半岛城际铁路;山西中南部铁路通道山东段、德州——大家洼——龙口——烟台、青岛——日照——连云港、黄骅——大家洼等铁路;菏泽——兖州——日照、蓝村——烟台、胶州——新沂、坪上——岚山等铁路电气化改造。

(三)公路

加快高等级公路建设和普通路网升级改造，优化路网结构，形成干支相连、快速便捷的公路网络。高速公路包括：滨州——德州，潍坊——日照，龙口——青岛，烟台——海阳，岚山——曹县，高青——广饶，东营——滨州——济南，文登——莱阳滨海公路，青岛——银川国家高速公路，青岛——济南段扩容等。疏港公路包括：青岛前湾港区疏港公路二期，董家口港区、滨州港、东营港广利港区等疏港公路。国省道公路的新建或改建工程，重点建设滨州——日照滨海高等级公路。

(四)机场

加快区域内机场建设和改造，科学规划建设青岛新国际机场，增加和开辟国内外航线，形成以青岛新国际机场为中心，以烟台、威海、潍坊和东营等机场为支线的空港格局；加快烟台潮水机场建设，改造提升东营、潍坊和威海机场，规划建设青岛新国际机场，研究论证日照机场和长岛小型机场建设的可行性。

第四节 长江三角洲物流区域

长江三角洲地区包括上海市、江苏省和浙江省，该地区物流业比较发达，基础设施完备，一体化程度高，共有以下九个物流区域。

一、上海市

上海市以建设国际经济、金融、贸易和航运中心为依托，国际重要物流枢纽和亚太物流中心为目标，加强物流业与金融业的融合发展，创新物流金融服务模式，增强航运物流枢纽功能，重点建设以下四个物流园区。

(1) 深水港物流园区。依托洋山深水港区和临港产业园区，以国际中转、配送、采购、转口贸易和出口加工为主要内容，着力提升国际中转水平，建设具有保税港区功能优势的港口综合型物流园区。

(2) 外高桥物流园区。依托外高桥港区和外高桥保税区，以国际贸易、保税仓储和集拼分拆、国际中转为主要内容，扩大"区港联动"试点规模和效应，建设保税物流与进出口贸易相结合的区港联动型物流园区。

(3) 浦东空港物流园区。依托浦东国际机场和空港产业园区，以国际快递、国际中转、国际采购与分拨和物流增值服务为主要内容，大力推进保税物流园区建设，建设航空产业与物流业联动发展的航空口岸型物流园区。

(4) 西北综合物流园区。依托桃浦、江桥的陆路货运枢纽，以市内外物流集散功能为主要内容，结合保税物流中心建设，建设集货运配载、仓储配送、公铁联运、信息服务、流通加工和展示交易等物流服务于一体的陆路口岸型物流园区。

二、沿沪宁线物流带

沿沪宁线物流带依托沪宁铁路、沪宁高速公路、禄口机场、苏南机场、奔牛机场等交通基础设施、雄厚的产业基础，重点建设沿沪宁线物流带。

(1) 建成全国重要的服务高新技术产业和战略性新兴产业的物流发展带，推动苏南地区成为发展创新型经济的先导区。

(2) 建成全国重要的国际物流发展带，推动苏南地区成为在更高层次上参与国际合作与分工的先导区。

(3) 建成全省重要的商贸物流发展带，扩大区域商贸的国际、国内辐射力和竞争力。

(一)南京市

南京市依托铁路、公路、水运、航空和管道等多种运输方式交会形成的国家级综合运输枢纽优势，完善服务南京都市圈、辐射中西部地区的国际物流功能，建成区域性国际分拨中心、长江国际航运物流中心；依托龙潭港、禄口机场大力发展港口物流、航空物流，充分发挥 12.5 米长江深水航道的优势，加快发展江海联运、江铁联运和海铁联运，推进南京市航运物流服务集聚区建设；重点发展能源化工物流、钢铁物流、医药物流和汽车物流等，建设一批大型商贸物流分拨中心。

(二)苏锡常地区

苏锡常地区依托毗邻上海的区位优势、发达的产业优势、保税物流政策优势和综合交通运输优势，充分发挥苏南硕放机场在 IT 等高端制造业产品的分拨、交易和集散作用，建成面向国内、服务全球的上海国际航运中心西翼次中心、制造业国际分拨中心和区域性商贸物流中心。

1. 无锡市

无锡市大力发展长江及内河港口物流；充分利用物联网技术高地优势，打造"智慧物流"示范基地，重点发展 IT 物流、商贸物流和智能物流等。

2. 常州市

常州市大力推动装备制造、电子信息等领域的物流发展，推进有区域影响力的新能源、新材料商贸物流服务平台建设，重点发展商贸物流、医药物流和农产品物流等。

3. 苏州市

苏州市大力发展港口物流和保税物流，整合完善各类海关特殊监管区功能，提升国际物流发展水平；进一步壮大第三方物流，提高全球供应链物流服务能力；重点发展保税物流、IT 物流和钢铁物流等。

三、沿长江物流带

沿长江物流带依托长江、沿江高速公路、宁启铁路、南京港、镇江港、扬州港、江阴港、泰州港、苏州港和南通港等交通基础设施，发挥连江通海的区位优势和临港产业集聚的优势，重点建设沿江物流带。

(1) 建成长江沿线地区重要的港口物流发展带，促进苏南、苏中融合，互动发展。

(2) 建成全省重要的集装箱物流、装备制造物流、石化物流、冶金物流、医药物流和粮食物流发展带。

(一)扬州市

扬州市依托长江与京杭大运河交汇形成的水路枢纽、苏中江都机场，大力发展公铁水联运；加快推动物流装备制造的集聚发展，打造全国有影响力的物流装备展示交易平台；重点发展汽车物流、日化物流。

(二)镇江市

镇江市依托陆路、水路"双十字"交会的交通优势，紧抓沪宁铁路货运能力释放的机遇，大力发展铁水联运，完善港口物流服务功能；重点发展重型装备物流、钢铁物流、汽配物流。

(三)泰州市

泰州市依托泰州港、苏中江都机场，加快推动船舶制造等物流发展；重点发展医药物流、粮食物流、不锈钢物流和煤炭、农资、木材等生产资料物流。

四、江苏沿海物流带

江苏沿海物流带以沿海高速公路、沿海铁路和沿海港口为纽带，依托北接环渤海、南融长三角的区位优势和较好的产业基础，重点建设沿海物流带。

(1) 建成全国东部沿海重要的港口物流发展带，沟通长江三角洲和环渤海地区的经济联系，促进沿海地区建成我国东部地区重要的经济增长极。

(2) 建成全省重要的汽车物流、能源化工物流、医药物流、纺织物流和农产品物流发展带。

(一)连云港市

连云港市依托国家级综合运输枢纽优势和新亚欧大陆桥东桥头堡的区位优势，大力发展海陆联运，加快港口物流基础设施建设，提升物流服务能力，建成区域性国际物流枢纽；充分发挥港口优势，大力发展海铁、海河联运和陆桥运输，开通集装箱"五定班列"，加快面向东北亚地区的国际物流通道建设，强化沟通国际、辐射中西部的物流服务功能；重点发展医药物流、能源物流和冷链物流。

(二)南通市

南通市积极发挥滨江临海、紧邻上海的区位优势，依托洋口港大力发展港口物流，着力提升江海中转物流能力；加快推动船舶制造等领域的物流发展，建设能源、原材料综合性物流加工基地；重点发展纺织物流、能源物流、粮食物流。

(三)盐城市

盐城市依托大丰港、南洋机场，加快港口物流基础设施建设，提升港口的服务能力，积极开展国际货运包机服务；重点发展汽车物流、纺织物流和农产品物流等。

五、沿运河物流带

沿运河物流带依托徐州港、宿迁港、淮安港、新长铁路和宁宿徐高速公路等综合交通基础设施，进一步提升运河作为省内水运主通道和煤炭运输通道的运输能力，重点建设沿运河物流带。

(1) 围绕徐州等煤炭中转集散基地，建成全省重要的北煤南运物流通道。

(2) 加快形成粮食、钢铁、建材、集装箱等物流发展带，带动沿运河经济带的跨越式发展。

(一)徐州市

徐州市依托国家级综合运输枢纽优势和五省通衢的区位优势，充分发挥铁路枢纽、公路枢纽及京杭大运河沿线港口群作用，建成沿东陇海线上重要的现代物流中心、淮海经济区商贸物流中心，利用综合运输枢纽和商贸中心的双重优势，发挥徐州市在东部产业转移、西部资源东输中的作用，加快发展多式联运和公路快运，建成工程机械等优势产业的区域性分拨配送中心，重点发展汽车物流、煤炭物流和粮食物流等。

(二)淮安市

淮安市依托涟水机场、京杭大运河等区域性综合交通枢纽优势，打造苏北地区内河集装箱物流枢纽，建成面向苏北、鲁南、豫南、皖北地区的商贸物流分拨中心，重点发展盐化工物流、IT物流和农产品物流等。

(三)宿迁市

宿迁市依托京杭大运河、宁宿徐和徐宿淮盐高速公路，建成淮海经济区和沿运河物流带重要的物流节点，重点发展农产品冷链物流、粮食物流和食品物流。

六、沿东陇海线物流带

依托沿东陇海线在生产力布局中的重要区位优势，以新亚欧大陆桥、连云港港、观音和白塔埠机场、连霍高速公路等交通设施为支撑，重点建设沿东陇海线物流带。

(1) 建成新亚欧大陆桥重要的国际物流发展带，推动苏北地区新型工业化加快发展。
(2) 建成全省重要的医药物流、煤炭物流、冷链物流发展带。

七、杭州市

杭州市充分发挥省会城市和航空、公路、铁路和内河航运等设施的优势，充分发挥高新技术和制造业基地等产业优势，合理规划建设物流设施，加快形成以城市配送物流、中转物流和航空物流为特色的全省重要的综合物流枢纽；加强杭州综合性物流枢纽建设，充分发挥省会城市、电子商务之都和国际空港的优势，强化以空港(保税)物流为特色、配送和快递物流为基础的物流体系建设，构建全省综合物流中心。

八、宁波市

宁波市围绕深水港资源的开发利用，充分发挥海陆空和口岸等综合优势，加快完善集疏运网络；通过更大范围、更高层次的整合资源，加快形成以港口为依托，以国际物流为重点的长江三角洲国际物流枢纽；突出宁波——舟山港口物流枢纽建设，充分发挥保税港区和保税物流园区等开放环境优势，积极推进"三位一体"港航物流服务体系建设，构建大宗商品物流和国际集装箱物流并重发展的国际枢纽港。

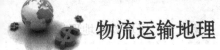

九、金华——义乌

金华——义乌依托交通枢纽和专业市场，发挥国际、国内商品流通发达的优势，加强与沿海港口的合作，加快形成浙中区域物流枢纽；推进金华——义乌内陆型物流枢纽建设，加快直通关建设，争取设立义乌 B 型保税物流中心，强化内陆口岸和区域中转联运物流中心功能，构建以"全球小商品集散中心"为特色的浙中物流枢纽。

十、物流基础设施

长江三角洲地区物流基础设施比较完备，目前主要着力点是交通综合枢纽建设。

(一)完善交通通道

(1) 沪宁和沪杭通道。依托沪宁、沪杭铁路和高速公路，优化运输结构，提升运输效率和通过能力，建设铁路、公路和水运相结合的主通道，建设京沪高速铁路沪宁段、沪宁和常苏嘉城际轨道交通、沪杭客运专线、沪苏湖铁路、杭州——黄山铁路以及沪杭磁悬浮交通，提升快速客运能力。改造京杭运河江南段、苏申内外港线、湖嘉申航道，杭申航道等国家和省级干线航道，增强水运货运能力。

(2) 沿长江通道。依托长江航道，构建综合型的交通运输通道，强化与长江中上游的联系，推进长江口 12.5 米深水航道向上延伸工程建设。改扩建宁通(南京——南通)、京沪高速公路，加快建设泰州——常州过江通道。建设南京——芜湖——安庆铁路、沿江铁路、淮扬镇铁路及过江通道，加快宁启铁路、新长铁路扩能改造及过江通道建设。

(3) 沿海通道。依托沿海港口和海运，加强崇明过江通道、崇明——启东长江公路通道建设，加快甬台温高速公路改扩建，建设连盐(淮)、沪通、甬台温、金甬和金台等铁路，规划建设跨杭州湾通道，完善沿海交通运输大通道体系。

(4) 宁湖杭通道。依托宁杭高速公路，加快宁杭客运专线建设，支撑宁湖杭发展带的发展。加强与上海的联系，建设湖州——乍浦铁路。

(5) 杭甬通道。依托杭甬高速公路和杭甬铁路，建设支撑杭州湾南翼产业和城镇发展以及连接宁波——舟山港的重要出海通道。加快杭甬客运专线、宁波铁路枢纽北环线以及疏港铁路的建设，整治杭甬运河，加强沿杭州湾南岸城市间及陆岛间的联系，提高沿海港口集疏运输能力。

(6) 东陇海通道。依托陇海铁路和连霍高速公路，构建中西部地区至连云港港的重要出海通道。加快建设郑徐客运专线徐州段，并规划延伸至连云港，增强对中西部地区的辐射带动作用并支撑沿线产业发展。

(7) 浙西南通道。依托浙赣和金温铁路、金丽温和杭金衢高速公路，建设金温铁路扩能工程、九景衢铁路、杭州长沙客运专线和杭新景高速公路，加强与长江三角洲西南地区的联系并支撑沿线产业的发展。

(二)综合交通枢纽

长江三角洲地区交通基础设施比较完备，目前主要任务是进行交通综合枢纽建设，进一步节约土地资源，提高运输效率和层次，重点建设上海、南京、连云港、徐州、杭州和宁波等全国性综合运输枢纽，加强苏州、无锡、常州、镇江、扬州、泰州、南通、盐城、湖州、嘉兴、金华、温州和衢州等区域性综合运输枢纽建设，强化各种交通运输方式的衔接，特别是加强铁路客运专线、城际铁路和干线铁路建设及其与港口、空港和城市轨道交通等的衔接。

(1) 上海。增强航运和航空能力，提升上海铁路枢纽的地位，提高国际客货运和集装箱中转的比例，优化物流节点布局，增强物流网络统筹协调功能，建成海陆空一体化的大型综合运输枢纽和现代物流中心。

(2) 南京。积极发展铁路、公路、水运和航空综合交通，完善服务长江流域的大宗散货江海联运，以及服务长江三角洲地区北部及其周边地区的国际物流功能，进一步提高客货运能力，建成江陆空综合运输枢纽和长江中下游综合性现代物流中心。

(3) 徐州。完善徐州铁路、公路枢纽功能，充分发挥徐州港的功能和作用，建设铁路、公路和水运联运的综合性运输枢纽和区域物流中心。

(4) 连云港。加快连云港港口建设，尽快形成"一体两翼"的发展格局，强化港口对我国中西部地区的辐射能力，建成我国重要的综合交通枢纽和物流中心，成为辐射带动力强的新亚欧大陆桥东方桥头堡。

(5) 杭州。加快杭州铁路东站综合交通枢纽建设，强化服务长江三角洲地区南部及其周边地区的国际物流功能，配合旅游发展，强化客运功能，建成陆空水联运综合运输枢纽和空港型物流中心。

(6) 宁波。结合梅山保税港区和宁波铁路枢纽建设，优化集疏运系统，强化货运枢纽功能，尤其是大宗散货海进江中转、海铁联运运输功能，建成海陆联运的综合运输枢纽和全国性大型物流中心。

(三)港口枢纽与配套港口群

加强港口枢纽之间的协调，整合现有的港口，加快以上海为中心，以江苏、浙江港口为两翼的上海国际航运中心建设。

(1) 上海港。以建设上海国际航运中心为目标，进一步提升上海港作为主枢纽港的功

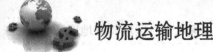

能地位，重点加快建设洋山深水港区集装箱泊位和通往主要集装箱港区的内河集装箱运输通道及配套港区，以及洋山港区油品码头，进一步扩大上海港的吞吐能力。

(2) 宁波——舟山港。推进宁波——舟山港一体化进程，发展集装箱运输和大宗散货中转运输，建设宁波——舟山港大吨位、专业化铁矿石码头和原油码头，推进宁波梅山保税区10万吨级以上集装箱码头的建设，完善铁矿石、原油、煤炭和粮油等大宗散货接卸转运系统和集装箱运输系统。

(3) 南京以下长江下游港口。以开辟集装箱支线运输为主，加强南京、镇江、苏州和南通港口间的分工协调，重点建设太仓集装箱干线港和江海联运中转枢纽港，完善集装箱支线港。加快长江口深水航道和沿江海进江矿石码头建设，形成铁矿石转运系统。

(4) 江苏沿海港口群。加快连云港港30万吨级深水航道建设，规划建设原油、矿石等大型专业化深水泊位，大力发展集装箱干线运输。以连云港港为核心，联合南通港、盐城港共同建设沿海港口群，大力发展国际航运和现代物流，增强为我国中西部地区服务的能力，建设成为上海国际航运中心北翼的重要组成部分。

(5) 浙南沿海港口群。围绕温州港深水航道建设，推进乐清港、状元岙和大小门岛港区建设。发展台州港临港产业，重点建设大陈岛、大麦屿等港区。以能源、原材料等大宗散货和集装箱运输为主，建成辐射赣东、闽北等地区的重要对外交流口岸。

(四)航空枢纽与配套机场群建设

以扩大空港设施能力为重点、优化航空运输网络为主线、提高国际竞争力为目标，加快区域航空枢纽中心建设，形成大型国际枢纽机场——区域枢纽机场——国内小型枢纽机场合理布局、分工协作的航线网络和机场群。

(1) 上海航空枢纽港。建成以浦东机场为主、虹桥机场为辅的上海航空枢纽港。浦东机场侧重于国际航线，加强设施建设，提高中转能力，发展成为国际航空网络的主枢纽之一。虹桥机场侧重于国内航线，适度发展台港澳航线，发展成为国内航空网络的主枢纽。加强两机场间交通设施建设，提高通达效率。

(2) 南京和杭州国际机场。优化南京禄口机场和杭州萧山机场航线布局，大力开辟国内航线，适时增辟国际客运和国际货运航线，客货并举，内外并重，不断增加航线和加密航班，建成区域枢纽机场。

(3) 苏南和宁波国际机场。积极推进苏南硕放国际机场的改扩建工程，重点增加国内客运和国际货运航线，建成国家干线机场、苏南一类航空口岸和区域枢纽机场。加快宁波栎社国际机场扩建工程建设，大力发展国际货运航线，形成以货为主、客货兼顾的区域性国际干线机场。

(4) 新建、调整、改造一批中小型机场。新建苏中江都机场和淮安机场，迁建连云港机场，调整南通、嘉兴机场的运输功能，改造扩建常州、徐州、盐城和台州机场，形成区域客货运输航空网络。

第五节　东南沿海物流区域

东南沿海物流区域与海峡西岸经济区范围大体相当，以福建省为主体，包括周边地区，南北与珠江三角洲、长江三角洲两个经济区衔接，东与台湾岛、西与江西的广大内陆腹地贯通，物流业发展格局主要是在厦门、福州、泉州、温州、汕头等中心城市、交通枢纽和港口，规划建设一批现代物流园区、综合性现代物流中心。加快保税区、保税港区、保税物流园区的建设和整合发展，完善保税物流监管体系，积极推进港区发展保税仓储、贸易采购和配送中转等国际物流。加强沿海主要港口、交通枢纽和国际机场等物流节点多式联运物流设施建设，加快发展公铁海空联运，完善海峡两岸及跨境物流网络，加快形成东南沿海大型国际物流通道口。

厦门市作为本区域的全国性物流节点城市，将形成区域性航运物流中心，至2020年，将成为介于长江三角洲和珠江三角洲之间、对接台湾的现代物流枢纽城市。福州市提出以海港空港、铁路公路枢纽为重点，把福州建设成为全国性综合交通枢纽和我国重要的港口物流枢纽。东南沿海主要包括以下几个物流区域。

一、环三都澳

环三都澳以宁德城市为核心，依托环三都澳产业集中区，建设为机械、船舶、石化、冶金和钢铁等重点产业服务的港口物流园区、专业物流配送中心和煤炭接卸集散中心；依托海西宁德工业区和千万吨级钢铁项目与台湾石化、钢铁产业对接，重点建设石化、钢铁产品等闽台物流枢纽。

二、闽江口

闽江口以福州中心城市为核心，依托闽江口产业集聚区，重点建设为电子信息、机械装备、纺织服装和冶金化工等产业集群服务的综合物流园区、专业物流配送中心。依托福州台商投资区、罗源不锈钢产业园、海峡两岸(福建)农业合作试验区、融侨电子产业园、青口汽车城与台湾汽车产业对接、福清台湾机电园与台湾机电产业对接，重点建设冶金、建材、电子、机械、汽车产品和水产品等闽台物流枢纽。

三、平潭综合实验区

平潭综合实验区推动平潭口岸对外开放，与台湾开辟双向航线，开展货运直航等业务，形成与台湾多点多线、客货并进、海空并举的格局，依托海峡西岸高新技术产业基地，重点建设为电子信息、新型医疗器械、船舶(游艇)修造、海洋工程装备和海洋产业等产业服务的综合物流园区、专业物流配送中心，逐步形成以平潭岛为中心，以福清江阴港和长乐空港为两翼，连接海、陆、空三位一体的海峡物流走廊。

四、湄洲湾

湄洲湾以莆田市为核心，依托湄洲湾北岸产业集聚区，重点建设成为石油化工、装备制造和林产加工业等产业集群，新农村建设和城市消费服务的综合物流园区、专业物流配送中心；依托港口、向莆铁路的交通优势，打造海峡西岸重要的矿石中转基地、东南沿海最大的木材加工贸易基地、亚太地区具有较大影响的油品储备基地、国家级LNG战略储备基地和湄洲湾大型煤炭中转基地；依托秀屿国家级木材贸易加工示范区与台湾木工机械产业对接，泉港、泉惠石化园区与台湾石化产业对接，重点建设木工机械产品、石化和农产品等闽台物流枢纽。

五、泉州湾

泉州湾以泉州市为核心，依托湄洲湾南岸、泉州湾产业集聚区，重点建设为纺织服装、食品饮料、建筑材料、电子信息、装备制造、新能源、新材料、新农村建设和城市消费服务的综合物流园区、专业物流配送中心；依托泉州台商投资区、海峡(两岸)农产品交易中心、装备制造产业园、休闲食品产业园、建陶及水暖器材产业园、泉州造船基地与台湾船舶产业对接、南安光伏产业基地与台湾光伏产业对接，重点建设光电、新材料、食品、轻纺、装备和农产品等闽台物流枢纽。

六、厦门湾

厦门湾以厦门经济特区为龙头，以漳州为发展翼，依托厦门湾产业集聚区，重点建设为电子信息、装备制造、新材料、新能源、生物与新医药等产业集群服务的综合物流园区、专业物流基地及各类物流配送中心；依托厦门台商投资区、厦门国家半导体照明产业基地与台湾光电产业、厦门国家汽车及零部件出口基地与台湾汽车产业零部件、龙海经济开发区、漳州招商局经济开发区与台湾金属及农副产业的对接，重点建设制造业、服务外包等闽台物流枢纽，建设厦门象屿保税物流园区等保税物流设施群。

七、古雷——南太武新区

古雷——南太武新区以东山湾临港产业集中和南太武新区为龙头，以海岸沿线及港区后方陆域为依托，依托古雷半岛重点发展区域形成的产业集聚区，重点建设成为石油化工、装备制造、新能源、新材料和海洋高新产业等产业集群、新农村建设和城市消费服务的综合物流园区、专业物流配送中心；依托漳浦台湾农民创业园、古雷石化产业基地、光伏玻璃及新材料产业基地与台湾石化、光电产业对接，重点建设石化、消费电子、交通运输设备、光电电子、节能环保新材料、农产品等闽台物流枢纽；依托物流基础设施，扩大向内地经济发展区以及周边经济协作区的辐射能力。

八、武夷新区

武夷新区以南平市为核心，依托武夷新区产业集聚区，重点建设成为食品加工、轻工纺织、机械装备、电子信息、生物制药、工业设计和农产品等产业集群、新农村建设和城市消费服务的综合物流园区、专业物流配送中心；依托南平农林产业与台湾农业对接，重点建设农林产品等闽台物流枢纽。

九、三明生态工贸区

三明生态工贸区以三明市为核心，围绕三明生态工贸区建设，重点建设为冶金机械、装备制造、纺织化工、林产加工、新能源、新材料、生物医药等产业集群、新农村建设和城市消费服务的综合物流园区、专业物流配送中心；依托金属及深加工产业园、机械装备产业园、永安汽车城、海峡两岸(三明)现代林业合作实验区、三明台商投资区和清流中国台湾农民创业园，重点建设汽车、农林产品等闽台物流枢纽。

十、龙岩产业集中区

龙岩产业集中区以龙岩市为核心，依托龙岩产业集中区，重点建设为装备制造业、钢铁和有色金属、节能环保、新能源、新材料等产业集群、新农村建设和城市消费服务的综合物流园区、专业物流配送中心群；依托龙岩工程机械及专用设备产业园、汽车及零部件产业园、上杭铜冶炼及深加工产业园，重点建设机械设备、汽车和铜产品等闽台物流枢纽。

十一、温州物流区域

温州依托区域发达的产业基础,充分发挥体制机制和区位优势,合理开发海陆空交通资源,合理规划建设物流设施,加快铁路、航空和港口物流基地等的规划建设,充分利用其连接长江三角洲与海西经济区的区位特点,构建浙南闽北区域性物流枢纽。

十二、汕头物流区域

汕头物流区域以现代化港口物流体系初步形成为基础,初步奠定区域交通航运中心和区域物流中心地位,并重点建设若干物流园区等为初级目标,奠定汕头市区域物流中心的地位,成为海峡西岸经济区的主要物流节点。

十三、物流基础设施

大力推进物流基础设施建设,完善综合交通网络,建设服务我国中西部地区发展新的对外开放综合通道。

(一)加快交通通道建设

加快推进运输通道建设,完善福州、厦门、泉州、温州和汕头等综合交通枢纽功能,更好地服务于两岸交流合作和中西部地区对外开放。到2015年,铁路营业里程、高速公路通车里程均达5000千米以上。

(1) 贯通东西通道。依托沿海港口,向纵深推进,向腹地拓展,建设快速铁路、高速公路相结合的东西向主通道。加快建设向塘至莆田(福州)铁路,抓紧建设合肥至福州、昆明至厦门的高速铁路和赣州至龙岩、龙岩至厦门、金华至温州铁路的扩能工程,改造提升横峰至福州、鹰潭至厦门等铁路,加快建设北京至福州高速公路,全面建成福州至银川、厦门至成都、泉州至南宁等国家高速公路。

(2) 连接两岸通道。按照扩大两岸直接"三通"的要求,适时发展台湾海峡北、中、南线轮渡滚装运输,开展连接两岸运输通道的规划研究工作。

(3) 拓展南北通道。完善连接长江三角洲、珠江三角洲的快速铁路、高速公路,优化运输结构,提高运输效率和通过能力。加快建设厦门至深圳快速铁路,尽快贯通东南沿海铁路客运专线。改造提升南平至三明至龙岩、广州至梅州至汕头等的铁路。打通杭州至广州的快捷通道,贯通长深线丽水至梅州段等国家高速公路,对沈海高速公路进行扩容改造。

(4) 区域协作通道。加快建设海峡西岸经济区协调发展、合作协作的通道,抓紧建设宁德至上饶高速公路等区域干线，规划建设宁德至衢州、长汀至泉州、衢州至丽水、浦城至梅州、鹰潭至梅州的铁路，争取建成福鼎经浦城、建宁、武平至诏安的交通通道。

(二)合理布局港口建设

加强港湾资源整合，完善港口规划布局，加强配套设施建设，加快建设面向世界、连接大陆与港澳台、服务中西部地区发展的海峡西岸港口群。

(1) 福州港。以福州港为主体，整合覆盖福州、宁德两市的三都澳、罗源湾和兴化湾北岸等港区，推动成为集装箱和大宗散货共同发展的综合性主要港口。

(2) 湄洲湾港。以湄洲湾港为主体，整合覆盖泉州、莆田两市的湄洲湾、泉州湾和兴化湾南岸等港区，重点发展大宗散货运输，成为服务临港产业的地区重要港口。

(3) 厦门港。以厦门港为主体，整合覆盖厦门、漳州两市的厦门湾、东山湾等港区，加快形成以集装箱运输为主、散杂货运输为辅的主要港口。

(4) 温州港。以温州港为主体，整合覆盖温州的状元岙、大小门、乐清湾和瓯江南北岸等港区，发展散杂货和集装箱运输，服务临港产业。

(5) 汕头港。以汕头港为主体，整合覆盖潮州港、揭阳港等港区，发展大宗散货、杂货和集装箱运输，服务于腹地经济发展。

(6) 拓展港口腹地。实施"大港口、大通道、大物流"发展战略，鼓励沿海港口物流企业在内陆城市建立"陆地港"，推进发展河海联运、铁水联运等多式联运。

(三)提高空港服务能力

提高空港服务能力是指按照两岸空中直航发展需要，抓紧完善机场发展布局和设施配套，建设部分支线机场，加快形成以厦门、福州国际机场为主，中小机场为辅，干支线机场相结合的空港布局。抓紧厦门(新)、武夷山、上饶和衢州等机场建设工程前期工作。积极引进基地航空公司，开辟国内外新航线。大力发展飞机维修等临空产业。到2015年，民航旅客吞吐量达4000万人次以上。

第六节　珠江三角洲物流区域

珠江三角洲地区包括广东省的广州、深圳、珠海、佛山、江门、东莞、中山、惠州和肇庆市，辐射泛珠江三角洲区域，与港澳紧密合作，是我国改革开放的先行地区，是我国重要的经济中心区域，在全国经济社会发展和改革开放大局中具有突出的带动作用和举足轻重的战略地位。其物流业发展定位是建设与港澳地区错位发展的国际物流中心，推进白云空港、宝安空港、广州港和深圳港等一批枢纽型现代物流园区建设，完善与现代物流业相匹配的基础设施，带动广东建设世界一流的物流中心。

广州、深圳作为全国性物流节点城市，要以世界一流物流中心为目标，建设空港、海港、公路、铁路和邮政复合型现代物流集聚高端基地，要充分发挥广州、深圳枢纽港口和白云、宝安国际机场的物流功能，利用好保税港区、保税物流园区、出口加工区等海关特殊监管区的政策优势，加快发展制造业物流、空港物流、国际物流和商贸物流，增强辐射带动能力，率先建设成为全国发展现代物流业的示范区和世界一流的物流中心。

珠江三角洲其他地区要适应规模化发展先进制造业的要求，积极发挥港口、公路、铁路和航空物流基础设施优势，合理规划建设一批具有专业性或综合性的电子信息、家电、家具、服装、装备制造、玩具、陶瓷和金属加工等区域物流中心，进一步建设成为我国乃至亚太地区重要的物流中心，努力打造成为联合国采购基地。珠江口东岸大力发展物流业，推进产业结构优化升级，构建区域服务中心；珠江口西岸的珠海加快交通基础设施建设，尽快形成珠江口西岸交通枢纽。

一、广州市

广州市现代物流业发展定位为：整合珠江三角洲、服务华南、辐射大西南和东南亚、面向全国和全球、国际国内双向物流整合和海陆空物流相结合的中国南方国际现代物流中心。

广州市在物流基础设施规划建设过程中，率先提出了"物流运输平台"的概念。物流运输平台是现代物流的重要载体和通道，是现代物流体系中的基础和骨架。构筑以现代综合交通运输体系为主的物流运输平台是广州现代物流业发展的基础和前提。以广州新机场、广州港、广州铁路货运站、公路主枢纽货运站为依托，以航空网、水运网、铁路网、高速公路网为基础，以广州城市旧轴线、新轴线干道和内外环公路为通道网络，以城市主干道为配送道路体系，全面构建由空港、海港、铁路货站、公路主枢纽构成的货运站系统和货运通道网络、配送道路网络体系三个方面构成的广州物流运输平台，形成公路、铁路、水路、航空和管道综合运输体系。

全面布局、规划并建设物流运输平台、物流园区和物流配送中心。以海港、航空港、铁路货站、公路货站和交通枢纽为依托，以城市高速公路网和城市骨干道路网为物流通道网络，以交通主枢货运站系统和大型专业批发市场为基地，全面布局、规划和建设广州现代物流运输平台、物流园区及物流配送中心。

二、深圳市

深圳市整体目标是率先向高端物流业迈进，把高端物流业打造成为现代物流业主导产业，建设具有国际资源配置功能和国际商务营运功能的全球物流枢纽城市、具有产业支撑功能和民生服务功能的全国优秀物流服务都市、亚太地区重要多式联运中心和供应链管理中心以及与香港共同建设国际航运中心。

充分发挥深圳地处太平洋海上交通要道、珠江水系主要出海口区位的优势，建设面向全球物流集疏运体系，强化现代物流业国际竞争力，提升对国内外市场辐射的广度与深度。发展物流总部经济，发展临港物流总部基地、笋岗物流总部基地、临空物流总部基地三大总部基地。着力构建全球、全国、全市功能完备、布局合理的三级现代物流网络，扩大深圳物流的覆盖面和影响力。促进现代物流业向高端化、专业化和集约化发展。

前海作为粤港现代服务业创新合作示范区，现代物流业是其重点发展的四大产业领域之一，坚持深港合作、高端引领、服务广东、面向全球的战略取向，促进深港两地现代物流业的深度合作，形成高端物流业的集聚区，打造亚太地区有重要影响力的供应链管理中心和航运衍生服务基地。

三、物流基础设施

大力推进交通基础设施建设，形成网络完善、布局合理、运行高效、与港澳及环珠江三角洲地区紧密相连的一体化综合交通运输体系，使珠江三角洲地区成为亚太地区最开放、最便捷、最高效、最安全的客流和物流中心。尽快建成珠江三角洲城际轨道交通网络，完善区内铁路、高速公路和区域快速干线网络，增强珠江口东西两岸的交通联系。重点建设环珠江三角洲地区高速公路、中山至深圳跨珠江口通道、港珠澳大桥、深港东部通道、广深港高速铁路、沿海铁路、贵州至广州铁路、南宁至广州铁路，以及广州、深圳、佛山和东莞城市轨道交通等重大项目。加强城市公共交通基础设施及广州、深圳和珠海等交通枢纽建设，完善区域公交网络。提高珠江三角洲高等级内河航道网的现代化水平，有效整合珠江口港口资源，完善广州港、深圳港和珠海港的现代化功能，形成与香港港口分工明确、优势互补、共同发展的珠江三角洲港口群体。加快广州白云国际机场扩建，巩固其中心辐射地位并提高国际竞争力，扩容改造深圳宝安机场，提升其服务水平，将其发展为大型骨干机场。加强珠江三角洲民航机场与港澳机场的合作，构筑优势互补、共同发展的机场体系。预计到2020年，轨道交通运营里程达2200千米，港口货物吞吐能力达14亿吨，集装箱吞吐能力达7200万标准箱，民航机场吞吐能力达1.5亿人次。

完善交通运输网络建设，加强进出省通道建设。推进珠江三角洲地区交通一体化，加快建设和完善珠江三角洲地区与粤东西北地区连接的运输通道。加强内河航运、沿海港口和机场建设，积极发展管道运输，基本形成以公路为基础、铁路为骨干，水运、航空和管道运输协调发展的高效便捷、有机衔接的运输网络，打造综合物流运输体系。

加强各类物流运输设施的衔接。加快发展多式联运,加强集疏运体系建设,促进各种运输方式的衔接和配套,实现铁路、港口、机场及公路运输的"无缝对接"。提高物流设施的系统性、兼容性,减少物流空载率,降低物流成本,提高物流效率。加强新建铁路、港口、公路和机场转运设施的统一规划,完善中转联运设施。重点在广州、深圳和珠海三个主枢纽港,发展水铁、江海联运,在高等级内河航道港口发展江海联运,支持粤东的潮州、汕尾和粤西的茂名、阳江建设港口物流基础设施。

第七节 中部物流区域

中部物流区域包括山西、河南、湖北、湖南、安徽和江西六省,相对于东部及东北物流业发展较快的地区而言,中部地区物流业还处在发展初期,目前的主要任务是加强物流基础设施建设,其中的重点又是围绕郑州、武汉两个国家级物流节点城市和综合交通运输枢纽,统筹城市道路、铁路、公路、水路和航空等交通基础设施建设,优化各种运输方式的规划布局和建设安排,注重各种运输方式在路线、节点上的匹配和衔接,建设全国性物流中心。在中部六省中,物流业相对发展较快的是以下六个地区:中原城市群、武汉城市圈、长株潭城市群、皖江经济带、鄱阳湖生态经济区和太原城市圈。

一、湖北省

湖北省位于长江水道和京广大动脉的交汇处,素有"九省通衢"的美誉,物流业发展定位为:辐射全国的中部物资集散中心、商贸流通中心和物流信息中心,建设南北物流通道中心枢纽和长江物流通道中心枢纽,力争建成以"一主两副"中心城市为核心,立足湖北、面向全国、连接国际的中部物流核心区域。湖北省提出"两圈一带"物流业发展布局,即以武汉为核心,辐射武汉城市圈及周边地区的武汉(城市圈)物流圈;依托鄂西生态文化旅游圈,以宜昌、襄阳两个省域副中心城市为支撑,辐射湖北西部及周边地区的鄂西物流圈;依托长江经济带,辐射带动长江沿岸及周边地区的长江物流带。

武汉物流圈范围与武汉城市圈基本一致,依托长江航道,沪蓉、京珠、福银高速公路,京广、京九铁路和武汉天河机场,连接鄂西生态文化旅游圈,辐射河南、安徽、江西和湖南等省份,将武汉物流圈打造成为服务中部地区产业链和连接区域间货物中转的物流枢纽区域,形成辐射国内乃至全球的现代物流中心。

武汉地处华中腹地,拥有立体型、多功能、现代化的综合交通体系,"居中得水"的独特区位优势和"两江四岸"的城市格局,是我国内陆最大及最具影响力的水、陆、空综合交通枢纽和"通江达海"城市。京广和京九两大南北铁路运输大动脉、京珠和沪蓉两条国家级高速公路主干道、长江和汉江两条内河主干航线均在武汉汇合,目前已开通至国内各大城市的50多条航空航线。武汉进一步发挥和提升全国性物流节点城市功能,围绕服务武汉市及武汉城市圈现代制造业、商贸、旅游等产业,完善物流服务体系,积极推进武汉东湖综合保税区的建设,提高物流服务水平,推进铁、水、公、空等多种运输方式高效衔接,加快重点物流园区和物流中心建设,建设全国物流产业示范区,建成全国重要的现代物流中心和中部地区重要的综合保税物流基地。

二、河南省

河南省提出建设以郑州为中心,洛阳、安阳、商丘、濮阳、信阳和南阳为枢纽的物流业发展布局,各枢纽城市根据自身的产业特色和区位、市场优势,差异化发展专业物流,成为服务本地、辐射周边的重要物流节点城市,形成郑州物流中心与各物流节点城市分工合理、配合紧密、互为支撑、互动发展的物流节点城市网络。

郑州市是中原城市群的核心城市,充分发挥承东启西、连南贯北的区位优势,加速生产要素集聚,强化东部地区产业转移、西部地区资源输出和南北区域交流合作的战略通道功能;加快现代综合交通体系建设,促进现代物流业发展,形成全国重要的现代综合交通枢纽和物流中心。

巩固并提升郑州市综合交通枢纽地位。加强综合规划引导,按照枢纽型、功能性、网络化的要求,把郑州建设成全国重要的综合交通枢纽。推进郑州市国内大型航空枢纽的建设,加快建设郑州机场二期工程,积极引进和培育基地航空公司,增开连接国际大型枢纽机场的客货运输航线,扩大航权开放范围,大力发展航空物流,把郑州机场建设成重要的国内航线中转换乘和货运集散区域性中心。提升郑州铁路枢纽在全国铁路网中的地位和作用,推进郑州东站、郑州机场站和郑州火车站三大客运综合枢纽的建设和改造。统筹航空、铁路和公路各种运输方式高效衔接,促进客运零距离换乘、货运无缝对接,加强与沿海港口和各大枢纽的高效连接,推进空路运输一体联程、货物多式联运。构筑便捷高效的交通运输网络。加强铁路、公路、航空和水运网络建设,提高通达能力,强化与沿海地区和周边经济区域的交通联系,形成网络设施配套衔接、覆盖城乡、连通内外、安全高效的综合交通运输网络体系。开工建设郑州至万州铁路,研究规划郑州至济南、郑州至太原、郑州至合肥等快速铁路通道,逐步形成促进大区域间高效连接的铁路通道网络。优化郑州物流功能区布局,支持郑州干线公路物流中心、郑州铁路集装箱中心站二期和航空港物流园等建设,强化国际物流、区域分拨、本地配送功能,促进交通公共服务信息平台和物流信息平台共建共享,建设内陆无水港,成为覆盖中西部、辐射全国、连通世界的内陆型现代物流中心。大力发展食品冷链、粮食和邮政等专业物流,建设全国性快递集散交换中心、铁

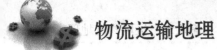

路冷链物流基地。

预计到 2020 年,把郑州建设成为中西部领先的综合型内陆港和国内重要的航空货运基地,辐射全国的区域分拨中心;到 2030 年,把郑州建成我国中高端工业品的全球分拨中心、进口产品分拨中心和全球航空货运网络的关键枢纽。

三、安徽省

安徽省包括合肥物流圈、皖江外向型现代物流产业带和沿淮物流产业带。其中合肥物流圈和皖江外向型现代物流产业带属于皖江经济带。

合肥物流圈主要依托和服务于省会经济圈,包括合肥、淮南、巢湖、六安和滁州市 5 个省辖市及桐城市。建立跨区域的全国性物流集散和分拨、配送中心,发展汽车、家电、化工、机械、电子、能源和农产品等物流,大力发展商贸物流,形成公路、铁路和航空联运一体化的物流体系,形成合肥全国性现代物流中心。

皖江外向型现代物流产业带主要依托和服务于皖江城市带,包括马鞍山、芜湖、宣城、铜陵、池州、安庆和黄山 7 座城市。建立区域性、与长江三角洲和中西部地区相连接的物流集散和分拨、配送中心,发展钢铁、汽车、建材、化工、冶金、食品和纺织服装等物流,充分利用长江黄金水道,加快港口物流和保税物流发展,加强出海物流通道建设,形成公路、铁路和水运联运一体化的物流体系,形成以马芜铜宣为枢纽的皖江现代物流产业带。

四、江西省

江西省包括南昌、赣北、赣西、赣南和赣东 5 个物流区域,其中南昌市和以九江为节点的赣北物流区域属于鄱阳湖生态经济区。

南昌市位于江西省北部,是我国中部地区重要的交通枢纽,是承接我国东部和东南部沿海产业向中西部梯度转移必经的中间地带,也是中部地区重要的制造业基地和商品流通、物资集散地。构建南昌市国内区域性物流节点,形成以现代物流基地为核心,以功能性物流中心和多层次配送中心为节点的现代物流架构,成为中部地区现代物流的主要枢纽。以南昌市昌北、昌南和昌西南物流基地为主,包括南昌地区各县区并辐射周边丰城、高安、奉新、靖安和永修等部分市县,利用南昌至周边各省会城市 6 小时经济圈的交通优势,发挥南昌对周边地区物流集散和辐射功能。

发挥九江港口的优势,连接长江三角洲地区,通过京九线、武九线沟通湖北、安徽甚至中西部地区。九江是全省唯一能通江达海的港口城市,是长江三角洲经济区和武汉城市圈以及赣、鄂、皖、湘四省的结合部,也是沿长江产业带的组成部分和重化工、能源工业基地。形成以港口集装箱物流为中心,综合型物流和保税物流配套的现代物流框架,使九江成为连接长江三角洲，辐射鄂、皖、湘的现代物流枢纽城市和全国区域性物流节点。

五、湖南省

湖南省北枕长江，南临粤港，东接沿海，西邻渝蜀，具有承东启西、贯通南北、通江达海的区位交通优势，物流区域布局逐步形成，重点发展长株潭核心物流区以及环洞庭湖、大湘西和泛湘南等"一核三区"四大物流区域。长株潭城市群建设成为我国连接东西、沟通南北的现代物流基地。

六、山西省

山西省物流区域布局正在形成中，目前已形成太原、大同、运城、临汾和晋城五大物流基地和太原与榆次接壤区域，即太原城市圈物流枢纽。

七、物流基础设施

物流基础设施以建设连通东西、纵贯南北的运输通道和交通枢纽为重点，优化各种交通方式的资源配置，统筹各种交通方式的协调发展，加快构建综合交通体系，提高综合交通运输能力，充分发挥中部地区在全国综合运输大通道中的作用，强化其综合交通运输枢纽地位。

(一)铁路

以客运专线、城际铁路、区际通道、煤运系统和重要枢纽为建设重点，扩大铁路网总规模，完善铁路网结构，提高铁路运输能力和服务水平，到2020年基本建成连贯东西、沟通南北的铁路运输通道。

加快京沪、京广、徐兰、杭昆、青太等客运专线和沪汉蓉快速通道、大同至西安等铁路建设，完善太原、郑州、武汉、长沙、南昌和合肥等枢纽站；新建合肥至福州、九江至景德镇至衢州、阜阳至六安、荆州至岳阳、赣州至韶关、衡阳至井冈山、怀化至邵阳至衡阳铁路、运城至三门峡至十堰等地区开发性铁路新线。

(二)公路

加快国家高速公路网建设，积极推进省际高速公路和城市群内城际高速公路建设，到2015年，基本建成中部地区国家高速公路网络和区域高速公路通道。

加快湖南汝城至道县、吉首至通道、澧县至蓝山、岳阳至常德、江西鹰潭至瑞金、湖北麻城至武汉、宜昌至巴东等高速公路建设；新开工山西长治至吉县、灵丘至平鲁、江西瑞金至寻乌、龙南里仁至杨村、湖南界化垄至茶陵等高速公路建设；加强既有高速公路路网改扩建；扩容改造北京至港澳、连云港至霍尔果斯、上海至成都等高速公路。

(三)机场

以改善中心城市航空运输条件和促进旅游资源开发为重点，通过新增布点机场建设和既有机场改扩建，完善干线机场功能，稳步发展支线机场，实现航空枢纽、干线和支线有机衔接，客货航空运输高效安全、全面协调的发展格局，进一步提升武汉、长沙和郑州机场在全国的地位，实施太原、南昌、长沙及张家界等机场改扩建工程，合肥机场迁建工程和吕梁、九华山、神农架、宜春等机场新建工程。研究论证武当山机场建设问题。

到 2020 年中部地区布局新增的机场如下。

山西省：吕梁、五台山机场。

安徽省：九华山、蚌埠、芜湖机场。

江西省：宜春、赣东机场。

河南省：信阳、商丘机场。

湖北省：神农架机场。

湖南省：衡阳、岳阳、武冈、邵东机场。

(四)水运

以长江干线等高等级航道和主要港口为核心，形成航道干支通畅、江海直达，港口布局合理、设施完备，运输船舶标准化、专业化，支持保障系统完善、技术先进，与其他运输方式相互衔接、协调发展的内河水运体系。到 2015 年，建设和改善高等级航道里程 5600 千米，其中一、二、三级航道 4100 千米，四级航道 1500 千米。结合长江干流河道综合整治工程，加快长江干线航道、主要支流航道和主要港口建设，加强以港口城市为依托的现代物流综合枢纽建设。结合淮河流域综合治理工程，加快建成淮河三级航道，积极开展淮河主要支流航道建设前期工作。

第八节　西北物流区域

西北物流区域包括陕西、甘肃、宁夏、青海、新疆四省一区和内蒙古的西部地区，现代物流业发展还处在起步阶段，以线串点、以点带面是其基本发展态势，水平不均衡是其基本发展特点。

一、陕西省

陕西省在全国的地理位置居中，是"新亚欧大陆桥"亚洲段的中心和进入中国大西北地区的"门户"，具有承东启西、沟通南北的区位和交通优势。

陕西省物流业分布特点为：以西安为中心的关中物流核心区域、以宝鸡为中心的西部物流区域、以汉中为中心的陕南物流区域和以榆林为中心的陕北物流区域，着重发展西安国家级的物流节点城市，宝鸡、咸阳、渭南、榆林和汉中5个省级物流节点城市，通过四大物流区域的协调发展，形成以西安为中心，辐射周边重要城市的大物流圈，建成以西安为枢纽，宝鸡、榆林、汉中、安康、渭南和商洛为节点的现代物流体系，把陕西省建成我国承东启西、沟通南北的重要物流集散地。

陕西省还提出建设七大物流通道：以陇海铁路、连霍线宝鸡——西安——潼关高速公路为主的陆桥物流通道；以包西铁路、西安——安康——重庆铁路、包茂线榆林——西安——安康高速公路为主的南北物流通道；以西安——平凉铁路、西安——合肥铁路和沪陕、福银线长武——西安——商南高速公路为主的西北华南物流通道；以侯西铁路、京昆线韩城——西安——汉中高速公路为主的西南物流通道；以宝中铁路、宝成铁路、平凉——宝鸡——汉中高速公路为主的宝成物流通道；以阳安铁路、白河——安康——汉中高速公路为主的汉江物流通道；以西安咸阳国际机场为主，榆林、延安、汉中和安康四个支线机场为辅，辐射周边省区和国际主要城市的航空物流通道。

西安市大力发展现代物流业，进一步加大物流基础设施建设力度，加快西安国际港务区、咸阳空港产业园、宝鸡陈仓、商洛、天水秦州和麦积等重点物流园区项目建设。以西安铁路集装箱中心站和新丰镇列车编组站组成的西安国际港务区为依托，积极发展多式联运、集装箱、特种货物、厢式货车运输以及重点物资的散装运输等现代运输方式，加强运输企业之间的相互协调，促进运输与物流服务的融合。以西安咸阳空港物流园为依托，建设以电子、高附加值产品为主的航空物流体系。充分发挥西安作为国家级物流节点城市的辐射带动作用，积极研究设立西安陆港型综合保税区，着力打造在国内有重要影响的内陆港口岸和亚欧大陆桥上重要的现代物流中心，以及中国西部地区现代物流业的重要枢纽。

宝鸡以宝鸡铁路枢纽为依托，以西部物流公司为龙头，建设陈仓物流园区。

二、甘肃省

甘肃省位于中国东中部地区与西部地区的接合部，地处我国西北地区的中心位置，具有承东启西、南拓北展、坐中联七、濒藏临疆的区位优势，是中原联系新疆、青海、宁夏、内蒙古的桥梁和纽带，沟通西南地区、西北地区的交通枢纽。新亚欧大陆桥横贯甘肃全境，也是连接欧亚大陆桥的战略通道。甘肃省是西北地区铁路、公路、航空、水运和管道运输兼备的综合性交通运输枢纽，是联系全国并通向中亚、西亚的重要交通枢纽和能源运输大通道，南来北往、东进西出的交通要冲和物流集散地位十分突出，必将成为西北地区物资商品的后勤保障、实物配送的重要物流枢纽。甘肃全省划分为兰白定、酒嘉、天成、金张武、平庆及南部六大物流集聚区。

兰州市立足区位交通优势，充分发挥兰州作为西北商贸中心和国家级物流节点城市的作用，建设以兰州为中心、兰白都市圈为依托的物流核心圈，突出东部沿海与西北地区物流通道、西北与西南地区物流通道交会点的作用，加快西北商贸中心和全国性物流节点城市建设进程，强化兰州沟通全省和西北地区的重要交通枢纽和物流中心的功能定位，推进兰州铁路枢纽建设和综合交通基础设施建设，加快兰州航空口岸开放和"无水港"建设进程，有针对性地建设生产服务型、商业服务型、货运服务型、国际贸易服务型和专业服务型的物流园区，把兰州建成国家开发新疆、西藏和青海等边疆省区的战略后方基地、物资供应和转运基地，以及与中亚各国和欧亚大陆桥沿线国家合作发展的国际物流中心，成为带动全省、服务西北、辐射全国的国家级物流节点城市、区域物流中心和连接中亚、欧洲的国际物流基地。

天水市依托机械制造、电工电器、电子信息等先进的装备制造业集群，建设装备制造物流基地；依托天水市农业高新技术产业示范区和中国航天育种基地的科技优势，努力打造特色农业物流，构建甘肃东部物流枢纽。

三、宁夏回族自治区

宁夏回族自治区是我国西北地区的东大门，将充分利用银川市作为中阿经贸论坛永久性会址的有利平台，不断加强与阿拉伯国家及穆斯林地区的经贸文化交流合作，努力把宁夏回族自治区打造成连接国内与中东地区的物流中转地，立足全区、联动周边、双向开放、沟通国际的西北地区物流高地。

银川市建成中阿经贸往来的"东方物流港湾"，区域性国际采购中心、分拨中心及转运中心，面向阿拉伯国家和穆斯林地区的区域性国际物流中心。

构建以银川为国家级区域性物流节点，石嘴山、中卫为西北区域性物流节点，吴忠、固原为地区性物流节点的物流节点体系，形成全区"一核放大、三带齐进、四点放射"的物流产业空间格局。

"一核放大"，即构建以银川为核心，联动石嘴山、中卫和吴忠的物流紧密圈，放大银川的核心辐射作用，形成宁夏回族自治区的物流中心区。

"三带齐进"，即加快推进沿黄物流带、银川——西安物流带和太中银物流带建设，依托国家综合运输大通道建设，推进新亚欧大陆桥北线工程，逐步提升宁夏沟通东西、联通南北的西北物流枢纽地位。

"四点放射"，发挥石嘴山宁北门户和内陆口岸物流发展先行的优势，形成向华北、东北地区辐射的放射极；依托中卫综合运输网络优势和产业资源优势，形成宁夏向西北地区辐射的窗口；利用吴忠作为宁夏穆斯林用品和清真食品生产基地和地处太中银物流走廊等的资源的优势，形成联动银川、向东辐射的放射极；依托固原国家公路运输枢纽和宁南区域性中心城市的优势，形成宁夏向陇海经济带、我国中部地区和西南地区辐射的放射极。

四、青海省

青海省地处西北内陆腹地，交通基础设施建设滞后，属于物流业欠发达地区，近期的主要任务是形成功能比较完善的物流区域、物流枢纽城市，整合、完善现代物流业发展区域布局。

(一)东部核心经济物流区域

东部核心经济物流区域以西宁市为中心，主要包括西宁市，海东及周边地区，是全省最主要的政治、经济、文化综合区域，域内交通、通信网络联系紧密。

西宁市作为国家级区域性物流中心是青海省、西藏自治区重要的铁路交通枢纽及省航空运输的主要节点，全省 90%的调入商品和 80%的调出商品均需经此中转。西宁市突出的区位优势、经济优势及交通优势突显其作为全省核心物流枢纽城市的地位。2020 年，西宁市将建成为全省乃至青藏高原地区重要的综合性物流枢纽城市，为整个青藏高原地区对外交流与合作提供全方位、多层次、功能齐全的现代物流服务。

(二)柴达木资源开发物流区域

柴达木资源开发物流区域包括海西州，海北州祁连、刚察两县，是全省最大、最主要的资源开发区。预计到 2020 年，格尔木市将建设成为青藏高原内陆腹地重要的物流枢纽城市，满足柴达木地区及西藏资源综合开发的需要。远期德令哈将建成为全省第三大物流枢纽城市，发挥连接西宁和格尔木两大物流枢纽城市的桥梁作用。

五、新疆维吾尔自治区

新疆维吾尔自治区现代物流业发展处于起步阶段，具备发展成为中亚区域物流中心和中亚经济合作区域的重要物流枢纽的区位条件。加快铁路、公路、航空和管道多种运输方式的基础设施建设，构建国际物流大通道和区域综合交通运输体系；以发展公路物流为重点，积极推进物流园区、公路货运场、矿产资源专用公路的开发建设；构建承接东西贯通南北的综合交通体系、国际物流大通道和区域交通枢纽，成为依托内地、面向中亚、南亚、西亚及欧洲国家的重要物流基地；将乌鲁木齐建设成为西北地区重要的国际物流中心。

六、内蒙古自治区西部地区

内蒙古自治区西部地区包括呼和浩特市、包头市、乌兰察布市、鄂尔多斯市、巴彦淖尔市、乌海市和阿拉善盟。内蒙古自治区西部地区工业基础好、物流关联度高，商贸流通业较为发达，综合运输网络较为完善。发挥呼和浩特、包头国家级物流节点城市的作用，重点围绕呼包鄂城市群和沿黄河交通干线产业带建设，推进物流产业集聚，加强与京津冀协作，形成连接西北、华北经济区，连通欧亚大陆的我国西北地区重要的物流基地。

呼和浩特市以打造西北地区商贸中心为目标，加快建设市场群和新商圈，大力发展商贸物流，发挥连接欧亚大陆桥的枢纽作用，积极对接环渤海经济圈港口群和面向蒙古、俄罗斯的口岸群，建设陆港群和空港物流园区，形成对接环渤海及国际市场的物流核心区。

包头市发挥国家重要的交通枢纽作用，围绕煤化工、冶金、装备制造和稀土等产业基地建设，加快发展煤炭、矿产品、冶金产品、装备制造零部件及产成品物流，组建跨地区大型物流企业，加快专业性物流园区建设，打造制造业物流基地。

第九节　西南物流区域

西南物流区域包括重庆市、四川省、云南省、贵州省、广西壮族自治区和西藏自治区。同西北物流区域一样，现代物流的发展还处于起步阶段。

一、重庆市

重庆市作为全国性物流枢纽城市和西南物流区域核心城市、长江上游综合交通枢纽和国际贸易大通道，规划建设成为国家级综合物流平台、西部地区多式联运枢纽、中国西部地区国际物流中心，形成西部地区现代物流业高地。

"一江两翼三洋"国际物流大通道战略，是重庆建设西部地区物流中心和国际贸易大通道的主要战略。"一江"即通过长江通达太平洋；"西北翼"即通过渝兰铁路，由新疆阿拉山口出境，经哈萨克斯坦——俄罗斯——波兰——德国——鹿特丹港通达大西洋；"西南翼"即通过渝黔铁路，由贵阳——昆明——大理——瑞丽出境，经缅甸中部城市曼德烈——石兑港通达印度洋和中东地区。

构建八大对外物流通道：成渝通道、渝包通道、渝汉沪出海通道、渝湘闽出海通道、渝黔桂穗通道、渝兰西亚通道、渝京远东通道、渝滇东南亚通道。建设"三基地四港区"，即铁路物流基地、公路物流基地、航空物流基地，寸滩港区、果园港区、东港港区和黄磏港区，形成国家级物流枢纽总体布局思路，还要依托两江新区两路寸滩保税港区发展保税物流。

建设万州、涪陵等长江上游物流枢纽，发展多式联运和沿江港口带动型区域中转物流体系，建成中国西部及长江上游地区重要航运物流平台。

二、广西壮族自治区

广西壮族自治区提出建立起具有引领带动力的国际区域性物流中心。

南宁市充分发挥南宁作为首府城市和广西北部湾经济区核心城市的辐射带动作用和强大的集散功能，集聚东盟和华南、西南、华中的物流资源，引进国内外著名物流运营商，构建区域性物流信息网络和国际化物流服务平台，大力发展国际物流、保税物流和商贸物流，把南宁全力打造成为国际区域性交通运输枢纽和全国性物流节点城市，构建沿海物流体系、沿江物流体系、沿边物流体系和资源富集区物流网络。

按照以南宁国际综合交通枢纽为中心，以海港、空港为龙头，以泛北部湾海上、南宁——新加坡陆路和南宁通往东盟国家航空三大通道为主轴，以广西通往广东、湖南、贵州和云南方向运输通道为主线的"一枢纽两大港三通道四辐射"的出海出边国际大通道体系的发展目标，加快建设综合交通基础设施，构建综合交通运输网络体系，为加快物流业发展奠定基础。

广西壮族自治区依托北部湾经济区建设，围绕发展大港口、大交通、大物流，发挥北部湾港口出海通道的龙头作用，整合港湾资源，加快沿海物流体系建设，大力发展港口物流和物流增值服务；依托临海产业布局，规划建设相配套的物流园区等物流设施；发展石化、钢铁、新能源、再生资源、林浆纸、粮食、食糖和果蔬等行业物流和专业物流，促进产业集聚和发展；加快沿海主要港口海运业务发展，以特殊优惠政策吸引国内外著名船运公司、物流运营商入驻，进一步开辟连接东盟、日韩等主要港口的航线，提升国际中转能力，拓展国际物流发展空间，尽快把沿海港口建成面向东盟的大型国际物流枢纽港。

三、四川省

四川省发展成都、川南和川东北三大物流区域，最终形成地区协调发展、各有侧重的区域物流格、布局。

(一)成都物流区域

成都物流区域包括成都、德阳、绵阳、眉山、资阳和雅安 6 座城市，建立跨区域的全国性物流集散和分拨、配送中心，发展粮食、机械、重装、汽车、电子、电器、建材、医药和农产品等物流，加快商业零售物流的发展，形成以公路、铁路、航空联运的一体化体系，加快建设雅安物流园区，依托雅安已形成的川西北走廊，使其成为连接藏区的重要物流枢纽。

(二)川南物流区域

川南物流区域包括自贡、宜宾、泸州、内江、乐山、攀枝花和西昌 7 座城市，建立区域性连接周边省市的物流集散、配送中心，发展食品、化工、冶金、钢铁、建材和汽车等物流，加快促进港口物流的发展，形成以公路、铁路和水运联运的一体化体系。加快出海物流园区和以冶金、建材、机电和钢铁为主体的物流园区建设。

(三)川东北物流区域

川东北物流区域包括南充、遂宁、达州、广安、巴中和广元 6 座城市，建立区域性连接周边省市的物流集散、配送中心，发展日用消费品、化工、农产品和建材等物流，形成公路、铁路一体化的联运体系，加快日用消费品、生产资料物流园区的建设。

(四)打造三大通道

四川省提出打造与外部连接的三条主要物流通道。

(1) 以兰渝铁路、襄渝复线和达州——铁匠垭高速公路建设为重点，配合已有的宝成铁路和108国道，形成与华北、西北地区联系的北通道。

(2) 以达成铁路复线、邻水——垫江高速公路和嘉陵江渠化建设为重点，配合已有的成渝铁路、成渝高速公路、达万铁路和成南高速公路，形成连接重庆，与东部地区联系的东通道。

(3) 以成昆铁路复线、雅安——攀枝花——田房和宜宾——水富高速公路建设为重点，与已有的内昆铁路形成连接云贵，进入东南亚的南通道。

(五)成都物流中心

成都物流中心通过 "一网二平台(物流快速网络、公共物流信息平台、交通运输基础设施平台)，三园区四中心(三个物流园区、四个物流中心)，若干个物流服务站" 为主要内容的现代物流业发展框架体系建设，发展面向全国跨省区的物流输送、分拨和区域物流配送，使其具有承接国际区域性货物周转的能力，形成全国性物流中心。

四、云南省

云南省作为我国面向西南开放的重要桥头堡，将建设成为中国面向东南亚、南亚和泛珠区域的国际物流枢纽，以及烟草、花卉等行业的区域性物流中心。全省分为昆河经济带蒙自综合物流区、滇西口岸带转口(过境)与加工贸易物流区、滇西南澜沧江——湄公河国际物流合作区、以大理为中心的滇西北物流区和滇东北长江上游水陆联运物流区五个物流区域。

昆明市既是云南省物流的核心聚集区，同时也是云南省物流的核心辐射区。随着国际大通道的建设完成，昆明国际交通枢纽的地位更为突出，将成为中国与东盟交往中两个扇面(以昆明为圆点辐射内地和东南亚的两个扇面)的接合点，形成以昆明为中心的滇中城市群物流圈，把昆明建设成为全国性物流节点城市和区域性国际物流中心。

五、贵州省

贵州省是我国西南地区连接华南地区的交通枢纽，是西南地区南下出海大通道，具有独特的交通区位优势，逐步形成以批发配送、仓储中转、公路快速运输、铁路大宗运输和航空高速运输为主体的立足贵阳城市经济圈、依托南下经济带，面向大西南和全国的区域性物流中心。到2020年，贵州省将成为我国西南地区重要的物流中心和全国重要的区域性物流枢纽。贵州省现代物流业发展格局正在形成中，目前正以中心城市、区域交通枢纽、重要物流节点为重点，优化区域物流发展布局。

围绕以贵阳市为龙头的城市经济圈发展，充分利用其作为全国区域性物流节点和全省交通枢纽、产业集聚、商品集散、中转配送和货源辐射地等有利条件，积极培育和发展规模化、网络化的现代物流企业群，力争把贵阳打造为我国西南地区出海的重要陆路物流枢纽和辐射西南地区的物资集散中心，成为西南地区国际性的物流枢纽。

六、西藏自治区

西藏自治区最大限度地发挥青藏铁路的强大辐射作用，加大物流业基础设施建设和政策扶持力度，重点打造拉萨区域性交通、航空物流枢纽和那曲、日喀则、昌都区域性物流中心。

七、西部地区物流基础设施

西部地区物流建设继续把基础设施建设放在优先位置,加快构建适度超前、功能配套、安全高效的现代化基础设施体系,完善综合交通运输网络,强化西部地区全国性综合交通枢纽建设,全面加强水利、能源通道和通信等基础设施建设,建立西部大开发重大项目储备库,每年新开工一批重点工程。

(一)强化铁路建设

加快我国西部地区与东中部地区联系的区际通道建设,重点建设西部地区连接长江三角洲、珠江三角洲和环渤海地区的出海通道,以及西南地区连接西北地区的南北通道。加强与东北亚、中亚、东南亚和南亚地区互联互通的国际通道建设。强化现有线路扩能改造,有序地发展高速铁路,建设西安至兰州、西安至成都、成都至贵阳等一批客运专线,兰新第二双线、成兰铁路、成昆铁路扩能等区际干线,蒙西至华中地区等煤运通道,拉萨至日喀则、格尔木至敦煌等西部干线。研究建设川藏铁路。根据发展实际,有序地推进重点城市群城际轨道交通建设。加快形成西部地区铁路路网主骨架,路网规模达到5万千米左右,复线率达到50%以上,电化率达到60%以上。

(1) 区际干线:建成兰新第二双线、拉萨至日喀则铁路,建设郑州至重庆、银川至西安等快速铁路,规划建设成都至康定、拉萨至林芝、格尔木至库尔勒、敦煌至格尔木、黄桷至百色、柳州至肇庆、哈密至额济纳、黔江至张家界至常德、北京至呼和浩特等铁路,以及渝怀复线、包兰铁路银川至兰州段复线、焦柳线怀化至柳州电化、阳平关至安康复线、洛湛铁路南段复线和宝中铁路复线等。

(2) 国际铁路:规划建设中吉乌铁路、巴彦乌拉至珠恩嘎达布其铁路、玉溪至磨憨铁路、霍尔果斯口岸站,实施包头至白云鄂博铁路、南宁至凭祥铁路等扩能改造。

(3) 煤运通道:强化"三西"煤炭外运通道,完善大秦铁路集疏运工程,建设蒙西地区至华中地区的运输通道;加快形成蒙东煤炭外运通道,建设锡林浩特至乌兰浩特铁路、巴彦乌拉至阜新铁路以及锡林浩特至多伦至丰宁的铁路复线。

(4) 区域开发性新线:规划建设兰州至合作铁路、北屯至准东铁路、哈密至罗布泊铁路、哈密至将军庙铁路、长春至太平川至白音胡硕的铁路。

(5) 运输枢纽:建设西安、兰州、乌鲁木齐、成都和昆明等集装箱中心站,建设成都北、重庆兴隆场、西安新丰镇、南宁南和贵阳南等路网性编组站。

(二)完善公路网络

强化路网衔接和综合交通运输体系建设,打通省际"断头路",建设北京至昆明、北京至拉萨、青岛至银川、连云港至霍尔果斯、上海至西安、上海至成都、杭州至瑞丽、广州至昆明等国家高速公路，基本建成国家高速公路网西部地区路段。加强国省干线公路改造，现有国道基本达到三级及以上标准，二级及以上公路比重超过 80%。重点建设连接东中部地区的公路干线和通往东南亚、南亚、中亚和东北亚等周边国家的国际运输通道，与相邻国家连接的重要公路运输通道基本实现高等级化，显著提升口岸公路和国边防公路通行能力及服务水平。具备条件的乡镇通沥青(水泥)路、行政村通公路，除西藏外 80%以上的行政村通沥青(水泥)路，基本实现具备条件的乡村通班车。

(三)优化民航布局

优化机场网络结构，加强枢纽机场和干线机场建设，完善支线机场布局，形成以成都、西安和重庆机场为区域枢纽，乌鲁木齐、昆明机场为门户枢纽，支线机场为支撑的机场网络体系。新建一批对改善边远地区交通条件、促进旅游等资源开发及应急保障具有重要作用的支线机场，加快现有支线机场的改造和扩建，进一步完善现有支线机场的设施设备。积极推进民航空中交通管制设施建设，鼓励发展通用航空。

(1) 西南机场群：建设昆明西南门户枢纽机场，强化成都、重庆机场的区域性枢纽功能，提升贵阳、拉萨等干线机场能力，改扩建重庆、铜仁、腾冲、拉萨、林芝和南充等干支线机场，迁建泸州、宜宾等支线机场，新建武隆、巫山、那曲、乐山、稻城、红原、遵义、毕节、六盘水、黄平、泸沽湖、红河、沧源和澜沧等支线机场，研究建设成都新机场。

(2) 西北机场群：建设乌鲁木齐西北门户枢纽机场，加强西安机场区域性枢纽功能，改扩建西安、西宁、银川、库尔勒、和田、乌鲁木齐、榆林、兰州、敦煌、庆阳、格尔木和哈密等干支线机场，迁建延安、汉中、安康、天水、且末和富蕴等支线机场，新建果洛、莎车、石河子、张掖、金昌、夏河、陇南和德令哈等支线机场。

(3) 北方机场群：发挥呼和浩特机场的区域带动作用，改扩建呼和浩特、海拉尔、赤峰和通辽等干支线机场，新建霍林郭勒、扎兰屯和乌兰察布等支线机场。

(4) 中南机场群：完善南宁等机场区域枢纽功能，改扩建南宁、桂林和柳州等干支线机场，新建河池等支线机场。

(四)加快发展水运

进一步改善长江干线和西江航运干线通航条件，基本实现嘉陵江、右江航道梯级渠化和红水河全线复航，形成有效沟通东中部地区的内河高等级航道体系。推进重庆长江上游航运中心建设，加快内河主要港口和地区重要港口建设，促进高等级公路、铁路与内河港口的无缝衔接。进一步完善沿海港口布局，初步形成煤炭、原油、铁矿石和集装箱的合理运输体系。

(1) 长江上游：研究实施长江干线水富至宜宾段三级航道工程，适时实施三峡水库库尾航道整治，建设嘉陵江、乌江、岷江航电枢纽和高等级航道。

(2) 西江上游：建设西江航运干线扩能工程及船闸项目，建设右江鱼梁、老口航运枢纽，加快红水河、龙滩和右江百色枢纽通航设施建设。

(3) 澜沧江：改善澜沧江等国际河流航运条件。

(4) 内河港口：加快规模化、专业化港区建设，拓展港口功能。

(5) 沿海港口：结合沿海石油石化企业扩能与布局和大型钢铁基地布局，配套建设相应码头，建设钦州港、防城港港和北海铁山港深水航道等工程。

(五)畅通能源通道

加快原油及成品油管网建设，积极推进陆路原油进口通道及配套干线工程建设，完善成品油输送管网；建设中哈、中俄、中缅等国际油气管道和新疆独山子、甘肃兰州等石油储备基地；大力发展天然气管网，建设西气东输三线、四线工程，扩大西气东输管道输送能力；完善西部地区区域性管网建设，满足生活生产需要；开展青藏天然气管道等工程项目前期论证，适时启动实施；继续加大西电东送力度，推进跨区域输电工程建设，优化完善区域和省级电网，全面提高综合供电能力和可靠性；积极推进西南地区电力交换枢纽建设。

(1) 原油管网：建设中哈原油管道二期、独山子——乌鲁木齐管道、中缅原油管道皎漂——瑞丽——昆明、昆明——重庆段等陆路进口通道及配套干线工程，兰州——成都、长庆——呼和浩特等国内增输及上产原油管道工程。

(2) 天然气管网：建设中亚天然气管道C线，完善西北通道；加快建设中缅天然气管道工程，完善西南通道；新建陕京四线及支线；完善川气东输通道。

本 章 小 结

随着现代物流产业的蓬勃发展，从中央到地方各个层面都对现代物流业的发展进行了科学合理的布局，出台了发展规划，明确了目标定位。本章介绍了华北物流区域、东北物流区域、山东半岛物流区域、长江三角洲物流区域、东南沿海物流区域、珠江三角洲物流区域、中部物流区域、西北物流区域和西南物流区域全国九大物流区域，了解和掌握这些知识，对于一名现代物流业从业人员来讲是十分必要的。

复习思考题

一、名词解释

1. 九大物流区域　2. 全国性物流节点城市　3. "一江两翼三洋"国际物流大通道战略

二、问答题

1. 辽宁沿海经济带港口是如何分工的？
2. 山东半岛物流区域分成哪两个区域？发展现代物流业的特色分别是什么？
3. 中部物流区域发展现代物流产业的主要任务是什么？重点是哪两个城市？并对比分析各自的优势和劣势。
4. 长江三角洲目前物流基础设施建设的主要任务是什么？
5. 为什么说华北物流区域现代物流业发展程度与其一体化水平还不相适应？

参 考 文 献

[1] 刘景良. 物流地理[M]. 大连：大连理工大学出版社，2007.
[2] 谢金龙. 物流地理[M]. 北京：高等教育出版社，2011.
[3] 杨丽红. 物流经济地理[M]. 北京：机械工业出版社，2009.
[4] 叶素文. 物流经济地理[M]. 杭州：浙江大学出版社，2010.
[5] 韦克俭. 商流与物流经济地理[M]. 北京：清华大学出版社，2009.
[6] 蔡德林. 国际贸易运输地理[M]. 北京：中国商务出版社，2009.
[7] 王学锋. 国际物流地理[M]. 上海：上海交通大学出版社，2006.
[8] 张海珍. 物流经济地理[M]. 北京：人民交通出版社，2008.
[9] 王智利. 物流经济地理[M]. 北京：首都经济贸易大学出版社，2010.
[10] 竺仙如. 国际贸易地理[M]. 北京：中国商务出版社，2006.